# 明治国制史

明治憲法下における人事調停法への帰結

雨倉敏広［著］

一藝社

# はしがき

　本書は、日本近代憲法（国制）の成立・発展史を描いたものである。従来、憲法史は明治憲法や日本国憲法といった個別の憲法典の成立過程を中心に描くのを常とする。これはおそらく、個別の憲法を国家という建物の設計図・青写真とし、その図面に沿って国家が造られたとの見方によるものと思われる。だが、まず国家の全体構造が構想され、その後に根幹となる法制度としての個別の憲法典が制定されるのが本来の順序である。明治期、憲法典制定を先行しようとする動きの中で、いち早くこのことに気付き、実行したのが江藤新平であり、そして伊藤博文であった。そうであるならば、まず明治期憲法典制定に先立って構想された全体としての国家構造（憲法構造）を解明することなくしては、個別の憲法典の成立過程そのものさえ真に解明することは困難であろう。この観点から、本書では「国制」という概念を用いて憲法の全体構造の解明に当たることとした。

　次に解明の手法であるが、その手法は従来、主として西欧近代の理論モデルを用いて日本の様々な事象を分析するのを常とする。そして、西欧近代モデルを用いることで、対象からすくいきれなかった日本固有の部分を「封建遺制」などの概念で処理するのが常であった。だが、それで終わってしまっては対象のありのままの全体像は遂に分からないままに終わるであろう。そのため本書では、そのモデルの代表格である藤田省三モデルを借用しながらも、まず事実史料から出発し、できる限り広範囲に史料に当たり、虚心坦懐に主として史料に語らせることによって対象の全体像に迫ることを試みた。このようにして、いわば藤田国制モデルの再製を図ったと言える。

　さらに、解明に当たっては憲法学以外の諸学問の助けを借りた。「巨大な星雲」にも擬せられる明治憲法・国制の理解には、長きにわたる歴史や思想的背景、また社会的基盤等々の広範な知見が必要不可欠だからである。憲法学者清宮四郎博士は、かつて「憲法を学ぶには、歴史学、政治学、社会学、経済学、

哲学、倫理学、論理学、心理学など多くの学問の助けを借りなければならない」と言われたが、本書はその手法に倣ったのである。

　本書の対象が直接には憲法制度ではなく民法制度を主テーマとしていることや、いわゆる「封建遺制」を正面から取り上げていること、また、一見法学と関係のない記述が混在していることなどに関し、読者は疑問を感じられるかもしれないが、それらは偏に上記のような解明方法から生じた結果である。その点をご了解いただけるのなら、幸いである。

目次

凡例

1　引用文は読み易さを考え、片仮名については法令文を除き平仮名に直し、適宜濁点、句読点を付したほか、一部旧漢字、旧仮名、異体字等を新漢字、新仮名等に改めた。また、強調点、ルビは原則として省略した。

2　引用文中〔　〕内は筆者による補筆である。

# 明治国制史

## ―明治憲法下における人事調停法への帰結―

# 序論

　本書における中心概念である国制（Verfassung, constitution）とは、法、政治、行政等々の国家諸制度が一定の基本原理によって体系化された国家統治に関する根本構造のことである。ここにはもとより実定憲法も含まれるが、それよりも広い概念である[1]。

　では明治国制とはいかなるものであったのか。この点に関しては既に藤田省三によって明らかにされ、よく知られるところとなっている。それは要するに、一方では近代政治・法原理に導かれる「立憲国家」、他方では郷党的社会の共同体原理に導かれる「道徳国家」の二元的国家構造を持つものとされる。すなわち、次のようである[2]。

　明治国家（国制）は、その出発点において「温情に溢れた」「象徴」たる「政治外的」な「家父」（「民の父母」）と「政治的主権者」との二面性を持った「天皇」を中心に置くことによって、「異質な二つの原理」、すなわち「郷党〔的〕社会」の「徳義」原理（「共同体原理」）と「リベラル・デモクラシーの原理」（近代政治・法原理）とにそれぞれ導かれた「道徳国家」と「立憲国家」との二元的構成の国家体制へと展開していった。その確立は、「一八八九年を中心とする前後三年」、つまり、郷党的社会の制度化とされる明治21（1888）年市制町村制制定と郷党的社会の徳義を明らかにした明治23（1890）年教育勅語発布とを前後に置く「帝国憲法の発布」の時期[3]であった。そしてこの二元的国家体制が「同一化」していったことによって、明治国家は「論理必然的に、やがて徳義による結合＝道徳共同態となり、あらゆる意味での政治は日本国内から追放」され、「権力と法によって構成されるべき政治国家そのもの」が「雲散霧消」してしまった。それは「昭和大恐慌を画期とする

ファッショ化の時期」において生じた。

　以上が大要、明治国制に関する藤田の分析である。この点を以下、「帝国憲法」（以下、明治憲法という。）の成立から崩壊に至る過程——明治憲法制度の成立と崩壊——を通して今少し具体的に俯瞰してみることとする。

## 1　憲法制定の要請

　18世紀後半以降、東アジアまで進出してきた欧米列強は、それまで朝鮮、中国、オランダ以外の国々との通商を認めなかった日本をも、たびたび脅かすようになっていた。嘉永6（1853）年6月、ペリー率いるアメリカ船が浦賀に来航し、武力を背景に開国を迫ると、徳川幕府は、その威力の下で遂に開国を余儀なくされた。それ以来、国内では幕府と有力諸藩との間で、開国の是非をめぐって朝廷をも巻き込む激しい争いが繰り広げられることとなった。やがて、圧倒的軍事力を持つ欧米列強を相手に開国を拒むなどできないことが周知されるようになると、両者の争いは最終的に、「誰が天皇を擁して新しく作られるべき統一日本の指導者集団になるか」[4] の一点に集約されていった。その結果慶応3（1867）年12月、王政復古の大号令が発せられ、徳川武家政権に代わって「天皇を中心とし、西南雄藩〔薩、長、土、肥〕の軍事力を基礎とした新政府が成立」[5] するに至った。

　新政府にとって天皇とは、日本国内を「同心合体」に導く「民の父母」たる存在[6] とされた。しかしながら天皇の存在は、長年の武家政権の下で「唯、名のみに成り果」[7] てていた。それゆえ新政府にとっては、武家政権下でおろそかにされてきた「天皇の権威を確立することによつて政府の権力の強化をはか」る[8] ことが急務であった。ここに「速に朝廷の規模〔存在の大きさ〕を示し」、「億兆〔一般人民〕の向ふ所を知らしめ」る[9] ため、五箇条の誓文が発せられた。その内容は、「積極的開国、つまり欧米の文明を全面的に取り入れ、富国強兵を実現することで日本の独立、ひいては世界における名誉ある地位を獲得しようとする方針を明らかにした」[10] ものであった。

　だが、この誓文だけでは政権運営者が「応変の処置に迷ひ、恐らくは民意に

充つること能はざる」[11] のは目に見えていた。ゆえにぜひとも「確乎の根本たる律法」[12] を定めることが必要とされた。しかもその「根本たる律法」つまり憲法は、「智識を世界に求め」ることで「大に皇基を振起」すべきもの[13] でなくてはならなかった。すなわち、誓文の意に沿うために「宇内〔世界〕各国の体裁を参考して、我が適正の体を創立する」[14] ことが求められたのであった。

## 2　木戸の漸進主義

　新政府中枢にあって「最も憲法問題に熱心であつた」[15] のは、木戸孝允だった。大隈重信によれば、もともと「木戸は改進的の人」[16] であったが、岩倉使節団（明治4（1871）年—明治6（1873）年）の一員として米欧諸国を巡歴の後、帰国したときには「保守的の人と為」っていた[17] という。事実、憲法問題に関して木戸は、「漸進の主義」による「過渡的な制度」[18] 論へと傾き、「君民同治〔共治〕の憲法すなわち立憲制の憲法は時期尚早であるから独裁制〔官選議会〕の憲法をつくり将来の立憲制憲法の根源とすべき」[19] だとの考えを強く持つようになっていた。

　木戸の理解によれば、そもそも「『コンスチツーション』〔憲法〕」[20] とは「起源を英国に発し、政府人民協同して政治を為す」ことであって「最も公平なる方法」[21] とされた。この「政府人民協同」の政治とは、「人民の協議〔民選議会〕」[22] を意味するものであった。もっとも、アメリカのような共和国の憲法は「我等日本人の取て以て模範とすべきもの」ではなく[23]、「天皇を中心」とする近代国家をめざす日本がモデルとすべき憲法はやはり「君民同治〔共治〕の憲法」であった。そして「君民同治〔共治〕の憲法」も、「人民の協議〔民選議会〕」がなければ、「同治〔共治〕の憲法と認めざるは固より」[24] のことであった。

　だが木戸は、「君民同治」の「起源」として本来モデルとなるべき「英之政体〔コンスチツーション〕は善なれ共、自然に成立しもので」あるゆえに、他国では「同様にいたし難」い[25] と考えた。というのは、イギリスと違い我が

15

国は「維新の日尚未だ浅く、智識進昇して人民の会議〔民選議会〕を設るに至るは、自ら多少の歳月を費さざるを得」ない[26]事情にあったからである。これらの認識によって、木戸は「漸進の主義」の考えをとるに至ったのである。

　木戸の考えは、明治8（1875）年1月から2月にかけてのいわゆる大阪会議で、伊藤博文、大久保利通、板垣退助、井上馨らをまじえた話合いでさらに詰められ、その結果が同年4月の立憲政体漸立の詔に結実することとなった。詔の主な内容は、立法を行う元老院と裁判を司る大審院の設置等を定め、「漸次に国家立憲の政体を立て」る旨を掲げるものであった。

　この話合いの過程で、元老院の構成が一つの争点となった。板垣は当初、「〔前年の1月に〕民選議院設立の建白を出した後だから、少くも半分だけの官選でなくては承知ができない」[27]と主張したのだが、木戸とは意見が折り合わず、結局、元老院は木戸の「漸進の主義」に沿って全員官選の構成となった。だがその後も元老院の地位・権限、とりわけ元老院に「独立した立法権」[28]を付与するかどうかをめぐって「漸進論の木戸と急進論の板垣との間に、或は保守派と進歩派との間」に「はげしい対立を来たし」た[29]。しかしながらこの対立は最終的に、板垣の参議辞職もあって「急進改革論の敗北」[30]に終わり、「元老院は、『議法官』〔立法府〕たる地位・権限を疑われるほどに格下げ」された[31]。そして、会議を主導した木戸も明治10（1877）年5月、この世を去り、その結果「立憲政体への動きもほとんど停止してしまった」[32]。

## 3　大隈憲法意見書と明治十四年の政変

　もっとも、元老院「格下げ」騒動の最中の明治9（1876）年9月、元老院に「唐突」[33]に国憲案起草の勅命が下り、元老院ではその起草作業が行われていた。それが、同年10月の第一次草案に始まり明治13（1880）年12月奉呈の第三次草案に至る元老院国憲案であった。しかしながら、この草案は欧州「各国の憲法を取集、焼直し候迄にて、我国体人情等には聊も致注意候ものとは不被察」[34]と酷評された挙句、政府により「不採択として葬」られて[35]しまっ

た。

　だが、その直後の明治 14（1881）年 3 月、今度は政府にとって想定外の「大事件」36) が起こった。それは、参議大隈重信の立憲政体意見書であった。意見書の主な内容は、「本年を以て憲法を制定せられ、十五年首若くは本年末に於て之を公布し、十五年末に議員を召集し十六年首を以て始めて〔国議院〕開立の期と定められんこと」37) という、即時憲法制定・2 年後の国会開設の「急進的」38) 意見であり、かつ、その憲法では「イギリス流の議院内閣制を採るべきことを強調」39) するものであった。「その急進的主張に少からず驚かされた」40) 岩倉具視は、急ぎ「政府の憲法に関する積極的方針を樹立」41) すべく、当時太政官大書記官だった井上毅に意見を求めた。

　井上は「イギリス流の議院内閣制」について、「名は国王と議院と主権を分つと称すと雖も、其実は、主権は専ら議院に在りて、国王は徒に虚器を擁するのみ」であり、「是れ其実形、我国中古以来、政治の実権は武門に帰したると異なることなし」と断じ、「今一時に急進して、事後の悔を致」すよりも「寧ろ普国に倣ひ歩々漸進し以て後日の余地を為すに若かず」42) と説いた。つまり、「今イギリスに倣つて急進するよりは、寧ろプロイセン〔ドイツ〕に倣つて漸進」することを勧め、さらに「イギリスの制を採ることは政治の実権武門に帰せる幕府政治にかえすこと」43) として、反対をしたのである。

　かかる折の同年 8 月、北海道開拓使官有物払下げ事件が起こり、これをめぐって反政府運動が盛り上がった。そして、事件への対政府批判はさらに、国会開設論へと広がりを見せていった。政府は、この機会を捉えて大隈を反政府運動の黒幕とみなし、同年 10 月 12 日罷免し、政府から追放した。世に言う明治十四年の政変である。

　しかし、それと同時に政府は、もはや「此の人心動揺の際此〔国会開設の〕勅諭あるにあらざれば挽回無覚束、更に明言すれば人心の多数を政府に牢絡すること無覚束」い 44) 状況に追い込まれた。この窮地を打開するため、政府は同日、明治 23（1890）年を期して国会を開設する旨の詔勅を発したのであった。こうして翌明治 15（1882）年 3 月に伊藤が憲法調査のため渡欧するなど、

「立憲制憲法」制定への動きが加速することとなり、木戸の「漸進の主義」に基づく立憲政体漸立構想は、ここに一応の終結点を迎えることとなった。

## 4 守旧派勢力の存在

だが、これで憲法制定をめぐる問題が片付いたわけではなかった。政府内部には大隈のような「急進」派の対極に、もう一つの有力な異論が存在していたからである。それは、明治 12（1879）年 6 月以降出された、明治天皇の側近元田永孚の憲法制定をめぐる諸意見であった。その意見とは、「政教一致君民愛敬」[45] のゆるぎない「万世君臨」の「我君主の国体」を「永遠に確守」するべく、「推古帝の憲法〔十七条憲法〕を拡充し、大化、太宝の制令、法度〔律令等〕を潤色」することで「決して国体を変ずる」ことのない [46]「帝憲政憲〔憲法〕民法を定め」る [47] べきであるというものであった。

元田はこのような考えから、我が「皇邦建国の体」は「天祖」以来の「天位の一系」にあり、よって「外邦の国憲に倣うべ」きではない [48] とする明治 14年 5 月建議に係る大木喬任の憲法意見を「最上の至論」[49] とした。そして元田によれば、明治天皇もまた「大木の分を第一御信用」[50] とのことであった。このような「元田流の国体論、憲法論は当時宮廷内において一の勢力をなして伊藤らも困つた」[51]。後年伊藤が、「或国学者の如きは、聖徳太子の憲法〔十七条憲法〕でも宜しい」[52] と言ったとして、当時の憲法政治の無理解を語ったほどであった。

だがいかに宮中で有力だったとしても、このような守旧的意見は「旧来の陋習を破り天地の公道〔国際的な自然の条理〕に基くべし」[53] と誓った五箇条の誓文の意にそぐわないものである。井上毅はこのような守旧的意見に批判的であった。すなわち彼は、「憲法を定むるとは我が古人の所謂憲法〔十七条憲法〕を本として傍ら欧州の法を斟酌するに過ぎざるのみ」との説に対し、そもそも「民選議院なし是れ憲法なき」に等しいのであって、「曰君権を限る、曰立法の権を人民に分つ、曰行政宰相の責任を定む」る「欧州立憲の制」を採ることこそが「誠に国民の幸福」となると主張していた [54]。このように、一方

ではイギリス的「急進」改革を排除した井上であったが、他方では、「議院に
付するに独り立法の権のみを以て」する「普国の現況」にならう[55]べきもの
とし、木戸以来の「欧州立憲の制」たる「君民同治〔共治〕」憲法には親和的
であった。

とはいえ、天皇までも賛意を示す、「決して君民共治と云べから」ず「決し
て国体を変更する」べからず[56]とする「元田流の国体論、憲法論」は、伊藤
や井上ら「政府主流にとって無視できない」[57]ものであった。立憲政体導入
をめぐる論争は、今度は「欧州立憲」派対守旧派の対立図式に直面することと
なった。だが、この二つ目の対立図式を克服する転機が、当の井上にめぐって
くることとなった。それが、明治15（1882）年、木下周一翻訳にかかる一書
を通じてのヘルマン・シュルチェとの出会いであった。

## 5　主権の「体」と「用」

小早川秀雄は、「先生〔井上毅〕が独逸の国家主義の学説を得られし際の如
きは非常の悦びを為されたる由」[58]と語っている。稲田正次によれば、この
「独逸の国家主義の学説」とは「シュルチェの学説」[59]のこととされる。ヘル
マン・シュルチェはその著『国権論』の中で、ドイツ憲法における国権掌握と
国権施行との区別を述べた箇所に関し、次のように説明していた。

> 「曰く国王は国の元首にして凡百の国権独り之を統攬すと。此上半は国王
> 主宰権の全体を示すなり。其第二段に曰く而して此国権を施用するに当て
> は憲法の定むる所に依ると。即ち国王其国権を施用するに際り憲法の為め
> に制限せらるる所あるを示すなり。」[60]

要するに、全「体」から見れば主権は国王にあるが、主権の施「用」につい
ては、国王は憲法に従って行使しなければならないということである。シュル
チェのこの説明は、井上や伊藤にとって後に「明治憲法第四条を起草する際最
も教えられるところが多」い[61]ものとなった。そのことは、帝国憲法草案を

審議する明治 21（1888）年 5 月開院の枢密院第一審会議で述べられた第 4 条の、次のような説明に表れている。

> 「統治権を総攬するは主権の体なり、憲法の条規に依り之を施行するは主権の用なり。体有りて用無ければ之を専制に失ふ。用有りて体無ければ之を散慢に失ふ。」[62]

この「統治権を総攬するは主権の体なり、憲法の条規に依り之を施行するは主権の用なり」とは、明らかに「井上毅がシュルチェ国権論訳によつて理解したところのもの」[63] であった。その上で、我が国憲法では主権の「体」と「用」の両面が必要と述べられたものであった。このことが意味するものは、こうである。それは一方で、「我君主の国体」を重んずる元田ら宮廷内勢力の立場を主権の「体」に取り込むことで「元田流の国体論、憲法論をあくまで排除」することなく[64]、他方で、「君権を限る」のを主眼とする「欧州立憲の制」をめざす木戸以来の立場を主権の「用」に取り込むことで「欧米の文明を全面的に取り入れ」るとする五箇条の誓文の基本方針を維持することが可能となったことである。

この主権の「体」と「用」という二元的な理論構成は、憲法調査のため渡欧し明治 16（1883）年 8 月帰国した伊藤にとっても、受け入れ可能なものであった。というのは渡欧中、彼はウィーン大学教授ローレンツ・フォン・シュタインの「凡そ国家経綸〔国を治める〕の術を講明せんと欲するものは其本国を知らざる可らず」[65] という教えに触れることで、かねてから抱いていた「歴史文学慣習言語は国体を組織するの元素」[66] との思いを確信にまで高めていたからである。そしてこの二元的理論構成は、伊藤、井上毅、伊東巳代治、金子堅太郎たち起草者の手で、明治 22（1889）年 2 月公布の明治憲法に具体化されたのであった。

## 6　主権の「体」

　伊藤らは、明治憲法第4条に天皇が「統治権ヲ総攬」すると定めた。「統治権」とは「立法・行政百揆〔国務全般〕」の権[67]であり、広く「行政権の支派」たる司法権も含む[68]概念とされる。ゆえに、この権力を総攬する天皇は、第一には西洋的意味での「政治的主権者」[69]と把握されることになる。だが伊藤らは、天皇を単なる西洋的意味での「政治的主権者」にはとどめなかった。憲法起草に当たって伊藤らは、「単に外邦の憲法を模写するのみ」でなく、我が国「固有の特質」を「度外視し得べき」でない[70]と考えたからである。彼らは、憲法を立てるについては「国の成立即ち歴史上の成蹟によりて国の性質を察し、其性質に反せざる様に御注意ありたし」[71]とするシュタインの忠告を拳拳服膺したのであった。

　明治21（1888）年6月18日、憲法草案を審議する枢密院会議において議長であった伊藤は、「今憲法を制定せらるるに方ては先づ我国の機軸を求め、我国の機軸は何なりやと云ふ事を確定せざるべからず」[72]と述べた。続けて伊藤は次のように述べた。

> 「欧州に於ては憲法政治の萌芽せること千余年、独り人民の此制度〔憲法制度〕に習熟せるのみならず、又た宗教なる者ありて之が機軸を為し、深く人心に浸潤して人心此に帰一せり。」[73]

　欧州憲法政治において人心を「帰一」せしめる国の「機軸」は「宗教」（「基督教」[74]）であるという。では対する我が国ではどうなのか。彼は次のように続ける。

> 「然るに我国に在ては宗教なる者其力微弱にして一も国家の機軸たるべきものなし。仏教は一たび隆盛の勢を張り上下の人心を繋ぎたるも、今日に至ては已に衰替に傾きたり。神道は祖宗の遺訓に基き之を祖述すとは雖、宗教として人心を帰向せしむるの力に乏し。」[75]

我が国では宗教、すなわち仏教も神道も「国家の機軸」たり得ないという。では宗教に代わるべき「機軸」は何か。伊藤は、こう続ける。

　　「我国に在て機軸とすべきは独り皇室あるのみ。是を以て此憲法草案に於ては専ら意を此点に用ひ、君権を尊重して成るべく之を束縛せざらんことを勉めたり。」[76)]

　宗教に代わって人民を精神的に統合する「機軸」は、我が国では「皇室」（天皇制度）である。だからこそ、「成るべく之〔君権〕を束縛」することのないよう、「彼の欧州の主権分割の精神に拠らず固より欧州数国の制度に於て君権民権共同すると其撰を異に」した[77)] のだという。

　人民を「帰一」せしめる「国の機軸」たる天皇とは、まさしく「象徴としての『天皇』」・「温情に溢れた最大最高の『家父』」[78)]、すなわち、国内を「同心合体」に導く「民の父母」たる存在と捉えられた。

　と同時に伊藤は、この憲法が「君権中心つまり君主主権の憲法草案であることを強調した」[79)]。それゆえ民選議会は「立法に参する者にして主権を分つ者に非」ざるもの[80)] とされた。その結果、「立法の権を人民に分つ」かどうかをめぐって争われた元老院以来の論争は、ここで一応の決着を迎えることとなった。そして元田もまた、このような天皇の地位を定めた憲法案に対し、「大筋で共感」し「支持」をした[81)] とされる。さらに、第1条に示された「万世一系の天皇が日本帝国に君臨して大権を統攬せらるる」[82)] ことこそが、我が国「固有の国体」[83)] というように理論補強された。これもまた、「決して国体を変ずる」ことのないよう祈る元田の意に沿うものであったと言える。

　しかしながら、「民の父母」たる「政治的主権者」の天皇によって成り立つ国家体制は、単なる「政治国家」[84)] にとどまらない「政治外的領域を基礎とした」[85)] 国家を含むものにならざるを得ない。このような「国家理性」[86)] と「道徳と情緒」[87)] が同一化した国家体制では、権力の「放恣化」[88)] をもたら

すおそれが生じうる。では、このおそれを生じさせないためには、どのような主権の運営がなされなければならないのか。それが、次に掲げる主権の「用」であった。

## 7 主権の「用」

主権の「体」を上記のように定めつつ、伊藤らは、天皇が「統治権ヲ総攬」すると定めた第4条の後段に、続けて「統治権」は「此ノ憲法ノ条規ニ依」って、すなわち憲法の条文によって行使されなければならないと定めた。その理由は、「体有りて用無ければ之を専制に失ふ」からであり、「彼の羅馬に行はれたる無限権勢の説は固より立憲の主義に非」ざるもの[89]だからであった。つまり、主権の「体」のみでは、古代ローマで行われたような専制君主制となり、立憲主義にもとるとしたのである。主権の「体」は、主権の「用」に従うべきものであった。この点について伊藤は、我が国「固有の特質」として社会内のあらゆる「衝突、軋轢を調和」する「同胞相助の徳義」[90]を持つ「郷党的社会」[91]を例に引きながら、次のように語っている。

> 「此等の特質〔「相助の徳義」〕も之を約束して折衷其宜しきを得しむるにあらずんば、社会に悪影響を及ぼすなきを保すべからず。蓋し冷静なる知識よりは寧ろ情義を重んずるの郷党に於ては、一事を処理するに当り、情義に殉へて自由討論を圧し去るの風あるを免れず。従つて郷事を処するの権力を与奪するに当りて、所在豪族独り其意を恣にし、一郷の行政は一家の私事と撰ぶ所なきに至るを免れざることあり。」[92]

「郷党的社会」には「善悪両面」があって「其善方面は勉めて之を維持し、悪方面は勉めて之を防御するに力を致」すべきだとする[93]。その点で見ると、政治権力の行使に関しては、社会に調和をもたらす「相助の徳義」も、「自由討論を圧し去る」という「悪影響」を招きうるという。その上で伊藤は、次のように続ける。

「果して斯の如くんば、立憲政治の実行は到底得て望むべからず、何とな
　れば代議政治に於ては人民共同の福利を企図するの手段方法の如き、自由
　に公明に討論するを以て最大必要の条件となし、私人の感情若くは情義に
　至つては、之を一擲して国家共通の幸福利益を冷静に商量するを以て本義
　と為さざるべからず。」94)

　「国家は『商量』すなわち理性の体系であって、『情義』にもとづく全人格的
結合を構成原理とする『郷党〔的〕社会』とはカテゴリッシュに峻別され」な
ければならない95) と伊藤は言っているのである。「近代国家とくに伊藤のい
わゆる『立憲国家』」96) は、このようにあくまでも「リベラル・デモクラシー
の原理」97) によって運営されるべきものであった。そのためには〔「民の父
母」たる〕「天皇を議会政治〔立憲政治〕から出来るだけ分離」98) する必要が
あった。すなわち、「徳義」を含む主権の「体」と「立憲の主義」で運用され
る主権の「用」──国家の構成原理とその体制に置き換えれば、「理」の構成
原理による「立憲国家」と「情」の構成原理によるいわゆる「道徳国家」99)
──とが、互いに分離されることが必要とされたのである100)。
　主権の「体」と「用」とを分離すれば、元田のめざす「道徳国家」は、伊藤
のめざす「立憲国家」によって一応は封じ込めるはずであった。この「理」と
「情」という「明かに、異質な二つの原理」101) からなる「二元国家」102) の運
用は、とりわけ伊藤の手腕にかかっていた。だが、その手腕でもどうにもなら
ないことが、憲法施行後数年を経ずして明らかとなるのである。

## 8　政党内閣への道
　明治憲法施行後の明治25（1892）年 8 月内閣総理大臣就任の際、伊藤は天
皇に対し、次のように言った。

　「聞くが如くんば、前内閣総理大臣は事毎に叡慮を候して後、閣議に諮れ

 りと、臣不肖と雖も、重任を拝するあらば、万事御委任あらせられたし、
 大事件は固より悉く叡慮を候するに怠らざるも、他は総て自ら其の責に任
 ぜんと」103)

　前内閣総理大臣（松方正義）の時は一々天皇の意向を伺ってから閣議を開い
たと聞くが、今後は万事任せてもらいたい、自分は、大事件は別として後はす
べて宰相自らの責任で事を処理するつもりだという。このことは、憲法制度上
は天皇が統治権の主体であるが、実質的には「内閣を天皇から独立した機関と
し、その内閣を中心とした政治システムを構築することによって、天皇の政治
争点化を回避するとともに、『政治』が自立した空間を制度化」するこ
と104)、つまり、立憲政治運用面で天皇の影響力を排除することを意味するも
のであった。伊藤は、主権の「体」と「用」との分離方針を貫こうとしたので
ある。
　ところがこの分離方針は、憲法施行・帝国議会開設当初から、すでに危うい
ものとなっていた。それは、政府が議会に対し政党の意に関わらない超然主義
による政権運営を試みたことに起因するものであった。いわゆる超然主義の根
拠についての伊藤の説明は「最も注意すべきものである。彼は宰相の責任を強
調したが、その責任は天皇にあつて議会にないといふのである。故に『宰相は
可否を献替して天職を補佐し奉るものなるを以て、政府をして常に党派の左右
する所たらしむるは亦容易ならず』」というものであった105)。つまり、政府
は唯一天皇のために働く存在であって、議会の政党の意に左右されるべきでは
ないということである。
　だが現実に、議会開設当初から衆議院で多数を占めていた民党（民権派野
党）を相手に、政府が超然主義を貫けるかが問題であった。果たせるかな、民
党は議会の予算審議権を武器に政府の予算案削減に打って出て、政府を苦しめ
ることとなった。皮肉にも、相互に分離されたはずの主権の「体」（天皇主
権）に基づく宰相責任原理が、主権の「用」（立憲政治そのもの）の運用を妨
げることになったのである。伊藤内閣（第2次）の成立も、政府と議会対立の

最中であった。

　明治26（1893）年2月、第4議会で軍艦建造費をめぐって政府と議会とが対立し、建艦費などの削減を決定した衆議院が伊藤内閣弾劾上奏案を可決するという事態が生じた。憲法上の手続では、予算は議会の議決が無ければ執行できず、その場合には前年度の予算を施行するしかなく、立憲政治の下で「憲法ノ条規ニ依」る限り、新たな建艦費予算の執行は困難であった。議会制停止論のような強硬意見さえ持ち上がるような、まさに立憲政治の危機であった。

　この危機に直面して、伊藤は宮廷費の一部を削る等で政府・議会の双方に譲歩を求める「和衷協同の詔書」を天皇に乞う「『三方一両損』的方策」106)によって事態の打開を図った。この時の伊藤の方策は「非立憲の手段と非難」107) されるような、「国務大臣責任の制に鑑みて、どうかと思はるる」108) 手段であった。しかしながら、かかる手段は遡ること明治24（1891）年12月、松方内閣と議会との対立の際に示された、次のような伊藤の考えに基づくものであった。

　　「議会に対しかかる手段を取ることは、欧州憲法国の常例でない、予も固
　　よりこれを知つている。だが憲法実施は東方未曾有のことで、今日は重大
　　な試験期である、西洋諸国の糟粕のみを嘗めて、この国歩の艱難を凌がん
　　とするは、予の好まざる所である、我が天皇は万民の父母である、今日憲
　　法制度の危機に際して、その救解に天皇に拠らなくてよかろうか。」109)

　つまり伊藤はこの危機を、立憲政治から「道徳と情緒」の影響力を排除しようと努めた近代立憲君主にではなく、天皇大権という主権の「体」における「万民の父母」――「道徳と情緒」の主体――としての天皇に頼り、憲法規定の足らざるところを「和衷協同」の徳義で乗り切ろうとしたのである。だが、このことは当初の、「徳義」を含む主権の「体」と「理」による立憲政治をめざす主権の「用」との分離方針と「矛盾」110) することになる。

　しかも事はそれだけではない。この「明らかに政府に有利な」111) 内容の詔

勅の結果、「議会は更に失政と認むる事実を詳陳して上奏せん。従て拒斥すれば従て上奏し、紛々擾々其の極、帝威を干瀆し、皇家をして怨府たらしむるの虞」ある[112]事態が生じる。つまり、政府と議会の対立に天皇が乗り出すことは、「天皇や皇室に対する不満が出かねないという危険な事態」[113]――「天皇の政治争点化」――を招き、ひいては「帝国憲法の大原則である天皇神聖不可侵をゆるがしかねない危険」[114]をはらむこととなる。ここに至って伊藤は、「議会と如何にして調和を計るべきかと云ふ其手段に甚だ困却」[115]することとなった。そして彼は、遂に「已むを得ず」[116]、ある「爆弾提案を行」い[117]、実行した。その提案について、伊藤は次のように語っている。

　「然らば議会に多数を制するに足るの政党として当時憲政党なるものが成立つて居つたから、此憲政党に〔政府を〕譲つたならば国家の関門は自由自在に通過せらるると確信して居りましたが故に、国の急を救ふには此れ亦好都合であると自ら信じて遂に憲政党を支配さるる所の大隈、板垣両伯に政府を御委託に相成るやうにと云ふ奏上を致し之を陛下より勅許を蒙りましたに依て私が両伯に説て大任に当らるることを求めた次第であります、然るに両伯も快く之を受けて乃ち昨年〔明治31（1898）年〕大命の下に内閣を組織されたやうな次第でありまする」[118]

　伊藤の「爆弾提案」によって、「日本近代史上最初の政党内閣」[119]、いわゆる隈板内閣が成立したのである。
　もちろん、かかる伊藤の行動は、強い反対論にさらされた。その反対論とはすなわち、「我が憲法上、内閣大臣は、天皇を輔弼して、其責に任ずるも、議会に対しては責任を有せず」、内閣大臣にして政党の「党員たるものは、党議に服従するの責任あるを以て、議院に対して責任を生ずることと為り、我憲法の精神に違反」する[120]というものである。この反対論は、他ならぬ超然主義の根拠となった先の伊藤の説明そのものである。だが伊藤は、この反対論に対し、次のように反論した。

「帝国憲法に依れば、大臣は天皇に対して輔弼の責に任ずること其明文の如くなるを以て、天皇は衆議院に多数を有する人を召し玉ふこともあるべく、又少数を有する人を召し玉ふこともあるべし。極言すれば一人の味方を有せざるものと雖も、輔弼の責に当るを妨げざれば、明に衆議院の多数を有するものと制限したる英国の如きとは、自ら其撰を異にす」。121)

　要するに、我が憲法はイギリスの議院内閣制と異なり、大臣（内閣）は議会に対して責任を負わず、天皇に対してのみ輔佐の責任を負うからこそ、天皇の信任さえあれば、たとえ政党の首領をもって内閣を組織するも豪も差支えは無いというものである。伊藤は、この見事な論理のすり替えとも言える「政党内閣合憲論をとって動かなかった」122)。

　この頃政情不安の続く隣国中国（清）をめぐる国際情勢などが、日本にも影響を少なからず及ぼしかねない事態となっていた。そのようなときに、国内で議会と政府とが対立している場合ではないとの認識が伊藤にはあった123)。どうしても「立法部〔議会〕と行政部〔内閣〕との調和を謀つて無益な軋轢を避ける」124) ことが求められていた。伊藤にとって「和衷協同の詔書」に代わる最後の手立てが、政党内閣であった。伊藤が政党内閣という近代立憲制の器を導入する核心は、次の点にあった。

　　「英吉利の憲法政治はなぜ斯くの如く能く往て外の所は能く往かんかと云つて聞いて見ると、取も直さず英吉利人は譲歩の心が強い、外は譲歩の心が少ない」125)

　イギリスで行われている政党政治という「理」の制度には、「官民〔行政部と立法部〕相譲るの徳義」126) ＝「和衷協同」という「情」を伴える余地があった。もし、「民の父母」たる天皇の存在を背後に退けつつ「和衷協同」の徳義を政党内閣という近代立憲制の中に移し変えることができたなら、政党内

閣は、「立法部と行政部との調和」という伊藤の理想を達成できる救世主となる。そしてこのことは、「和衷協同」の徳義という「道徳国家」の「共同体秩序原理」[127]（共同体原理）と政党内閣という「立憲国家」の「リベラル・デモクラシーの原理」（近代政治・法原理）との統合を意味するものとなる。そして伊藤は、その統合を実効的なものとするために「政党の改良」[128]を志し、立憲政友会の結成を決意するに至るのである。

　ちなみに当の隈板内閣は内紛がひびいて4箇月余りでつぶれてしまったが、後の本格的政党内閣に憲法上の根拠を与える「先例」[129]としての役割を果たすこととなった。

　以上のように憲法は当初、我が国固有の国体たる天皇（皇位）という器を近代立憲制度の根幹に置いたが、その魂たる徳義は器の外に切り離した。しかしその制度はうまく働かず、遂に「民の父母」たる天皇の「和衷協同」の徳義に頼ることとなった。この事態は、近代立憲制度原理の運用には徳義という共同体原理が必要であることを制度運用者に突きつけるものであった[130]。かくして伊藤は「譲歩の心」を持つ政党内閣の制度へとたどり着いた。こうして憲法においては、当初の「理」と「情」の分離から両者の統合へと制度が展開されていったのである。

## 9　「憲政の常道」

　時は経ち、伊藤博文によって基礎付けられた政党政治は大正期を迎えて花開いた。その頃になると、政党は政局を動かす大きな力を持つ存在となっていたのである。大正7（1918）年9月、立憲政友会総裁の原敬を首相とし、外相、陸相及び海相を除く全閣僚が衆議院第一党の立憲政友会員から成る本格的政党内閣が誕生した。だが、この内閣は大正10（1921）年11月、原首相の暗殺により幕を閉じた。その後しばらくは非政党内閣が続いたが、大正13（1924）年6月、衆議院総選挙で大勝した立憲政友会・憲政会・革新倶楽部で構成されるいわゆる護憲三派内閣（加藤高明内閣）が成立した。それ以降、昭和7

29

（1932）年 5 月の犬養内閣崩壊まで 8 年間、政党内閣が続くこととなる。この時期の政党政治を「憲政の常道」と呼ぶ。「憲政の常道」とは、「政権交代は政党内閣により、しかも交代の原則は、内閣が総辞職した場合、政権は野党第一党に移すという方式」131) である。この原則に従って護憲三派内閣の後、憲政会（昭和 2（1927）年 6 月より立憲民政党）と立憲政友会の二大政党が交互に内閣を組織していくこととなった。

## 10　政党内閣の終焉

　だが 1930 年代に入ると、第一次世界大戦後の度重なる不況を背景とする国民経済の行き詰まりや軍縮路線への反対論の高まりによる協調外交の行き詰まり、また、政党、財閥の腐敗堕落などによる資本主義や議会政治・政党政治への反感さらには個人主義・自由主義思想などへの動揺が広がるようになってきた。そのような風潮の下で、日本本来の姿を取り戻そうとする日本主義的革新運動が勢いを増すようになり、「真に日本的な角度に於て国体に反し国体に背くもの一切を除去」132) しようとする動きが強まった。この動きは、かねてから協調外交・軍縮政策とそれを推し進める政党政治に不満を抱いていた軍部にも影響を広げ、腐敗堕落した政党内閣を実力で倒して天皇親政による軍部政権を樹立しようとする動きにまで至った。そのような中で昭和 7（1932）年 5 月、海軍青年将校や陸軍士官学校生徒らが起こしたのが、五・一五事件である。5月 15 日のこの事件で立憲政友会内閣の犬養毅首相は凶弾に倒れ、翌 16 日早朝に死去した。

　後継首相の人選を巡って立憲政友会では鈴木喜三郎を新総裁として首相候補に推そうとしたが、陸軍では、「再び政党内閣の樹立を見るが如きこと」では「部内を統制するは困難」と難色を示し、平沼騏一郎枢密院副議長を推した 133)。しかし、人選に当たった元老西園寺公望には、一方で「内閣が再び政党に帰するが如き結果」となれば「第二第三の事件を繰返すに至る」134) ことを懸念しつつも、他方で「ファッショに近きものは絶対に不可なり」との天皇の意向が伝えられていた 135) ところから、平沼内閣の成立も考えられなかった。

　しかしながら、「憲法は擁護せざるべからず」[136] との天皇の意向を尊重するならば、やむを得ない結果として「此際議会に基礎を有する政党の奮起を促し、之を基礎とする挙国一致内閣の成立」を期し、「内閣の首班には斎藤子爵〔斎藤実海軍大将〕の如き立場の公平なる人格者を選ぶ」[137] ことで満足するしかなかった。もっとも、「これはあくまで過渡的措置のつもりであったが、遂にこれより敗戦後まで政党内閣は復活しなかった」[138]。政党内閣の終焉を意味したこの事態は同時に、伊藤が目指した明治憲法制度——近代立憲政治原理と共同体原理との統合——が制度的崩壊を来したことを意味するものであった。反面、「政党政治の腐敗を一掃」[139] するのを目指す軍部らの勢力にとっては、斎藤「挙国一致内閣」の成立は「武断政治」[140] への道を開く格好のきっかけになった。そしてこの流れは、さらに明治憲法制度の理論的屋台骨にまで及ぶこととなった。美濃部達吉への攻撃となる、いわゆる「天皇機関説事件」が、それである。

## 11　美濃部学説の概要

　事件の元となった美濃部学説の概要は、次のようである。

　まず、美濃部は、国体と政体の概念を、以下のとおり区別する。国体とは「歴史的に形成せられた日本の国家の最も重要な特質」たる「万世一系の皇統」による「君民一致」の形態を言い、それ自体は「法律的観念ではなくして、主としては歴史的観念であり又倫理的観念」とする[141]。これに対して「君主政といひ共和政といふ」政体とは「純然たる法律的観念」[142] とした上で、我が国の政体は先の「固有の国体に基いた君主主権主義〔君主政〕と西洋から伝はつた立憲主義との相結合せられたもの」[143] とする。すなわち、我が国の政体は「民意に基いたものでもなければ、又敢て超人的の神意に基いたもの」でもなく「一に皇祖皇宗から伝はつた歴史的成果」であり「わが上古以来の国体に基いて居る」もの[144] で、それに加えて「君主主義の骨格の中に民衆政治の精神を包む」立憲君主政体とした[145] ものである。

　その上でさらに、君主主権主義か国民主権主義かの対立に関し、「統治権を

行ふ所の力が国民に出づるか又は君主に出づるかは、各国の歴史と国情とに依つて定まる各国政体の問題であつて、必ずしも総ての国家に通ずる必然の性質ではない」146)とする。つまりこの対立は、統治権〔主権〕の「最高の源」が誰から発するか147)の対立であり、そのことは「各国の憲法に依つて異なるべき」148)政体の問題である。これに対して「総ての国家に通ずる必然の性質」たる統治権の主体は「必然に永久的団体としての国家に属する」149)とする。すなわち、こうである。

　　「君主主権主義といひ国民主権主義といふは、唯国の憲法上の主義の問題であつて、即ち国の政体の差異に外ならぬ。その何れの主義を取るかを問はず、統治権は常に国家に属する権利であつて、国家のみが統治権の主体である。」150)

　だとすると、国民ないし君主は、どのような立場に立つのであろうか。美濃部は続けてこう言う。

　　「国民主権主義を取るとしても、国民は国家の機関として統治を行ふのであり、君主主権主義に於いても亦君主は国家の機関として統治の最高の源たるのである。君主主権といひ、国民主権といふは、言ひ換ふれば、君主又は国民の何れが国家の最高機関であるかを言ひ表はすものに外ならぬので、即ち此の意義に於いての『主権』とは、正確に言へば最高機関といふと同意義である。」151)

　君主は、国家の有する統治権（主権）を国家に代わって実際に行使するトップ機関（最高機関）とする。そしてこの地位は、国体に見合う憲法によって定められた政体上の地位であるとする。これが後に「天皇機関説」と呼ばれることになる学説である。
　美濃部は、このように解する根拠を『憲法義解』第1条の解説、「君主の徳

は八州臣民を統治するに在て一人一家に享奉するの私事に非ざること」152) に
求める。すなわち、こうである。

> 「法律学に於いて、権利と称するは、自己の目的の為に認められて居る法
> 律上の力を謂ふ。或る権利を有すとは、法律上に或る事を為し得べき力が
> 正当として認められ、且つその力がその者自身の目的に役立つものとして
> 承認せられて居ることを意味する。此の意味に於いて統治権は国家の権利
> であらねばならぬ。何となればそれは国家の目的の為に認められて居り、
> 又国家の活動として認められて居るからである。それであるから、君主政
> 体に於いて統治権が君主に属すると言つても、それは敢て統治権が君主の
> 権利であるといふのではなく、統治の機能が君主に属することを意味する
> のである。総て団体が権利を有する場合には、必ずその団体の為にその権
> 利を行ふ者が無ければならぬのであつて、之を団体の機関と謂ふ。国家は
> 団体であるから、国家の有する総ての権利も、亦必ず国家の機関に依つて
> 行はるるものでなければならぬ。……君主政体に於いて統治権が君主に属
> すといふことも、……君主が国家の機関として統治の力を有することを意
> 味するのである。而して君主が国家の機関であるといふことは、言ひ換ふ
> れば、統治が一人一家の私事ではなく、国家の公事であることを言ひ表は
> すものに外ならぬ。」153)

　つまり、君主が統治権者（権利者）であるとすれば、権利行使の効果は権利
者自身すなわち君主自身に帰属することになる。これでは統治が「一人一家の
私事」になってしまう。そうではなく、国家が統治権の主体（権利者）であ
り、君主はその機関（公人）として国家に代わって権利を行使することで、そ
の効果は権利者たる国家に帰属する。そうすることで君主の統治は「国家の公
事」となると説明するのである。
　次に美濃部は、議会の地位について以下のように言う。すなわち、議会は
「国民の代表機関」であり「君主の機関」ではない 154) とし、かつ、その権能

33

に関しては「君主より其の権能を授けらるる者に非ずして、直接に憲法に其の権能の根拠を有す」る「国家の直接機関」[155] とする。そしてこのように、議会が「国民の代表機関」ということは、議会を通して「国民が国政に参与する」[156] ことを意味するがゆえに、この憲法における「立憲君主制は君民共治の政体」[157] とするのである。その上で美濃部は、内閣制度に論を進める。すなわち、こうである。

> 「内閣の組織を命ずることは憲法上天皇の大権に属すること言を待たずと雖も、立憲政治は国民の意向に重きを置くの政治なるを以て、実際の憲法的慣習は内閣の組織を議会殊に衆議院の信任に繋らしめ、衆議院の多数を統制し得る力ある者をして内閣総理大臣たらしむるを普通とす。」[158]

つまり、立憲政治では政党政治（議院内閣制）が通常の形であると言う。そして、「我が国に於ても少くとも近時の政治上の情勢に於ては議院内閣制の慣習が略確立したりと謂ふことを得」[159] と言う。

以上が美濃部学説の概要であるが、では、このどこが問題として攻撃の対象となったのか。この点に至る前に、事件の遠因について触れることとしたい。

## 12 「天皇機関説事件」の遠因

事件の遠因は昭和5（1930）年にさかのぼる。この年4月のロンドン海軍軍縮条約調印をめぐって一つの問題が生じた。いわゆる統帥権干犯問題である。国際的な海軍の軍縮交渉に関しては、主力艦（戦艦、航空母艦など）の保有比率については既に米英日等5箇国の間で大正11（1922）年2月、ワシントン海軍軍縮条約が結ばれていたが、今度は補助艦（巡洋艦、駆逐艦、潜水艦など）の保有比率について米英日の間で協議がなされたのである。その交渉に当たった民政党浜口雄幸内閣の命題は緊縮財政であり、そのための軍縮は政権運営上の必須条件であった。

協議の中で米側は総トン数比率対米6割を主張した。当時海軍内では日米不

戦を主張する条約派に対し、中国・東アジアの権益争いから対米戦争を不可避とする海軍軍令部長ら強硬派（艦隊派）が対立しており、強硬派は対米7割死守を主張していた。交渉の過程で米側は対米比率6割9分7厘5毛の最終妥協案を提示した。浜口内閣は強硬派の反対を押し切って6割台の案で妥協し、条約を成立させた。反対派は内閣を激しく非難したが、このとき反対論の論拠とされたのが、統帥権干犯であった。問題の火蓋を切ったのは、時の野党政友会であった。

問題の争点は、明治憲法第11条と第12条である。第11条に規定される統帥権（作戦、用兵など）は軍の統帥機関（参謀本部、海軍軍令部）の専権事項であり、内閣はこれに介入できないとされていた。これに対し第12条に定められた編成権（兵力量の決定など）は内閣の輔弼事項となっていた。問題は、この一般国務である編成権に対し、軍の統帥権が全く及ばないのか否かであった。言い換えれば、第12条の編成権には「統帥、国務の混成事項」たるものがあるのか否か[160]ということである。

この当時支配的学説であった美濃部説によれば、第12条の編成権は「純然たる国務にして、国務大臣の責任に於てのみ之を定むる」ものであり、参謀本部・海軍軍令部において示された軍の編成に関わる国防計画案に対し、政府は「必ずしも其の計画案に従ふことを要する」のではなく、「若し外交、財政又は内治上之を不適当なりとするときは之を変更することも有り得べく、其の変更に参謀本部又は海軍軍令部の同意を得ることは必ずしも絶対の要件」ではないとされていた[161]。なぜなら、統帥権が「国務大臣〔政府〕の責任の外に置かるることは、国務大臣が一切の国務に関して責に任ずることを要するの原則〔「立憲政体」における「責任政治の原則」〕に対する重要なる例外を為すものなるを以て、其の範囲は之を適当に限定することを要す」[162]るからであった。この説は、憲法立案者であった伊藤や井上毅の基本的立場と同一線上のものであった[163]。よって浜口内閣がこの説に従って条約を締結したことには何の問題もないはずであった。そして、この点については海軍本省の見解も同様であったとされる[164]。ところが海軍軍令部では、第12条の編成権における

兵力量の決定は、内閣での国務担当の海軍大臣と軍の統帥を任された軍令部長との「協同輔翼」によるものとの見解を採った[165]。それゆえ、浜口内閣の当該軍縮条約締結は、軍令部長の統帥権を犯すものと主張されたのである[166]。

　なお陸軍では、第12条の編成権や兵力量の決定など軍の統帥にも関わる「混成事項」に関しては内閣、陸軍大臣、参謀本部との意見の一致を要するとする運用が既になされていた[167]。それゆえ、ロンドン海軍軍縮条約で浜口内閣の示した美濃部学説による統帥権理解は、「次は陸軍にも軍縮問題が波及し、海軍方式の兵力量決定、すなわち内閣による兵力量の一方的決定がなされてしまうのではないかという疑心を陸軍に与えた」[168]。

　浜口首相は同年11月、本条約の一件が原因の一つとなって国家主義団体の青年に東京駅頭で撃たれ、翌昭和6（1931）年8月死去した。

## 13　「天皇機関説事件」

　「天皇機関説と『統帥権の干犯』とは、分ちがたい関係にあった」[169]。そして、そうさせたのは時の野党政友会である。「野党政友会の統帥権干犯論に元気づけられた〔海軍のみならず陸軍〕青年将校や民間右翼が、それを正面から批判した美濃部憲法学を『天皇機関説』として攻撃の的とする図式が出来上ってしまったのである」[170]。以上は坂野潤治の見立てであるが、その趣旨を補足しつつ説明すると、おおむね次のようである。

　美濃部の統帥権解釈は、憲法第11条の軍の作戦・用兵に関する統帥権（いわゆる狭義の統帥権）を軍独立の権限とする一方、第12条の国政に関わる軍の編成大権については軍の独立を容認せず「内閣権限」とするものであった。この解釈によれば、国務にも統帥にも関わる「混成事項」いわゆる「広義の統帥権」に関しては軍の独立を容認しないことになるが、このことは軍に対する内閣の主導権つまり「〔統制〕権限がきわめて大きくなる」ことを意味する。だがこの解釈は、立憲政治の原則を重視する美濃部の立場からは当然であるものの、軍当局から見れば天皇大権たる統帥権干犯以外の何物でもない。

　しかしながら、もし主権が美濃部流「天皇機関説」の言う国家ではなく、天

皇個人にあるとすれば、上記の美濃部解釈は「成立しなくなる」。なぜなら、天皇主権説では内閣総理大臣も、参謀総長・海軍軍令部長と「対等の天皇に対する助言者の位置しか与えられなくなる」からである。そしてそうなれば「混成事項」に関し、軍も政府と対等の立場で主張を押し通すことが可能になるであろう。とすれば、主権が国家にあり、天皇はその最高機関にすぎないとすることで内閣中心主義の憲法解釈を展開する美濃部流「天皇機関説」は軍部にとってまさに「諸悪の根源」とみなすべきものとなる[171]。以上のような「彼らなりには筋が通っ」た[172] 理屈を背景に、遂に事件の火蓋が切って落とされたのである。それは昭和9（1934）年2月及び翌昭和10（1935）年2月、帝国議会貴族院本会議での陸軍出身議員菊池武夫の質疑によって始まった。

第65回及び第67回帝国議会貴族院本会議での一連の質疑の中で、菊池は次のように言った。

「今日説かれて居りまする書籍、就中帝国大学あたりに用いられまする『憲法撮要』と……云ふやうな本をあけて見まする時に、我国国体に反するが如き天皇機関説などが依然として、版を重ねて、除かれないのでございます。西洋の『エンペラー』と称え、『カイゼル』と申し、或は『ケーニヒ』、其他主権者などと申すもの、又は支那〔中国〕の皇帝と申すやうなものと同じやうに考へて居られるのは、既に国体精神を喪失して居ると私は信じます、先づ斯う云ふものを同じと考へて居りまするやうな学者政治家の思想を一掃しなければ、国家興隆の根源は図られぬのでございます」[173]

そもそも憲法には「万世一系の天皇が統治す」とあって明らかに天皇が「統治権の主体」である[174] にもかかわらず、美濃部の『憲法撮要』、『憲法精義』などには「憲法上、統治の主体が天皇にあらずして国家にありとか民にありとか」[175] と書かれている。よって、かかる「明かなる反逆」[176] 思想を「一掃しなければ、国家興隆の根源は図られ」ないのだと言う。菊池の主張はまさし

く徹底した「天皇機関説」潰しであった。

　このような菊池の「天皇機関説」批判が引き金となって、軍部のみならず政党をも巻き込む岡田内閣倒閣へと向けられた一大政治運動が巻き起こっていった。追い詰められた政府は、昭和10（1935）年4月9日、美濃部の『逐条憲法精義』、『憲法撮要』、『日本憲法の基本主義』の発売禁止及び他二著の改版処分を命じた。また、文官高等試験委員から美濃部ら「天皇機関説」論の学者が降ろされた。さらに政府は同年8月3日、軍部の強硬な態度に押されて「大日本帝国統治の大権は儼として天皇に存すること明かなり」とする国体明徴声明を発表した。ところが特に軍部は、この声明にも納得せず、「統治権の主体は国家にして天皇は国家の機関なりと為すが如き所謂天皇機関説は神聖なる我国体に背反」するがゆえに「之を排撃せん」とする[177]趣旨を明確にすることを要求した。そのため政府は10月15日、「統治権の主体は天皇にましまさずして国家なりとし天皇は国家の機関なりとなすが如き所謂天皇機関説は神聖なる我国体に悖り」、「厳に之を芟除せざるべからず」との文言を明らかにした再声明（国体明徴第二次声明）まで発したのであった。

## 14　明治憲法制度の崩壊

　明治憲法制度は美濃部の唱える「学説によって支えられてきた」[178]。すなわち、「倫理的観念」たる国体を非「法律的観念」とし、立憲政体を「純然たる法律観念」とすることで、立憲政治を「理」の体系として「情」からの分離を試みた伊藤の憲法構成を美濃部が理論的に確立した。その上で、伊藤が組み入れようとした「政党内閣」についても「最も説得的な理由づけを提供した」[179]。その意味で美濃部学説はまさに、「明治憲法体制の正統的学説」[180]であった。だが「天皇機関説事件」によって、その「正統的学説」は「そのイデオロギー的母体ともども、抜本塞源的に異端として追放された」[181]。「天皇機関説事件」によって失われたものは、明治23（1890）年以来の「明治憲法体制の根幹（立憲君主制及び政党制）」の「権威」であった[182]。すなわち「天皇機関説事件は、事実として、『国体』〔情〕によって『政体』〔理〕の変革

をもたらした『合法無血のクーデター』であった。そして『合法無血のクーデ
ター』の後に二・二六事件という非合法流血のクーデターが続いた」[183]ので
ある[184]。

　伊藤が構成し、美濃部がそれに理論的根拠を与えた「理」の体系と「相関
係」[185]する「情」(「相助の徳義」)との統合をめざす「政党内閣」制が理論
と事実の双方で崩壊し、明治憲法が「機能しなくなった」[186]後を埋めるもの
は、国体明徴第二次声明に示された国体すなわち「天皇の大権及びその背後に
存する神秘的権威〔情念〕」とそれを「支柱」とする軍閥、官僚の「独
裁」[187]であった。昭和12(1937)年7月、日中戦争が始まり8年間の総力戦
時代を迎えると、日本は「昭和一三年の国家総動員法の制定より、政党の解消
を経て、一五年には大政翼賛会の発足を見るに至り、翌一六年には遂に太平洋
戦争に突入した」[188]。かくして明治憲法制度の崩壊によって伊藤の目指した
近代政治・法原理と共同体原理——構造面から言うならば「理」の構成原理に
よる「立憲国家」と「情」〔徳義〕の構成原理による「道徳国家」——との統
合は、その効を失ったのである。


## 15　小結

　以上、明治憲法制度の成立から崩壊までの過程を通して明治国制の概要を描
き出してきた。その過程は確かに、近代政治・法原理による「立憲国家」と共
同体原理による「道徳国家」という二元的国家体制が「立憲国家」の破壊に
よって「道徳国家」化していくものであったと言える[189]。

　では、これで明治国制が描き切れたのかというと、そうではない。なぜな
ら、明治国制そのものは唯一憲法制度からのみ成っていたのではないからであ
る。すなわち、明治国制はもう一つの制度=民法制度をも他方の重要な支柱と
して成り立つものだったからである。それは、明治初年の国法会議における江
藤新平が次のように語るとおりである。


　　「一体各国とも政府と政府との交際は公法を以て相整へ、政府と其国民と

の交際は国法を以て相整へ、民と民との交際は民法を以て相整へ候次第。各国の通義の様相成居、総て国家富強盛衰の根元も、専ら、国法民法施行の厳否に管係致し候趣。其上国法は所謂国人と交りて信に止るの規則にて、則又民法の根本に相当り候故、既に民法会議も、箇条により、国法御確定無之ては纏り兼候事も有之。」190)

　およそ国家間は公法〔国際法〕により規律され、国家と国民の間は国法〔憲法〕191) により規律され、国民相互間は民法 192) により規律される。そして「国家富強盛衰の根元」は憲法と民法の施行如何にかかっている。さらに憲法は民法の根本に当たるもので、民法制定には憲法「御確定」が欠かせないとする。この指摘はまさしく、近代国制の二大柱が憲法と民法であり、かつ、憲法は民法を下支えする最重要の根本法であることを政府に対し明確に示すものであった。それゆえに国法会議の早期中止にもかかわらず、この提案内容は「その後も政府内の制度確立に際しての重要な課題となった」193)。

　この「課題」が一方で引き続き木戸孝允を議長とする制度取調会議において「宇内各国の体裁を参考して、我が適正の体を創立」194) すべき旨「繰り返」され 195)、憲法制定の動きへとつながり、その動きがさらに「立憲国家」と「道徳国家」の二元的要素を持つ憲法制度──「政党内閣」制度──へと発展することとなった。ただし、この制度は藤田が指摘したとおり、崩壊に至った。このことは、既に見てきたとおりである。

　他方、いま一つの「課題」であった民法については当初の主唱者であった江藤によって近代法原理に基づく立法作業が開始されたが、結論を先取りすれば、民法形成過程で共同体原理を定めた教育勅語の制定があり、それが後に民法の指導原理となったことで、民法制度も憲法制度同様近代法原理に導かれる「立憲国家」と共同体原理に導かれる「道徳国家」との二元的要素を持つ複合的制度──調停制度──へと発展することとなるのである。

　それゆえ、明治国制が全体として「論理必然的」に「徳義による結合＝道徳共同態」へと「同一化」したという藤田の論の当否を判断するためには、上記

の結論を導く民法の形成過程をも解明しておかなければならないことになろう。

　この観点に立って以下、民法形成過程の解明を始めることとなるが、その際、民法典の編纂、施行から調停制度（人事調停制度）の成立へと至る道筋について、「立憲国家」の近代法原理と「道徳国家」の共同体原理との確執と統合を軸として論旨を展開していくこととする。

序論注　180－191頁

# 第1章
# 西欧近代民法の継受と教育勅語の制定


## 第1節 民法典の編纂

### 1 民法典の起草

　そもそも我が国への民法を始めとする西欧近代法の本格的導入を最初に試みたのは、江藤新平であった。そして、その導入を江藤に決意させるきっかけを作ったのは、副島種臣である。副島は新律綱領編纂の際、西欧法も参照したいと考え、同郷であった中野健明にナポレオン法典の原書を求め、その刑法の箇所を「箕作麟祥氏に渡して翻訳を命じた。それは明治二年〔1869年〕であるが、半カ年程たつと翻訳が完成して私〔副島〕から太政官に献じた」[1]。その翻訳原稿が江藤の目に留まり、それを副島に「所望し」、「此の訳本を持つて帰つた」[2]のが事の始まりである。

　明治3（1870）年、民法の編纂を決意した江藤は、太政官制度局に民法会議を発足させ、箕作にフランス民法の翻訳に当たらせることとした。しかしながら、「性急果断の」[3]江藤のやり方は、「民法を、二枚か三枚訳すと、すぐ、それを会議にかけると云ふありさま」であった[4]。この民法編纂作業は、江藤が新設の左院に移ってから後も継続されたが、彼はその後もフランス法を「大に賞賛して、何とか我邦に於ても斯ういふ法律を布きたい」と考え、「どうしても是は司法省の仕事である」として遂に「司法卿に転任」した[5]。

　明治5（1872）年、江藤は司法卿に就任すると、早速箕作に、刑法、民法に加えて訴訟法（民事訴訟法）、商法、治罪法（刑事訴訟法）の5法を翻訳させた。翻訳の際の箕作に対する江藤の指示は、「誤訳も亦妨げず、唯、速訳せよ」[6]であった。このような拙速とも言える経緯で、我が国に最初に流れ込ん

できたのが民法を初めとするフランス法であった。

　だが、当の江藤は翌明治6（1873）年、司法省の予算が削減されたことに抗議して司法卿を辞任し、さらに征韓論をめぐる政府部内の争いにも敗れ、西郷隆盛らと共に下野してしまった。いわゆる明治六年の政変である。そのために、彼の近代法典編纂事業にかけた努力は頓挫することとなった。

　江藤の後司法卿を引き継いだのは、彼とはあべこべの「深慮熟考の」[7]大木喬任であった。「江藤氏の敗るるに及で、人々勇鋭之禍に懲り、曲れるを矯むること直きに過ぎ、一事為すこと無く、以て両三年を閑却するに至れり」[8]という次第で、法典編纂作業は一転停滞の様相を帯びた[9]。

　ようやく明治9（1876）年、民法編纂作業は箕作によって再開され、明治11（1878）年、一応民法全編の草案が完成したのだが、残念ながらその内容は「大木の志図を裏切つた実施など思ひもよらない恐るべき〔フランス民法の〕不完全翻訳法典だつた」[10]。そのため大木は、翌明治12（1879）年、改めてフランス人法律顧問のギュスタヴ・ボワソナードに民法草案の起草を託すことになった。

　明治13（1880）年、元老院に民法編纂局が設置され、大木が民法編纂総裁に任命された。大木は「泰西〔西洋〕に行はるる完全の法理に基」づく民法の編纂を心がけつつ[11]も、家族等に関する事項は「必ず日本の法律家に依つて編成されなくてはならない」[12]との方針をとり、ボワソナードには財産編のみを起草させた。

　なお、この間の明治14（1881）年10月、太政官機構の改正により参事院が新設され、憲法他5法の編纂を統一的に一括して起草する方針の下で、参事院議長伊藤博文が元老院民法編纂局の編纂事業も引き継ごうとした。だが、津田真道元老院議官らの反対で、民法編纂に関してはそのまま大木の下でフランス法を基本として進められることになった[13]。

　その明治14年には刑法・治罪法が公布・翌年施行となり、民法も当初は同時期に完成させる予定であったが、「大木伯の手を離れたる法律案は早く進むなぞと云ふ悪口」[14]まで聞こえるほど起草作業は遅々として進まなかった。

刑法等に遅れること5年、ようやく明治19（1886）年に財産編及び財産取得編一部1,000条余の草案ができあがり、元老院に付議された。ところが、「元老院に廻はされた草按等も何角政府の都合で院議を経ずして法制局に草案が返付され」、「何の議事もなく其時は延期になつて仕舞」った15）。つまり、草案審査は同年12月に元老院での第一読会が開かれたのみで翌年4月、未審査のまま突然内閣に戻されてしまったのである。その原因は他ならぬ「条約改正の問題」16）であった。

## 2　条約改正の外圧

　井上馨が外務卿となって以来、明治初年以来の懸案であった不平等条約の改正案件17）が本格的に着手されることとなった。政府は早速、各国の使臣に対し条約改正を提起したが、金子堅太郎によれば、その際イギリス及びドイツの公使との間で次のようなやり取りがあった。

　　「それは宜しい、併し先づ伺ひたいのは日本を解放なさる、それで外国人が内地に居つて商売をする、又行商もする、其商売に付ては外国では之を取扱ふ所の商法といふものがあるが、あなたの国には商法があるか。それはない、商売といふものは皆各般の商慣習に依つてやつて居るから商法といふものはない。それなら私共が死んだとか生きたとか総ての人事上の通則、死去其他の事に付ての民法といふものがあるか。それもない。あなたの国では刑法と治罪法丈けで商法も民法も何もないのですか。ない。それでは条約改正をなさる前に商法と民法、之が出来なければ我々は此条約改正には賛成が出来ない、それはどうなさる。」18）

　商法も民法もない国と条約改正の話などできない、ということである。これに対して政府側が、民法、商法等を現在起草中である旨説明すると、彼らはさらに厳しい要求を突きつけた。金子によると、次のようである。

「今迄の日本流儀ではいかぬからウェスターンプリンシプル、泰西の主義
　　に基いて民法商法訴訟法を御作りなさい、さうすると我々も同主義の法律
　　だから宜い、日本流の法律では御免を蒙る、斯う言ふてウェスターンプリ
　　ンシプルといふことをやかましく言はれた。其英吉利と独逸の発議に依つ
　　て政府はウェスターンプリンシプル、西洋の主義に基いて民法商法民事訴
　　訟法を早く作ることを議決した。」[19]

　「ウェスターンプリンシプル」、すなわち西洋主義の法律を「早く御作りなさ
い」[20] と言うのである。民法については元老院でボワソナードにより、商法
の方は内閣でドイツ人ヘルマン・ロエスラーにより、既に充分西洋主義の法案
が起草されつつあったのであるが、ここに来てさらなる外圧が加えられた。
　その結果明治 19（1886）年 8 月、井上は、外務省内に法律取調委員会を設
置して民法等の諸法典を西洋主義の下で統一的に一気に完成させようとした。
そのあおりを受けて、元老院・内閣での民法及び商法編纂事業も共に中止を余
儀なくされてしまったのである。
　法律取調委員会は明治 20（1887）年 4 月、急ぎ諸法案の新たな起草・編纂
を開始した。だが、その作業はそれから半年経つか経たない同年 10 月には早
くも思わぬ事態で頓挫することとなる。すなわち、「外国人を裁判官にすると
か或は種々面倒な問題が起つて到頭」「大反対が起り、井上の条約改正には朝
野の間に非常な反対が起つ」て「遂に井上さんは外務大臣を罷めた、さうして
条約改正は一時中止といふこと」になった[21]。

## 3　「ウェスターンプリンシプル」的法典の編纂

　条約改正案件は「一時中止」となった。だが、「早晩条約改正をやるのに決
つて居る」以上、「外国人が言ふやうに法典なくして外国は仲々治外法権撤
廃、関税改革には同意せぬから、之は一時中止したに拘はらず法典は是非必要
である」[22] とされ、法典編纂作業は引き続き継続されることとなった。その
担当は本来、外務大臣兼任となった総理大臣伊藤博文のはずであったが、伊藤

はそのとき総理大臣として多忙の上、憲法の制定作業に忙殺されていた。ために伊藤は、江藤司法卿以来の法典編纂の経緯に絡めて法典編纂は「明治の初年からの意見であるから之は司法省にやつて貰ひたい」[23] と、大木の後任であった司法大臣山田顕義に話を振った。

　しかしその話は、明治23（1890）年に開催されることに既に詔勅で決せられている帝国議会開設の前に主要法典を作れ、という条件付のものであった。というのは、議会開設後になって法典案を議会にかけたなら、「一年々々引張つて二年経つても三年経つても出来るものではない、唯議論ばかりで議論倒れになつてしまつて、容易に出来やうがない」[24] ことが予想されたからである。この、わずか 3 年弱で民法、商法、民事訴訟法、裁判所構成法等々の基本法典を公布させよという無謀な条件に、山田は「そんなことは引受けることは出来ぬといつて一時断は」ったのだが、「条約改正の為めに必要なことで司法省でやつて呉れ、司法省でやつて呉れなければ外にやる所はないから」とまで言われ、「遂にそれを引受けた」[25]。こうして民法編纂事業も結局は再び、司法省の主導権下に戻ることとなった。

　編纂事業を引き受けた山田は、直ちに外務省より移管された法律取調委員会の改組と委員の差替えを行い、自ら先頭に立ち調査審議を主導した。その際、民法の起草者には従来どおりボワソナードが任ぜられた。もっとも磯部によれば、「民法中財産に関する法按は既に議了したりと雖ども、人事編と相続編との二大事項に付きては未だ何等の法按の存せざりしを以て、人事編は熊野敏三君をして起草せしめ、又相続編は私が起草の命を奉じました」[26] というように、山田も大木同様、家族法については日本人に起草させた[27]。なお、商法の起草にも従来どおりロエスラーが任ぜられている。

　だが、それにしても期限が限られているのに反し、こなさねばならない分量は膨大である。そこで山田は豪腕を発揮した。金子によれば次のようである。

　「法理論や議論は一切抜きにして、唯是れが日本の事情に適して居るか否やと云ふ実際の問題で決めて行かう、法理論を仏蘭西や英国や又は独逸の

学問をした人々が説くとしたら一時間でも二時間でも決りはせぬから、それは一切抜きにする、唯日本の国情に適して居るかどうかと云ふことでどんどんやつた、もう駆足で決めて行つたのだと言はれた。さうでせう、あれ丈けの法典が僅かの間に出来たのです」28)

　ただ「日本の国情に適して居るかどうか」だけを見て「どんどん」「駆足で決めて」いった。こうして法典の草案は山田の強引とも言える手腕で次々と完成し、内閣の手で順次元老院の議に付された。ところが元老院では調査委員を設けて慎重審議をするつもりであった。これに反対する山田は、対抗策を閣議に提案した。金子によれば次のようである。

　　「之は条約改正の為めに二十三年の議会前にやらなければならぬ、議会が開けて法典問題を出したら仲々法典問題といふものは二年経つても三年経つても出来やしない、さうすると条約改正は容易に出来ない、条約改正をやると決して居る以上は之は議会へ掛ける訳にはいかない、又之を元老院の議事に掛けても逐条会議はさせぬ、親族編なら親族編、財産編なら財産編で、大体之を可とか否とか決めれば宜い、斯ういふ議事法より外に致し方はないと云ふ山田さんの論だ」29)

　「逐条会議はさせぬ」という山田の案は採用され、急速決定を要するにより通常議事の手続によらず大体につき議定すべき旨の勅令が、元老院に対し発せられた。
　内閣のこの方針に対し、元老院では三浦安議官らから、上程された法案研究のため審議の時間を取ってほしい旨の意見が出され、また、かつて大木司法卿の時代に元老院民法編纂局で自らも同法案の編纂作業に関与して「大に不同意を鳴らす点も少なから」ず30) 持っていた津田真道議官からも、「其国々に於て必ず古来より遺伝の慣習あるを以て全く我が遺伝の慣習を棄て、他国に法ること能はざる」31) という異論も出された。だが、このような「民法なるもの

48

は其国の慣習を維持し、其国の風俗人情を変更せざる様に制定するを以て肝要とす」[32] との意見は、法案の大体可否という政府方針によって押し切られ、顧みられることはなかった[33]。

　民法を含む諸法案は、この後伊藤の手腕で遅滞なく枢密院も通過し、裁可を経て明治23（1890）年11月の帝国議会開会前に無事公布を終えた。その際民法は、明治26（1893）年1月1日より施行されることと決した。こうして「ウェスターンプリンシプル」に基づき権利とその実現手段である訴訟制度とからなる近代法制度が、ようやく我が国に成立すると思われる状況となった。

## 第2節　教育勅語の制定

### 1　教育勅語制定への動き

(1) 地方官会議における「徳育涵養の義に付建議」の成立

　山田が司法省で諸法案の草案を駆け足でどんどん作成し始めていた頃、「極端な西洋かぶれの説を主張し、米国では五倫などいふものはない。又五倫などいふものは、道徳として殆んど価値がない」[34] などと唱える者たちの主張が文部省のみならず地方にも蔓延していた。そこでは学校教員などまでも「日本人は極めて劣等な国民である、欧米人には到底及ばぬから、日本の歴史、習慣、その他、何もかもなくして、只管に欧米に化してしまひたい」[35] などと言う有様であった。岩手県令石井省一郎を始め地方官たちは、このような状況をかねがね憂いていたのであるが、彼らは山田の進める民法編纂作業に驚いた。すなわち、次のようである。

　　「この頃条約改正の議がやかましく、内閣及び外務省司法省では欧米流の法律を作らんとし、新に民法も出来ることになつたが、その新民法では、妻が夫を訴へ、子が父を訴へることが出来るといふことであるので、私共は、驚いて司法大臣山田顕義にこれを質すと、顕義もこれはどうも已むを得まい、欧米風の民法でないと、治外法権の撤廃を各国が承知しないから

との答へです」36)

新民法によれば、家庭の内輪もめを家族同士が公開の裁判所で闘うのだという。しかも、条約改正のためには仕方がないというのが司法大臣、すなわち政府の見解であった。こうまで言われ、石井らは「それならば致方がない、この上は教育の方面で、善く始末をつけねばならぬ」と覚悟を定め、「躍起の運動を開始した」37)。

そのような最中の明治23（1890）年2月、東京府において地方官会議が開催され、全国から府県知事が参集した。その折り、学校教育での徳育に関する建議案が提出・審議された。石井はこの建議案に対し、「第一に徳育を先きにして智育を後にせんことを望む」38)立場から真先に賛意を表した。他の知事たちも、教育の現状が「幼年者を奨励し、一の虚無党を養成するもの」39)との危機感から、この案に賛同した。各県知事からも種々意見が出されたが、建議案の趣旨そのものに異を唱える知事は皆無であったところから、それらの意見も何とか集約され、「徳育涵養の義に付建議」の可決成立に至った。

文部大臣榎本武揚宛の同建議の内容は、次のようであった40)。まず、「普通教育の要は主として国民たるの徳性を涵養し、普通の智識芸術を修めしむるに在」るところ、「現行の学制に依れば智育を主として専ら芸術智識のみを進むることを勉め、徳育の一点に於ては全く欠くる所あるが如し」と批判する。次に、「然れども不肖等の見る所を以てすれば、我国には我国固有の倫理の教あり。故に我国徳育の主義を定めんと欲すれば宜く此固有の倫理に基き其教を立つべきのみ」と言う。そしてさらに、「宜く師範学校より中小学校に至るまで其倫理修身の学科に用ゆべき教科書を選定し、全国一般之に依て其教を布かしめ、且師範学校及中小学校に於ける倫理修身の学科時間を増し、盛んに徳育を興すべし」と提言し、最後に、「道義の日に月に頽廃するを視て憂慮措く能はず、忌憚を顧みず鄙見を具陳し敢て採酌を仰ぐ」と迫った上で、「猶詳細の義は口上を以て陳上仕度」しと付け加えられるものであった。

（2）文部省への建議提出

　同建議は地方官会議終了の翌日、知事一同が列席する中、文部省において榎本文部大臣に提出されたが、この「地方長官が大挙して文部省に逼つた」事態に「文部大臣榎本氏も、随分当惑」させられた[41]。知事たちは榎本に、「孝悌忠信の道は地を払つて空しいと云ふべき実況であつて、国民は己を修め世に立つに於て、其準拠とすべき所に迷つてをる、然れども文部大臣は国内の人心を統一するに就て、固より相当の意見を有せらるる筈と思ふから、それを承り度い」[42]と迫った。

　これに対して榎本は、「各官が目下社会の有様を嘆きて道徳地に陥りたりと認むるは余も亦憂慮する所なりと雖も、之を挽回するの手段は古今の共に難ずる所なるは亦各官の了知せらるる所」であろう[43]と言いつつ、次のように付け加えた。

　　　「余の思ふ所に拠れば、我国建国以来頼り来りたる教は我が民の心裏に入り易きを以て、所謂人倫五常の道即ち孔孟の教は我が民の徳育に適すべし。故に此基礎に依り以て一部の好書を編纂せんことを企望せり。」[44]

　榎本もまた、「我国固有の倫理の教」、すなわち地方官会議での有力意見であった「儒教の如き家庭教育」[45]の教えをもって徳性を涵養すべしと言う。

　だが、かかる儒教の教えは我が国の近代化を推し進める上で「論語などを其儘教科書に採庸し、漢学者をして之を教授せしむる如きは実験の成績上、他の教科書と撞着して不都合少なからず」[46]という文部省側の苦慮を伴うものであった。それゆえ、石井らの願いを込めた建議の実現は必ずしも容易でないと思われた。ところがこの問題に一定の方向性を決する一つのきっかけが到来した。

（3）「教育上の箴言」の大命

　地方長官たちの建議提出の一件は、閣議で取り上げられた。その結果、この件が「一問題となり、遂に畏多くも叡慮を煩はし奉るに至り、間もなく教育上

の箴言を編むべしとの大命が」榎本に下った[47]。このときの閣議の状況について、当時内務大臣兼任の山県有朋総理大臣は、「内閣の中にも〔地方官らと〕同様の意見を懐くものもありしが、如何にすべきかの案なし。……余は軍人勅諭のことが頭にある故に教育にも同様のものを得んことを望めり。時の法制局長官井上毅なども同論なりしが、此時は未だ教育勅語までに熟せる考はなく、唯互に論議して十二時頃にも至る有様なりき」[48] と語っている。

　もっとも山県によれば、「教育上の箴言」編纂は「着手せざりしと思ふ。榎本は理化学に興味を有せしが徳教のことには熱心ならず」[49] であった。そうこうするうちに、山県と気が合わなかった榎本は、文部大臣を辞職してしまった。その後任は芳川顕正である。その時のことを芳川は次のように語っている。

　　「〔明治〕二十三年の五月、当時内務次官であつた余は新たに大臣の栄任を拝せんが為に参内したれば、任文部大臣の大命が下ると、それに引続いて、教育上の基礎となるべき『箴言』を編めよといふ、極めて重要なる御沙汰が下つた、尚ほ此事に就いては、宜しく総理大臣と協議して、其宜を失ふ勿れと云ふ旨も諭させられたのである」[50]

　ちなみにその時のことを、山県は次のように語っている。

　　「芳川が文部大臣に親任せらるるに際し例の如く『文部大臣に任す』との御詞ありし後に徳教のことに十分力を致せとの御旨趣の御詞あり。此れ実に珍しきことなり。」[51]

　かねてから天皇は、東京帝国大学においてすら「理科化科植物科医科法科等は益々其進歩を見る可しと雖ども、主本とする所の修身の学科に於ては曾て見る所無し」[52] と嘆き、「専ら仁義忠孝を明かにし」て「人々誠実品行を尚とひ」、「道徳才芸、本末全備して、大中至正の教学天下に布満せしめ」んこと[53] を元田永孚に語っていた。それゆえ天皇もこの問題に強い関心を示し、

異例ながら芳川に対して、総理とも良く相談して徳育に力を入れよと特に釘を刺したのである。かくして教育勅語制定への具体的な動きがここに始まることとなった。そしてこの動きは元田にとっても、「立憲国家」によって一応は封じ込まれた彼の「国体論」(「政教一致」)を「教育勅語へ接続」[54] できるチャンスでもあった。

## 2　教育勅語の制定

### (1) 制定に至る経緯

　大命を拝した芳川は山県とも計ってまず、文部省内で洋学にも通じた漢学の大家であった前東京帝国大学教授中村正直に案を急ぎ作らせ、明治 23 (1890)年 6 月に成案を得た。だが山県、芳川共にこの案文には「未だ満足しなかつた」[55]。山県はこの案文を法制局長官井上毅に見せ、井上の意見を求めた。それに対し井上は、同月 20 日付の山県宛書簡において、「今日の立憲政体の主義に従へば、君主は臣民の良心の自由に干渉せず」とされる以上、「今勅諭を発して教育の方嚮を示さるるは政事上の命令と区別して社会上の君主の著作公告として看ざるべからず」とし、それゆえ、この勅諭は「陸軍に於ける軍事教育の一種の軍令たると同じ」取扱をすべきではない[56] という消極的意見を述べた。つまり、近代立憲制を十全に施行するためには「政治 (法) と宗教 (わが国では道徳) を離」す[57] べきだということである。このことは、「理」と「情」の分離を試みる井上の基本的立場からすれば、当然であったと言える[58]。

　このような考えに基づき井上は、勅語の取扱について「演説の体裁として文部省に下付されずして学習院か又は教育会へ臨御の序に下付せらる (政事命令と区別す)」[59] という方法を提案し、その上で勅諭の試案を作成し、山県に送った。

　それと同時に井上は、その試案を彼自身の「気付にて」[60] 同月 28 日付で元田にも送り、内容の検討を依頼した。井上は、元田から返付された修正箇所をも加味してなお推敲を加え、完成草案を翌 7 月 23 日付で山県に提出した[61]。

山県がこの草案を天皇の叡覧に供したところ、天皇はこの案について「前後首尾は差支ないが、中間徳目を掲げある条に於て、更に再考の余地があらう」[62]として元田に検討を命じた。検討を命じられた元田はその案を修正し、8月26日付書簡で修正案を井上に送った。井上は、この「中間修身之条目」という勅諭の「最緊要之処」[63]にさらに修正・再校訂を加えた上、9月3日付で同案を元田に返送した。元田はそれを同月9日、天皇に奉じた。そして同勅諭案は天皇から、再度芳川に下付された[64]。勅諭案は文部省でさらなる検討を経て起草され、同月26日、閣議に付され、了承された。同案はその後もなお字句等の修正が続けられ[65]、ようやく翌10月24日、天皇の裁可を経て、教育勅語として確定した。

（2）発布の形式

芳川は閣議決定の際、勅諭（勅語）発布の手続について、「高等師範学校に聖駕親臨を仰ぎて勅諭を賜はらんことを願ひ本大臣之を受け以て訓令を全国に発し普く衆庶に示すか、或は不日小学校令発布の同時に於て勅諭を公布せらるべきか」[66]、そのいずれの形式が良いかという点も提案したが、この点は前者の方法に決せられた。だが発布の手続はその後、天皇の裁可直後の10月30日、「宮中へ内閣総理大臣文部大臣召させられ、教育に関し親く本書の勅語御渡し在らせらる」[67]ことに変更された。

しかしながら芳川はかねがね、「陸軍武官へ賜はり候訓諭とは、其実種類之異りたるもの故、発布之方法を選択すること極めて肝要にして、其方法は師範学校へ御臨幸之序、偶然御下賜相成候より他には良法は有之間布と致確信候」[68]と考えていた。それゆえ彼は、発布手続の変更に「大に失望」[69]した。だが、変更された発布方針には「元田も、同論」[70]であった。

その旨を芳川から聞いた井上は、「此事政事上之関係にあらずして、社会上即君主は億兆之師表たる位置に依りて発布せらるべきものな」る[71]がゆえに、「此の勅語は、公衆へ直接に相下付相成る形にいたし度、文部大臣之紹介なき方尤体を得候」[72]と元田に再考を促した。だが、元田によれば天皇は、「二十六日より二十八日迄者、茨城県下兵隊演習天覧行幸に而、学校へ臨御者

いづれ十一月天長節後にも可相成、未だ何とも承り不申候」[73] とのことであった。翌 11 月には帝国議会の開会が予定されていたから、勅語の 10 月中の発布は必然の要請であった [74]。しかも天皇は、水戸行幸から戻った後健康を害したとのことで、勅語発布当日は床近くに総理、文部両大臣を呼んで勅語を下付したのであった [75]。

　かくして教育勅語は、井上や芳川の意図に反し、逆に元田の意に沿う形式で発布された。このことは単に、勅語をめぐる井上、芳川、元田ら関係者の間における「妥協的統一」[76] の一環に過ぎないものではなく、「天皇が道徳律を臣下に命令する」[77] 国家の「政事命令」に比すべきものとして、「『明治憲法』の根本理念を支える道徳的支柱」[78] となったことを意味する。その結果教育勅語は、「理」の近代法原理で構成されるべき「立憲国家」から分離された単なる「法治主義のための道徳」[79] とした「井上の意図を超え」[80]、「郷党的社会」の「情義」という「自然村落における『道徳的元素』の国家原理への普遍化」、すなわち「立憲国家」への、共同体原理の「法」[81] 原理化を暗示するものとなった。

（３）教育勅語の内容

　教育勅語は、前文の第 1 節、諸徳目を記した中間の第 2 節、後文の結語となる第 3 節の三つの節で構成される [82]。起草者である井上は、この「最緊要之処」である第 2 節冒頭に他の徳目に先立って忠を除く「五倫」を掲げた。井上にとって「五倫」とは、「元と人身生機の構造により具りたる造化自然の妙用に起れるものにして、古も今も東洋も西洋も人とし人の世に生ける者の得遁れぬ生活の軌道」[83] であった。「少しも漢学を固執するでもなく、敗れたる薬鞋を棄てる積り」[84] でいた井上にとっても、「五倫」は「儒教主義の特産」[85] 品ではなかった。「古今東西」に「妥当」する「普通性を認め」うる [86] 徳目とされたがゆえに、井上は「五倫」を勅語の第 2 節冒頭に掲げたのであった。

　勅語第 2 節に掲げられたその一文は、「父母に孝に、兄弟に友に、夫婦相和し、朋友相信じ」であった。最後の「朋友相信」以外は家族道徳を説いたものである。では井上は、この家族道徳をどのように捉えていたのか、そのヒント

が『梧陰存稿巻一』の「佐藤つるの伝」[87] に見出される。それは、大要次のようである。

「佐藤つるは岡山県後月郡出部村の人なり。幼なくして父みまかりければ、母と姉とにて世をおくりけり。素より貧しき家なれば、母は二たりの女を育むとて、人に傭はれなどして辛うじて年月を経にしが、憂苦の余り精神の疾にかかりぬ。」つるは生計の道なく餓に迫るばかりの中、愚鈍の姉を励ましつつ一緒に母の世話をした。

やがて母の病もいくぶん軽くなり、姉も近在に嫁いだ後は、つる一人母を養い、「人の圃〔畑〕を借り稼ぎ耕し、朝は夙に出て行き夜は晩く帰り、風をも雨をもいとはず男子に劣らず働きけるが、圃に出たる時も時々は小走りして家に帰り、母の顔色を伺ひけり。」年老いた母が夜眠れないときには背中を撫でたり肩をさするなどして母の眠るのを待って生糸を紡ぎ、夜遅くまで働いた。

ある人が、つる独りで苦労するのを見かねて夫を迎えよと勧めたが、つるは「他人を我が家に入れなば母のこころ安かるまじ。母の此の世にまさむ間は独身にてあるこそよけれ。唯貧しき為に心に任かせぬ事の多かるぞ恨めしき」と涙にむせぶ姿に、聞く人も袖を濡らした。

その母も明治23年6月、78歳のとき、「汝手弱き身ながら長き歳月の間家事を勤め、孝養遺る所もなし。今より後は汝は自らの身を大切にし、又汝の姉をいつくしみてよ」と言い残して他界する。母の亡骸にすがり、号泣し嘆き悲しんだつるであったが、立派に葬儀を挙げ、朝夕祈りを欠かさず、母の遺言のとおり姉によく尽くし、姉を守った。それだけではなく、「一家の主として公令を守り、田租雑税をいとはず掟のまにまに人に先ちて納め」た。つるの長年の善行に対して、明治24年12月、緑綬褒章が賜与された。

井上が『梧陰存稿』に綴った大要は、以上のとおりである。極貧の中で育った佐藤つるなる人物が朱子学（儒教）の教えを習うことなど、おそらくなかったであろう。ここで語られる、貧しくとも仲睦まじい親子・兄弟（姉妹）の

日々の暮らしから見えてくるのは、人間の自然の情愛としての親子愛・兄弟（姉妹）愛である。井上にとって、これが「古今東西」に「妥当」する「普通性を認め」うる、「父母に孝」、「兄弟に友」の家族道徳のあり方であった。

　では、「夫婦相和」についてはどうか。そもそも夫婦に関する儒教道徳本来の教えは「夫婦有別」であって「夫婦和合」ではなかった[88]。しかし井上は、「夫婦の道は二人相集りて一の和合の作用を為すもの」、「有余不足相補ふ」もの[89] として、「夫婦相和」とした。

　元来、我が国における夫婦間での妻の役割は夫の「相談相手」であり、時として「夫に意見する」立場でもあった[90] とされる。それゆえ「『相談相手』が『仲良く』なければならないのは当然」[91] であり、そこでは親子・兄弟の関係と同じく「睦まじさが規範として要求される」[92]。とすれば、この「睦まじさ」というキーワードこそが、「古今東西」に「妥当」する「普通性を認め」うる家族道徳の本質と言える。井上が儒教の「夫婦有別」ではなく「夫婦相和」とした意味も、ここにあったのだと思われる。

（4）教育勅語制定・発布の影響

　先に述べたとおり、教育勅語が「宮中へ内閣総理大臣文部大臣召させられ、教育に関し親く本書の勅語御渡し在らせらる」形式で発布されたことにより、「五倫」（共同体原理）は国家「法」原理たりうるものとなった。つまり、井上によるところの本来「社会上の君主」＝「民の父母」たる天皇から発せられるはずの教育勅語が、立憲君主が発するかのごとき形式で発せられたことによって「政事命令」に準じるものとなった。その結果、後に「五倫」は大正期の臨時法制審議会以降、立法指導原理の役割を持った「淳風美俗」[93] の概念へと発展し、民法（親族編・相続編）改正案の内容に影響を及ぼすこととなるのである。

　だが当面、勅語制定・発布は、11 月の帝国議会開会前に無事公布を終え、明治 26（1893）年 1 月 1 日からの施行を待つばかりの「ウェスターンプリンシプル」（西洋主義）に基づく、とりわけ民法をめぐる法典論争に、一大波乱（確執）を巻き起こすことになる。そしてその論争は、まさしく明治国制の構

造的本質に関わる後の大論争への狼煙となったのである。

## 第3節　民法典の再編纂

### 1　法典論争

　条約改正という伊藤の強い熱意を受けて山田らが制定・公布を強行した法典に対する反撃は、法典編纂中の明治22（1889）年5月、東京大学法学部卒業生を母体とする法学士会による意見書の発表から既に始まっていた。その大意は要するに、「法律は之を遵奉すべき国民の必要に随て起るべきもの」であるところ、我が国の法典編纂作業は「其必要未だ生ぜざるに先んじて」「欧州の制度を模範と」し「旧慣故法を参酌すること殆ど有名無実」と批判する、英法学的立場に依拠するものであった[94]。

　この意見書に触発され、法典の賛否をめぐる凄絶とも言える諸議論が展開され始めたが、英吉利法律学校（後、東京法学院。現、中央大学）を拠点とする英法学派の反撃の主たる矛先は「当然のごとくフランス民法」[95]を範としたボワソナード起草の民法を施行延期することに向けられた[96]。これに対し、仏法学派も司法省出身者らを母体とする明治法律学校（現、明治大学）を主たる拠点として法典の施行断行を主張した[97]。

　この論戦最中の明治23（1890）年、ロエスラーを中心に起草、制定・公布され、翌明治24年1月1日から施行予定であった商法が第1回帝国議会における延期法案可決によって明治26（1893）年1月1日すなわち民法典施行日まで延期されることに決した。このことは「わが民情を顧みない」等[98]の理由で反対していた実業界と結託した英法学派の施行延期運動が、功を奏した結果であった。これに勢いを得た英法学派ら法典延期派の一員として穂積八束が明治24（1891）年、東京法学院の機関誌である法学新報に「論題の奇抜よく一世を驚嘆させた」[99]論文「民法出でて忠孝滅ぶ」を発表した。この論文で彼が突いたのは、政府にとって最も痛いところであった。すなわち、こうである。

　そもそも我が国の家制とは「婚姻に由りて始めて家を起すにあらず、家祠を永続せんが為めに婚姻の礼を行ふ」100) ものである。換言すれば、家祠の親子間「継承」101) が我が国の家制の特質であり、婚姻はその「継承」のためのものだということである。ところが、「民法家が我国に行はんとするが如き家とは一男一女の自由契約（婚姻）なりと云ふの冷淡なる思想」102) によるものである。にもかかわらず、そのような「極端個人本位の民法」103) を一方で布きながら、他方では「強て忠孝の国風を保持せんと」104) する。このように、「孝道は祖先教家制の影」であるところ、「法制先づ其実体〔家制〕を亡し、教育行政は其影〔孝道〕の存せんことに汲々」とするのは「前後矛盾」105) 以外の何者でもない。

　この、我が国の家制たる「祖先教を撲滅」しながら「唯学校の修身教課書を以てのみ保維すること」106) を笑う穂積の批判は明らかに、一方で条約改正のための「ウェスターンプリンシプル」的法典の制定・公布を強行しつつ、他方で法典の施行によって影響を被る教育の将来を慮るゆえに教育勅語を制定するという、政府の二本立て政策に向けられたものであった。その結果、この論文は法典延期派にとって、帝国議会の「議員を動かして来るべき議会の論戦に於て多数を得る」という「目的の為めに大なる利目」をもたらすものとなった 107)。

　明治 25（1892）年第 3 回帝国議会開会直前、江木衷ほか穂積八束、奥田義人ら総勢 11 名の法典延期派は連名で「法典実施延期意見」を発表し、その全容が議会開会の最中に法学新報にも掲載された。穂積の先の論文内容も含まれたこの延期意見は、「世論を自派に有利に展開するには極めて効果的な論文」108) となった。

　意見は 7 項目の問題点を挙げ、「法典の修正は今日の急務」109) であることを訴えるものであったが、世上「人事編、民法を延期せしむ」110) と伝えられたように、中でも「殊に民法人事編の如き」111) と指摘し、「人事篇の大主義たる個人主義」112) を攻撃する意見が一つの主要な柱となっていた。これに対して法典断行派も直ちに反論し、激しい論争が両派の間に展開されたが、この

論争に、かつて元老院を半ば無視される形で強行的に法典を公布されてしまった経緯に不満を募らせていた旧元老院議官の三浦安や村田保らが合流した。そして同年5月16日、貴族院議員村田保によって民法商法施行延期法律案が帝国議会貴族院に提出された。その法律案の内容は、民法及び商法の施行を明治29（1896）年12月31日まで延期すべしというものであった[113]。ここにおいて法典延期派は、帝国議会の「議員を動かして来るべき議会の論戦に於て多数を得る」という「目的」を達成することになる。

## 2　法典施行の延期

　元老院をも半ば無視して山田、伊藤らによって強行的に制定・公布された法典の内容について、金子堅太郎は明治25（1892）年ヨーロッパの国際公法学者で構成される国際公法会で英語講演した。その結果同会は翌年、日本に対する治外法権の撤去を可とする旨の決議を行った。金子がその決議文を伊藤の下に届けたところ、伊藤は金子に英文の手紙をよこしたという。それは、国際公法会が日本における治外法権撤去を決議したことに対し「非常に吾輩は力を得た」、「吾輩は大に喜ぶ」というもの[114]であった。

　長年の懸案であった不平等条約の改正問題にようやく一つの目処がついたことに、伊藤の喜びは大きかった。事実明治27（1894）年、悲願の条約改正が遂に実現することとなる。もっともそれは、民法商法等が施行されるという条件付であった。その条件を付けさせる端緒になったのは言うまでもなく民法商法施行延期法律案である。伊藤の陰の苦労を知ってか知らずかは別として、こうして法典論争の舞台は政治の場に移ることとなった。

　5月26日の貴族院での第一読会における提案理由説明の中で、提案者の村田は、夫婦・親子間に訴権を認めた財産取得編の一規定を例に挙げ、「子より親に対して訴を起し、妻より夫に訴を起せよと法律が教へる様な」、「斯様なる法律を行ひまして一家の平和を保つことが出来ませうか」[115]と論争の核心に触れた議論を展開した。彼の発言を続けると、次のようである。

　「又人事編第二十六条第二十七条には親子兄弟は互に養料を給する義務あ
　ることを掲げてあります、養料の義務は財産編第三百八十条に法律上の義
　務としてございます、夫れ故に是非法律上で与へねばならぬことになって
　居ります、故に放蕩の子は親に対して訴を起して養料を受けることも出
　来、又無頼の弟は兄に対して養料を訴ふることが出来ませう、然るに我邦
　は古来より倫理を尊ぶの習俗でございます……現に小学校の生徒に勅語を
　暗読せしむるではございませぬか、其勅語に汝臣民父母に孝に兄弟に友に
　夫婦相和し云々とございます、一方には孝悌の道を教へ一方には不孝不悌
　のことを許しては我が法典は我が国体習俗に悖り倫理を紊ると云ふても決
　して誣言でないと思ひます」116)

　権利義務中心の「極端個人本位の民法」と教えの「法」である教育勅語との
「矛盾」、すなわち権利という近代法原理と共同体原理との矛盾を指摘する村田
の議論は、我が国の家制たる「祖先教を撲滅」しながら「唯学校の修身教課書
を以てのみ保維すること」を突いた穂積の批判と同一である。この「矛盾」を
解決するために村田らによって民法典の施行延期が企てられたのだが、その後
の事態の展開は不幸にもこの「矛盾」を先送りすることとなる。
　というのは、同じ延期賛成論者であっても村田らとは全く異なった視点に立
つ富井政章のような人物もこれらの議論に参画してきたからである。富井議員
によれば、法典が「仏蘭西民法と仏蘭西民法と同一の伊太利民法とを参考にし
て拵へたもの」であって「学問の進歩に伴ふて学者の研究した其研究より生じ
た所の貴重なる材料と云ふものを参考にして居ることが実に少い」とし、「殊
に独逸民法草案であるとか白耳義民法草案とか云ふものは全く参考してない」
とされ、それゆえ「我邦今日過去にも将来にもないと云ふ此大法典を制定する
に当っては宜しく外国の新しい材料を十分に参考に採って然る後編纂するが当
然であらう」とされる117) のである。先に村田らの提起した問題と正反対の、
この言わば近代法典導入積極派の潮流が、結局は事後の法典再編纂に少なから
ぬ影響を及ぼし、結果として「矛盾」の先送りに手を貸すことになる。

ともあれ、以上のような3日間にわたる貴族院での壮絶な審議の後、延期法律案は起立者多数で可決された。同案は直ちに衆議院に回付されたが、6月3日から審議が始められた衆議院においても、法典の「断行と云ふことは委員会に於て一人もない」[118]との委員会審議報告にも見られるように、延期派に圧倒的に有利な状況であった。その結果、延期法律案は衆議院で6月10日可決成立した。かくして、法典施行に賭けた断行派の努力は水泡に帰した。

　この事態に対し政府は、延期法の上奏・裁可手続をいったんは留保したが、8月に成立した第2次伊藤内閣において法典施行取調委員会を設置し、その答申に基づいて11月裁可・公布した。こうして民法典の施行は明治29（1896）年12月31日まで延期されることとなった。

## 3　民法の再編纂

　法典の施行延期を受けて政府は翌明治26（1893）年3月、伊藤を総裁とする法典調査会を内閣に設置した。その際民法修正案の作成に関する起草委員には、穂積陳重、富井政章、梅謙次郎が任命された[119]。民法の構成は新たにドイツ民法草案にならい、総則、物権、人権〔債権〕の財産編3編と親族、相続の身分編2編の計5篇とされた[120]。

　前3編については明治28（1895）年12月に調査会での審議を終え、翌明治29（1896）年1月、第9回帝国議会に民法中修正案総則編物権編債権編として提出され、2月26日衆議院において審議を開始、3月16日可決され、続く貴族院においても23日可決成立し、4月27日に公布された。だが、法典延期の主原因となった肝心の後2編（親族編相続編）については、ようやくその前年の10月14日から調査会での審議が開始され、翌明治29年12月16日にやっと審議が終了したために、手続上31日までの施行延期期限に間に合わない恐れが生じた。そのため、法典の明治31（1898）年6月30日までの再延期を求める法典ノ施行延期ニ関スル法律案が12月の第10回帝国議会に提出され、可決成立・公布された。

　もっとも、この親族相続両編に関しては「人事編、民法を延期せしむ」とさ

え言われ、あれほど法典論争で盛り上がった中心的問題であったにもかかわらず、編纂の基本方針は結局のところ「根本的に改正を加へねばならぬと云ふ程の点はない」[121] ということになり、その結果磯部四郎をして、かつて山田司法大臣の下で自分が起草したものと「大差なかりし様に思」う [122] とまで言わせ、また、富井の下で補助委員を務めた仁井田益太郎によっても、この「親族・相続は旧民法に大分似て居ります」[123][124] という内容のものとなった。

　だからこそ、この両編が明治 31（1898）年 5 月 21 日、第 12 回帝国議会衆議院に民法中修正案親族編相続編として提案された [125] 時、沼田宇源太議員らによる強硬な法案全部否決論に遭うこととなる。沼田は、次のように言う。

　「諸君の銘銘の家の関係と云ふものは是まで如何なることを以て一家の平
　　和を維持し来ったのであるか、所謂道徳の関係、徳義の関係、是は即ち日
　　本の家族制度の古い風俗、良き習慣を維持し来った所のものである、然る
　　に一度此法律が発布になった以上は、夫婦兄弟の関係と云ふものは、全く
　　変化して、権利義務の関係となる……子は親を養ふは親として養ふと云ふ
　　思想よりは、寧ろ義務として養はなければならぬと云ふことになる、又扶
　　養の義務と云うものも順序を定めてあって見ますると、祖父が貧困に迫っ
　　て養はなければならぬと云ふことになっても、孫たるものが財産を持って
　　居りながらも、是は子供がある、子供があって見ると、法律の順序として
　　私は鐚銭一文も祖父さんにやることが出来ない、と斯様に権利を主張する
　　やうに至る、是は即ち日本の家族制度を破壊するにあらずして何ぞや、日
　　本の社会的関係に向って爆裂弾を投ずると言はずして、何と申すのでござ
　　いませう」[126]

　この法律によって導入される「権利義務の関係」が、「徳義」によって成り立ってきた親子や「夫婦兄弟の関係」、すなわち家族関係を破壊する。例えば従前は、「徳義」が働いて困窮する祖父を資力のある孫が進んで扶養する美風も、権利の出現によって、法律の定める順序によれば自分の扶養義務は親より

も後順位だから、親が扶養すべきで自分はびた一文出さないという孫が出てくるというのである。

　この沼田の言は、西洋近代個人主義的権利が有機的で健全な人間関係を破壊するという病理的現象[127]を直感的に見抜くものであった。「一度此家族関係を破壊した以上になりましたならば、此日本の種々なる社会的関係に於て、如何なる風波が生ずる」[128]かという沼田の心配は、言うまでもなく、かつて法典施行延期法律案審議を行った貴族院において、権利義務中心の「極端個人本位の民法」と教えの「法」である教育勅語との「矛盾」を指摘した村田の議論と同一の延長線上にある。

　だが、にもかかわらず「条約改正と云ふ政府が鬼の面を冠って来て威し附ける」[129]という攻勢の下では沼田らの「反対論は遂に奏効せず」[130]、民法修正案は6月2日、衆議院において多数をもって可決された。

　続く貴族院においても、やはり激しい論戦が行われたが、その中で曾我祐準議員が、婚姻における父母の同意に関して次のような点を質問した。そもそも修正案第772条第1項本文には「子カ婚姻ヲ為スニハ其家ニ在ル父母ノ同意ヲ得ルコトヲ要ス」とあったが、この本文は、先に延期を余儀なくされた民法人事編第38条第1項の「子ハ父母ノ許諾ヲ受クルニ非サレハ婚姻ヲ為スコトヲ得ス」という規定と同様であった[131]。

　ところが修正案にはさらに、新たに「但男カ満三十年女カ満二十五年ニ達シタル後ハ此限ニ在ラス」との但書が付けられた。曾我はこの但書について、「男が三十歳を越へ女が二十五歳を越へた時分は其〔父母の〕同意を得なくても宜いと斯う云ふこと」であるが、「或る娘なり息子なりが親が同意をせないのに婚姻した所が親が怒って小言を言ふたならば裁判所に持って行ってとうとう勝ちになった」というようなものに、日本人の多くは「同情を惹くまいと思ふ」し、「父母の命媒酌の言を俟たずして嫁すと云ふことは日本では有徳なものとは心得ぬ」と迫った[132]。

　これに対して梅謙次郎起草委員は、徳義上はともかく「法律上に於ては今日は唯戸主さへ承知すれば何時でも婚姻は出来るので」、「此民法に定めます所で

はそれではいかぬ」から「男は三十歳、女は二十五歳までは父母の同意がなければ表向の婚姻も出来ない」こととし、「それを強て婚姻を致しますると、後から取消さしめる」ことになり、その結果「現行の慣習法よりは此法が厳になって居る積り」だと反撃した [133]。

だが、延期された先の「子ハ父母ノ許諾ヲ受クルニ非サレハ婚姻ヲ為スコトヲ得ス」と規定する民法人事編第38条第1項の趣旨は、立案者であった熊野敏三によれば次のようなものであった。すなわちその趣旨は、第一に「我風俗に依れば人子たる者は終身其父母を尊敬すべき義務ある」ものだからということと、第二に「我国に於ては家制の結果として親子同居するものなれば若し婚姻を為すに付き父母の許諾を受けざるときは一家の親睦を維持する能はざる」ものだからということの二点にあり、それゆえ、「子は終身其父母の許諾を受けざるべからず」とされていたのである [134]。

しかるに、その後民法修正案の作成を行った法典調査会では、当初この条文は「未成年者カ婚姻ヲ為スニハ其父母ノ承諾ヲ得ルコトヲ要ス」となっていた [135]。この当初案について調査会における梅の説明は、「成年になつて法律上の行為を独立して出来るやうになつて居れば、父母の許諾がなければどうしても出来ぬと云ふことにするのは穏当でなからう」 [136] というものであった。だが、この案は、曲がりなりにも父母の許諾を必要としたフランス民法にも、また、25歳までは父母の承諾を要するとしたドイツ民法草案にも拠らず、むしろ、かつて否定された人事編の当初案に依拠するものであった。この点について梅は、「斯う云ふことは成るべくは徳義に任せる方が宜いので、法律上は制限を狭くして置て其狭い範囲丈けは必らず行はしむると云ふ方が却て法律の規定として宜しからう」 [137] と言った。

この梅の説明は要するに、「有徳」なるものは法律の世界から排除すべきだということである。すなわちそれは、教育の問題ということである。しかし、この法律と教育との「矛盾」を穂積八束が突き、法典論争が巻き起こり、その結果法典施行延期が決せられ、今回の民法再編纂に至っているのである。よって当然のごとく岸本辰雄から、「此『未成年者』と云ふのを『子』と云ふこと

に改めて」もらいたい[138]との異議が出された。

だが、かつての法典施行断行派岸本の異議の理由は、「唯嫁を娶ると言へば面の宜いのを見て一時の見合ひからして必ずあれが宜いと云ふことになる」が、「親は始終経験して世の中の人と交際をし、色々の事情を知つて居るからして、唯宜いと言つた所が承諾を与へ」ず「仔細に探偵を遂げた上で」「承諾を与へ」るものだからというものであった[139]。これはつまり、「父権を重んずる所から許諾を決するのではな」く、「婚姻を宜くしやうと云ふ方から父母の承諾と云ふものが必要」とするもの[140]であった。

この異議を受けて調査会では、土方寧が提案した「男は女よりは実際一人前になるのはどうしても晩い」が「女は男よりかも用心深いから、早く考へて用心をする」ので、「男より早く一人前になる」ゆえ「男は三十歳でも宜しうございます、女は二十五歳と云ふことに替へて戴きたい」という年齢を限る妥協案[141]を穏当とし、最終的に「〔父母の同意は〕男カ満三十年女カ満二十五年ニ達シタル後ハ此限ニ在ラス」という但書となって帝国議会に提案されることとなったのである。

だが、婚姻に父母の許諾を要するとした民法人事編第38条第1項の元々の立法趣旨は、子の「父母を尊敬すべき義務」の他に、父母の許諾をもって「一家の親睦を維持」することのはずであった。つまり、この規定には、まがりなりにも教えの「法」たる教育勅語が求める「睦まじさ」が込められていた。ところがその後の法典再編纂に至り、修正案第772条第1項となった同規定の立法趣旨は、いつのまにか「有徳」とは全く異なる「〔子のために〕婚姻を宜くしやう」というものに変質してしまったのである。この結果は、延期派の思惑からさらに外れるものであった。

しかしながら、この民法中修正案親族編相続編に対する貴族院での曾我の「今少し調査」をしたい[142]という最後の抵抗も、決して「政府も議会を脅迫して僅な短期の間に議了せしむるなぞと云ふやうな考ではな」く[143]、「維新の国是方針と共に国権の回復をしなければならぬと云ふ」「三十年一日の如くに唱道されて来た」「条約改正と云ふ」「多年の間」の「上下の希望」が「此法

66

案が若し通過せぬと云ふ暁になりますれば、今日まで三十年の事業として継続して来て将に成功を致さんとする所のものが水泡に帰することにな」るゆえに「速に議了せらるることを希望するに過ぎませぬのでござります」[144] という伊藤総理大臣の「鬼の面」の前には全く無力であった。

このような状況で貴族院においても 6 月 10 日、民法中修正案親族編相続編は原案どおり可決成立し、6 月 21 日公布された。こうしてともかくも成立した民法典全 5 編は 7 月 16 日から施行され、明治 3（1870）年江藤新平が民法編纂を手がけてから実に 30 年近くもの歳月を費やした大事業は、ようやくここに幕を下ろすこととなった。同時に政府の懸念していた対イギリスを始めとするほとんど全ての改正条約も、翌明治 32（1899）年 7 月 17 日から無事発効することとなった[145]。

だが無事発効の裏側で、この民法典とりわけ親族編相続編は、「日本の家族制度の古い風俗、良き習慣」である「道徳の関係、徳義の関係」と「権利義務の関係」との間の未解決の「矛盾」、端的に言えば、「立憲国家」による「理」の近代法原理と「道徳国家」による「情」の共同体原理との確執（沼田の言う「爆裂弾」）を抱えたまま施行された。このままでは決して済まないことを沼田は、「殊に此人事の関係に至りまして、若し此法律を行って見ましたならば、必しも円滑に行れる気遣はございませぬ、必ず修正を出さなければならぬと云ふ必要が迫って来る」[146] と予言するのだが、彼のその予言は大正期に不幸にも的中する。すなわち、とりわけ穂積八束を中心として燃え上がった法典延期派の家族主義の維持という目論見の炎が結果的に完全に裏目に出た親族編第 772 条第 1 項但書が、後に述べるように大正期に江木千之の手を借りて再び大火へと復活させる主たる火種となって燃え続けることになる。

かくして憲法における場合と同様に、今度は民法において「理」と「情」の統合化への苦闘の試みが始まることとなる。そしてその試みは、やがて教えの「法」たる教育勅語を介して展開されていくこととなる。

第 1 章注　191－201 頁

# 第2章

# 「温情道義」に基づく調停制度構想の出現

## 第1節　臨時教育会議の開催

### 1　臨時教育会議開催に至る状況

　前章でみたとおり、維新以降近代法制度を積極的に導入することに重点を置いたことで伝統的な共同体原理との確執を放置していた付けが、やがて大正期に回ってくることとなった。共同体原理の危機が、看過できないほど切迫してきたのである。かかる危機に直面して大正6（1917）年、臨時教育会議が開催されることとなった[1]。この会議は大正8（1919）年1月に至って、ある建議を提言することとなる。この建議こそが同年7月臨時法制審議会を開催させ、やがてその審議の中で家事審判所構想を出現させることとなる、言うならば、かつての法典延期派の反撃の狼煙とも言えるものであった。その建議とは、次のようなものである。

　　「一、我国固有の淳風美俗を維持し法律制度の之に副はさるものを改正すること」[2]

　同会議は大正6（1917）年公布の臨時教育会議官制に基づく内閣直属の諮問機関として設置されたものであったが、その任務は本来、教育改革の参考に供するために教育に関する重要事項を調査審議することであった。だが、その提言内容は単なる教育制度の改革という枠を超え、法律制度の改正にまで立ち至るものとなった。

　同会議がこのような建議を出すに至る「淳風美俗」すなわち共同体原理の危

機は、主として次のような事情に基づいていた。まず、第一次世界大戦を主要な一つの契機とする産業の進展・資本主義の発展とそれに伴って生じた貧富の格差化による世情不安であった。各所における労働争議・小作争議の急増や、建議の前年に富山県下から全国に波及した米騒動等は、そのような世情不安を現実とするものであった。

　また、ロシア革命の成功などから我が国においても徐々に浸透しつつあった社会主義等の思想が一層強い影響力を及ぼすようになり、思想的混乱情況がより顕在化するようになった。すなわち、西洋諸国との接触の一層の緊密化は我が国に多大な利益をもたらした反面、「我国の思想界に悪るい影響を及ぼし」た[3]ことも、為政者らにとって否定できない現実であった。

　とりわけ従来の秩序を脅かす過激な思想が生じたことは、政府当局者らを震撼させた。そのような思想とは、例えば次のようなものである。

　　「吾人は主義を有てり、理想を有てり、信仰を有てり、此の時吾人は父母と同地位也、……情を以て子の心を曲げしむる父は不慈の父也、愛に慣れて父の意に盲従する子は不孝の子也、君知らずや、人間自覚の権威は父たる権威の上に在ることを……大義親を滅す、信仰は父母よりも尊し、……同志島中翠湖叫んで曰く、先づ汝の父母を蹴れ、殉難者の歴史は不孝に初まる」[4]

　親子の情愛や父親の権威よりも人間自覚の権威の方が優るゆえに「汝の父母を蹴れ」と言う。親への孝と親の情義が「我国固有の淳風美俗」とされていた当時の考え方とは正反対の思想である。

　文部大臣牧野伸顕が、この種の過激な思想が教育界まで及ばぬよう「教育に当る者宜しく留意戒心して矯激の僻見を斥け流毒を未然に防くの用意なかるへからず」[5]という訓令を教育関係者に対し発していたのも当然と言える。

　だが、そのような一片の文部大臣訓令だけで教育界の思想的混乱は到底治まるものではなかった。例えば文部省が修身教科書の修正に力を尽くしていた同

じ頃の明治44（1911）年6月、岐阜中学校で開催された岐阜県教育会の講演で京都大学教授岡村司は、「日本の民法には家が認〔め〕てあるが西洋には無い、家は人間の雨宿りでこんなものを法律で認むる必要はない、家族制度も不必要で西洋の如く個人主義で結構なり」とし、「要するに日本の民法は根底より間違つて居る」などと延々2時間にわたって語り続け、岐阜県教育会を混乱に陥れた[6]。

　当時の政府側の認識は、例えば大正2（1913）年帝国議会貴族院における奥田義人文部大臣の答弁によれば、「家族制度の存続を図りまして、家を大切にし、祖先を大切にしなければならぬ」という「教育の方針と他の立法の主義との統一を図らなければならぬ」[7]とされるものであり、その言を受けて江木千之も「家族制度を民法などが打壊して居る」[8]との認識を共有していたところであった。このように、民法等の不備が問題視されていたにもかかわらず、国立大学の現役教授である岡村がその不充分とされる民法さえも間違っていると言った。それゆえ、かかる現役大学教授による家族制度解体の推奨演説は県教育会に混乱を招き、その結果岡村が譴責処分となったのも当然であった。

　このような情況を前にして、「醇美の風敦厚の俗次第に頽廃せむとするの勢を呈するに至れり」[9]とする危機感が、教育改善の必要性を政府当局者たちの間に従来にもましてより一層切実に認識させることとなり、遂に我が国初の内閣直属諮問機関である臨時教育会議の開催に結び付いたのであった。

## 2　「教育の効果を完からしむべき一般施設に関する建議」（「建議第二」）の成立

　先述したように同会議は、開催に当たり示された寺内正毅内閣総理大臣の「学制を改革して教育の完全を期するは乃ち勅語の御趣旨を徹底する所以にして既往十数年間の懸案なり」[10]との文言にもあったとおり、元々は教育制度の改革から出発するものであった。ところが、総会だけで全30回に及ぶ同会議の第4回総会において早くも、久保田譲副総裁から次のような発言がなされた。

「法律などの関係に於ても独り教育に於ては国家主義、家族主義と云ふ様なことを厳重に注意して教へて居るが、併し刑法、民法などは如何であるか、個人主義の刑法、民法を以て出来て居るものが行はれると云ふ様な次第でございまするから、さう云ふことがよく教育の方針と一致して政治なり法律なり社会なり総てのことに一致致して行かぬければ到底此目的を達することは出来ませぬ」[11]

つまりは「教育の方針と他の立法の主義との統一を図らなければならぬ」ということである。だが、もちろんこのような主張に対しては消極的な異論も出された。例えば、阪谷芳郎は「法律制度の改正をすると云ふやうなこと」が「果して教育制度と言はれるであらうか」、「教育制度には政争は混入すべきものではあるまい」、「斯る政治問題を教育会議で議すると云ふことは如何であらうか」との危惧を提起した[12]。阪谷の言は、教育勅語制定に際し教育を「政事上の命令と区別」すべしとした井上毅の方針——「理」と「情」の分離方針——と相通ずるものと言える。

しかしながら阪谷の危惧は考慮されることなく、会議では久保田副総裁の発言に同調する積極派によって主導権が握られ、法律制度の改正にまで踏み込んだ「建議第二」の基となる一本の建議案が、大正7（1918）年10月、平沼騏一郎、北条時敬、早川千吉郎により平田東助総裁宛に提出される動きにまで至った。建議案提出者の一人である平沼は、提出に至った動機を次のように説明する。

「学校に於きまして如何に此訓育を施されましても世の中に悪るい風潮がありましたならば、忽ち之に悪化せらるると云ふことは是は見易きの道理であらうと考へる」[13]

教育の現状に種々問題があることを単に文教政策の当事者や教職関係者のみ

の責めに帰することはできない、と言う。

　そのような「悪るい風潮」を改めるために平沼らは、全 10 項目にわたる改革案を提示するが、その第 2 項に「法律制度の我か国俗に副はさるものは之を改正すへきこと」[14] という項目が置かれていた。平沼は、この項目の提案意図について次のように説明する。まず彼は、我が国には条約改正という喫緊の事情があって、やむなく我が国情を「十分咀嚼玩味」することなく西欧近代法律制度を導入したために「随分日本の国俗に適合いたして居らない法律規則と云ふものが出来て居」り、そのために「段々年を経るに従ひまして其弊害も発見せらるると云ふことになって」きた[15] と言う。その上で、彼は次のように訴える。

　　「殊に日本の家族制度は祖先来の国俗であると考へる、此家族制度と調和
　　の保てない法制が少くないと考へもので、斯の如き制度は速に之を改正い
　　たしませぬと云ふと、後世憂ふべき結果を遺すに至るではなからうかと
　　我々は憂慮いたして居る次第でございまする、でございまするから此点に
　　付きましては政府当局者に於きまして、又民間の有力者に於きまして十分
　　なる調査を遂げられまして速に程度の汲むべきものがありましたならば之
　　を改正するに努められたいと考へるのであります」[16]

　祖先来の国俗である家族制度と調和しない法制度の改正が急務という。ではこの「家族制度と調和の保てない法制」とはどういうものなのか。その一例を、建議案に賛成した江木千之が、次のように述べている。

　　「民法の婚姻の条に二十五歳を過ぐれば父母の許可がなくても結婚が出来
　　ると云ふやうなことはどうしても修身書の編纂の趣意と矛盾して合はな
　　い、何処までも父母の命を奉じよ、父父たらざるとも子子たらざるべから
　　ずと云ふやうな教育を一方にしながら、法律を見ると父母の許可がなくて
　　も婚姻しても宜しい、父母の命に従はなくても宜しい、併し是では我家族

制度は迚も維持は出来ないと思ふ、一家を円満に持して行かなければなら
ぬ此家族制度の反対党が這入って来ても宜しいと云ふやうな法律を設けて
置ては教育の実効は到底挙かるまいと考へる」17)

　江木はここで、民法の婚姻条項において 25 歳（規定上正確には男満 30 年女
満 25 年）を過ぎると父母の同意が不要である点を指摘して、このような条項
は、年齢いかんにかかわらず子は父母の言いつけに従うべしとする教育方針と
合致しないと言う。よってこのような法律制度は「今日教育の主義と撞着して
差詰め困って居る」18) というわけである。かくして、かつての民法典再編纂
の際消えずに残った火種に、江木によって油が注がれた。
　このような平沼や江木ら積極派の発言は、同建議案提出者の一人である北条
が述べた次のような見解に後押しされていた。

　　　「政府に於て教育に関して国民一般の気風を定める国民教育と云ふものを
　　　徹底せしめると云ふことに付ては矢張り政府に於て十分なる統一が必要で
　　　あると思ふのでありますが、政と云ふことと、教育と云ふことと一致せな
　　　くては実行が出来はしまいかと考へて居るのであります、是は政府に於て
　　　は政教一致と云ふ考を以て実行になり、従って官民一致と云ふ方で此実行
　　　の方法を得たい、然るときは教育上に於て、殊に精神教育と云ふものな
　　　り、国民教育と云ふものを全うすると云ふことは易々たるものであると思
　　　ふのであります」19)

　教育の徹底を期するためには政治との統一が欠かせない、よって「政教一致
と云ふ考」えを明確にすべきであるという。
　このことはつまり、平沼の言う「此勅諭〔教育勅語〕の御趣旨を遵奉」20)
することであり、そのために「政府が先て其活動をせられぬといかぬ」21)
のである。だがそれは同時に、先の阪谷委員の危惧にもかかわらず、国家
「法」としての教育勅語による「政教一致」すなわち政治と教学（教育）との

結合が、同会議における主導的意見となりつつあったことを意味するもので
あった。

　さて、建議案はその後主査委員会に付託され、小委員による小委員会案及び
阪谷の提出した案なども参酌された上で主査委員会案にまとめられ、先のとお
り「我国固有の淳風美俗を維持し法律制度の之に副はさるものを改正するこ
と」という一項目が掲げられることになった。この建議案は第 28 回以下の総
会にかけられたが、その内容については、水野錬太郎委員の「私は必ずしも我
国の法律制度が我国固有の淳風美俗と相反するものが多くあるとは認めませ
ぬ」[22] という批判など様々な意見が交わされ、その過程で所要の修正も加え
られつつ、項目も 5 つに整理され、ともかくもまとまった建議（「建議第二」）
として成立した。だが、建議の内容に関しては全会一致ではなく起立者多数で
可決されたところから見ても、委員らの間に意見の統一を図ることは遂に無理
であったようである。

## 3　「建議第二」の意味するもの──「法」原理としての共同体原理

　この建議が成立に至ったそもそもの遠因は、言うまでもなく前章で見たよう
に「維新開国の国是」[23] であった条約改正のために明治 31（1898）年、第 3
次伊藤内閣によって民法典（親族編相続編）が可決成立したことに端を発して
いる。というのも、先に成立していた個人主義的フランス民法に範を採る旧民
法典が、激しい法典論争によっていったん葬り去られたにもかかわらず、ここ
で成立した民法典もまた、基本的にはそれと同様にやはり「欧州法の範型に鋳
造せられたる」[24] 民法典だったからである。

　その結果、家族の関係は権利義務の関係として規律され、そのため、教育勅
語に主導された「教育の方針」と「立法の主義」とに不統一が生じることと
なったのだが、この不統一による矛盾は差し当たり、主として「教育の方面
で、善く始末をつけ」る[25] ことで対処されてきた。

　しかし、特に大正期に入ってからの内外の情勢は急激に従来の秩序を脅かす
ものとなり、このような事態に直面した政府当局者たちに深刻な危機感を呼び

起こした。そのことが臨時教育会議の開催に結び付くこととなり、さらにその審議の結果は、教育固有の問題を超えて法律制度の改正にまで踏み込むものとなった。これらのことは、上記で見たとおりである。

　臨時教育会議で主導的役割を演じた平沼の主張によれば、法律制度の導入については「〔条約改正という〕余程急がなければならぬ事情があった」ので、そのため「我国の国情、我国の民族〔俗〕と比較いたしまして反復之を咀嚼玩味して十分に其間の調和を図」ることができず[26]、したがって「随分日本の国俗に適合いたして居らない法律規則」となってしまったのだという。それゆえ彼の主張は、「斯の如き制度は速に之を改正」すべきである、というものとなる[27]。

　そして、このような「国俗に適合」する法律への改正という主張が臨時教育会議における「建議第二」に結実するのであるから、その意味では民法制定以来「たえず底流としてあつた」法律改正論が、この時期に「遂にはつきりした形をとつたもの」として現れた[28]ものと言える。

　だが、平沼らが主張し同建議の内容となったこの法律改正を実行に移すこととは、平沼によれば、「教育勅語……の御趣旨を遵奉いた」す[29]ことに他ならないものであった。このことはすなわち、かつて伊藤博文と井上毅が近代化を阻害せぬよう腐心した「政治（法）」と「道徳（教育）」の分離——「理」と「情」の分離——の原則が明確に修正され、教育勅語が立法指導原理として真正面に据えられたこと、言い換えれば、共同体原理が「法」原理として公権的に認知されたことを意味する[30]。

　では、この「我国固有の淳風美俗」（「教育勅語」の「御趣旨」）を立法原理として提言することで「建議第二」がめざした法律改正は、臨時法制審議会において具体的にどのように模索されていったのか。その経緯について、次節でたどることとする。

## 第2節 臨時法制審議会における家事審判所構想の登場

### 1 臨時法制審議会の審議事項
#### （1）法律制度（民法）改正に関わる諮問及び調査要目の策定

　臨時教育会議における「建議第二」に示された「我国固有の淳風美俗」に沿わない法律制度の改正という諮問内容を受けて、原敬内閣は、大正8（1919）年7月8日、内閣の下に穂積陳重を総裁、平沼騏一郎を副総裁とする臨時法制審議会を設置した。同月16日における第1回総会で原総理大臣は、任命した委員・幹事各位に対し「我国固有の淳風美俗に沿わさる法律制度の改正」等について審議するよう訓示した 31)。だが、その際彼は、「我国固有の淳風美俗に沿わさる法律制度」について、「其多くは民法上家族制度に関することと信する次第」32) と述べた。このことについて原は日記の中でも、委員らに対し「差向きは民法上の改正」にありと訓示した旨を語っている 33)。その結果、同月25日に内閣より審議会に対し正式に通知された諮問第一号は、「政府は民法の規定中我邦古来の淳風美俗に沿わさるものありと認む、之か改正の要綱如何」34) という記述となった。

　この点における鈴木喜三郎司法次官の説明は、「其会議〔臨時教育会議〕の要綱中、民法の規定に於て、淳風美俗に添はぬやうなものがあると云ふやうな建議があつた」ところから「其建議の言葉を此処に用い来」たった 35) というものであった。確かに臨時教育会議においては、民法の規定に言及した上で議論が展開されたのには違いない。だが、議論の内容はそれだけではなく、例えば江木千之などは民事訴訟法等にまで言及して法制度の見直しを主張しており 36)、それゆえ同建議は広く刑法までも含む諸法にまで視野を置いた全般的な「法律制度」の「改正」を要望するに至ったのである。そしてこのことは少なくとも、臨時法制審議会設置当日である同月8日の原の日記には「法制の方は民法等に於て我古来の風習に反するもの」37) と綴られていたことからも明らかである。したがって、少なくとも同月10日に同審議会総裁穂積、副総裁

平沼との打合わせがなされた以降、法制度の見直しが民法に集約されるに至ったことになる。かくして同審議会の審議対象は、先の臨時教育会議での「建議第二」に示された「法律制度」一般から、主として「民法の規定」の改正に焦点が当てられたものとなった。

　しかし、そのことに加えてさらに原は、審議会第1回総会における訓示の中で「政治上社会上其改良を要するの急なりしか為めに知らす識らすの間に我固有の淳風美俗に矛盾したる法律規則の存在することは否む可からさる事実」であることを指摘し、それゆえ何らかの是正措置を講じねばならないことは自覚しながらも、同時に、「世の進運は必すしも旧習古俗を墨守すへきものにあらさること勿論なり」と付け加えた38)。原の言うこのようなニュアンスは、臨時教育会議において平沼が「建議第二」の中に込めた、「日本の家族制度は祖先来の国俗であると考へる、此家族制度と調和の保てない法制が少くないと考へもので、斯の如き制度は速に之を改正いたしませぬと云ふと、後世憂ふべき結果を遺すに至る」とのニュアンスを軌道修正するものと言える。その意味では原の訓示の内容は、「建議第二」の趣旨からは「はずれている」39)ことになる。

　さて、上記内閣からの諮問事項の通知に基づき、幹事が分担を割り振られることとなったが、諮問第一号「民法に関する調査」には山内確三郎、池田寅二郎、穂積重遠ら8幹事が当たることとされた。そしてこの件に関して翌8月4日から10月20日まで8回にわたって幹事会が開かれ、その成果が「諮問第一号に関する調査要目（其一）（以下、「要目（其一）」という。）」としてまとめられた。その冒頭には次のような序文（前書）が掲げられていた。

　　「按するに諮問第一号の所謂『我邦古来の淳風美俗』とは要するに我邦の
　　家族制度に於ける淳美の風敦厚の俗を指称するに外ならす然るに古来の家
　　族制度に関する法制並風習は必すしも総て之を淳風美俗と称するを得さる
　　は勿論にして又或は既往に正当にして将来に適応せさるもの亦少からさる
　　へし」40)

　ここでは、臨時教育会議の「建議第二」に示された「我国固有の淳風美俗」
とは一応、我が国の家族制度に関するものと述べられており、この点では、同
建議を受けて臨時法制審議会に通知された諮問第一号の内容どおりと言える。
だが「要目（其一）」はさらに、「古来の家族制度に関する法制並風習は必すし
も総て之を淳風美俗と称するを得さるは勿論にして或は既往に正当にして将来
に適応せさるもの亦少からさるへし」と言う。この点は先の原訓示と対応し、
それを受けた形となっているものである。
　では、「要目（其一）」の言わんとする将来にも適応する我が国古来の制度と
は、どのようなものか。同要目序文は、次のように続ける。

> 「我邦古来の制度にして之を将来に維持することを要するものは家の組織
> を堅実にし以て一家をして親密にして平和、正当にして公平なる共同生活
> を為すことを得しむるの一点に在り」[41]

　我が国古来の制度とは、親密・平和・正当かつ公平な共同生活をなす家族制
度のことであり、そのために家の制度を堅実にすることが必要であるという。
では、そのための民法改正に当たり、どのような配慮が必要であるのか。この
点について「要目（其一）」は、以下の三点を掲げる。

> 「一　家族制度は其健全なる資質を維持するに力め意義なき形式に陥らし
> 　めさること
> 二　古来の家族制度の弊害を除去すること亦家族制度維持の重要なる一手
> 　段なること
> 三　人事に関する法規は之を厳正なる法律観念に止めす道義の観念に基き
> 　て之を定むへく而かも法規は如何なる程度に於て徳義を助長し人情を涵
> 　養することを得へきやは深く之を顧慮すること」[42]

その上で同要目は、民法の規定中個々に検討を要するものとして48項目を挙げている。同要目は大正8（1919）年10月24日開催の臨時法制審議会第2回総会に提出され、ここに掲げられた家族制度の実質化と古来の家族制度の弊害除去及び法規における道義の観念の尊重という基本的指針が、以後の審議に様々な影響を及ぼしていくこととなる。

　もっとも、「我国固有の淳風美俗」に準拠するこの審議会指針は、当然ながら既存の個人主義的近代民法体系と衝突する。したがって、これから明らかになるように、この審議会指針と近代民法体系との「矛盾」を回避するために審議会は当面、制度の二元的な構造設計を模索せざるを得ないこととなる。

（2）家族観念の実質的把握

　このようにして審議会で検討された家族制度は、次のように理解された。鈴木喜三郎司法次官は、先の審議会第2回総会で諮問第一号の趣旨説明を通して、「我国古来の淳風美俗」あるいは家族制度の主義とは、「父母に孝に、兄弟に友に、夫婦相和すると云ふこと」であり、要するに「父子兄弟の間に一家団欒の幸福を得せしむる」ことだと言った[43]。その上で鈴木は、家の制度を次のように改めるべきだと提言する。

　　「今日家と云ふものがどう云ふ工合に民法上なつて居るかと申しますると云ふと、御承知の通り実質と云ふよりは寧ろ形式で家と云ふ観念が出来て居るやうに思へるのであります、即ち戸主権行使の範囲として論ずべき家と云ふものが、或は広く或は狭く、如何にも内容に於きまして堅実を欠いて居るやうに思ふのでございますから、其家の組織と云ふものを堅実にする、……斯う云ふ考から致しまして、……皆さんの御意見を伺はうと云ふことに立至りました」[44]

　つまり、現状の家の観念は従来は形式重視だが、それを改めて家を実質的に、言い換えれば現状に合わせた把握をするべきだということである。この点は「要目（其一）」で指摘されたとおりだが、特にここで見のがし得ないの

は、家を実質的に把握することが、単に戸主権行使の範囲の問題を超えて「家族の平和の関係に於ても」[45] 重要と認識されている点である。

このことは、家を「今日の時勢に適応」[46] させるために「家の組織と云ふものを堅実にする」、すなわち、家を現実に合うように実質化させるとの政府側の認識が、例えば河田嗣郎の言うような見解とは異なるものであったことを意味している。河田によれば、「当今の文明社会に在りては一般社会にせよ経済活動にせよ皆之れ小家族制度と調和」[47] するがゆえに、家は必然的に「夫婦親子の血縁」よりなる「所謂小家族（die moderne Kleinfamilie）」的な家族形態となる[48] とされる。しかし、政府側の認識は、そのような西欧個人主義的見解よりも、家を実質化することにより「父子兄弟の間に一家団欒の幸福を得せしむる」、すなわち、教育勅語の「五倫」のエッセンスである家族の「睦まじさ」という共同体原理の積極的な再認識にまで立ち至っていたのであった。

さて、審議会では策定された「要目（其一）」に関し今後綿密な検討を行うために主査委員 10 名が指名された[49]。それゆえ諮問第一号の案件に関する舞台はこの後、主査委員会に移ることとなった。委員会では以下順次述べるように、特に上記の如く「要目（其一）」序文に示された審議会の意志に沿った形で議論が展開されていくのである。

## 2　主査委員会の審議事項

### （1）民法と「我国固有の淳風美俗」との関係

大正 8（1919）年 11 月 3 日開催の第 1 回主査委員会で展開された議論は、主として「要目（其一）」冒頭の序文（前書）をめぐってであった。

ここではまず江木千之（当初主査委員外出席員）が、教育界ではどのような観点から教育と法律（民法）との抵触が問題となっているかについて、一例として「廃嫡の場合で親子の間で訟庭に相見えると云ふこと」を挙げ、そのことは「我国俗に照して忍びざる事」で「それが真に訴へなければならぬ精神で訴へて居るかと云ふと、法律の唯形式だけに止まる、斯ることはどうも面白くない」[50] と言い、さらに次のように言葉を続ける。

「父母の命令に従はなければならぬと云ふことは、教育の方では親々たらずと雖も子々たらざるべからざるの主義で進んで参りますけれども、民法を見ますると或年齢に達した者は男子も女子も父母が不同意でも結婚して宜いと云ふことがある、……さうしては一家は纏まるものではない」51)

　廃嫡の場合には親子が争ってもいないのに訴えを起こさなければならず、また、一定年齢に達すれば親が不同意でも婚姻できるという法律の実情は我が国俗に反し、家族の一体性を弱めてしまうという。だが、この問題はかつて「子が父を訴へる」52) ことを認める「ウェスターンプリンシプル」的民法に対し巻き起こった教育勅語制定や法典論争・民法再編纂などをめぐる一連の動きの際に積み残された宿題そのものであった。そしてこの宿題は、先に江木も出席して決議に加わった臨時教育会議において表明されていたものでもあった。であるからこそ、同会議は「建議第二」において「我国固有の淳風美俗」に沿うよう法律を改正せよと求めたのであった。
　では、臨時法制審議会における委員・幹事らは、臨時教育会議の「建議第二」で示された「我国固有の淳風美俗」をどのようなものと捉えていたのか。この点については、先の審議会第2回総会で鈴木司法次官が既に「父子兄弟の間に一家団欒の幸福を得せしむる」ことと説明しているのであるが、ここで穂積重遠幹事が改めて「平たい言葉で申せば一家仲善くする」こと 53) と定義した上で、さらに次のように説明を続ける。

「併ながら又一家の内部に於て昔の家族制度のやうに唯戸主一人が威張つて居つて他の者の人格を無視すると云ふやうなことは将来の制度とすべきではあるまいから、一家の共同生活と云ふことは一方に於て親密平和でなくてはならぬと同時に一方に於て正当公平でなければならぬと云ふ……意味であります」54)

　従来見られるように、戸主が家族の人格をないがしろにするようなことは改められねばならないと言う。この点は、「要目（其一）」で「一家をして親密にして平和、正当にして公平なる共同生活を為すことを得しむる」ために、「古来の家族制度」の「弊害を除去」しつつその「維持」を図るものとしている[55]のと合致する。

　だが、これだけでは家族内の「横の関係」は明らかであっても「縦の関係が明白になつて居らぬやうに見える」[56]という疑問に対しては説明として十分ではない。この点を鵜澤総明[57]が次のように質問する。

　　「東洋古来の道徳に依れば矢張父母と子孫と云ふ重に縦の関係と云ふことが主になるやうに思はれて居るのであります、それで此家の組織に付きましてはどうしても横に広い関係と縦の父母子孫と云ふやうな関係でありまして、其父母子孫の関係から見ますると詰り子供は親の方に親の方は子孫の発育を十分ならしめると云ふことが今日生存上の必要なことになるのではあるまいかと考へます、……其点を起草になりました方に承ります」[58]

　「父母子孫」という「縦の関係」もまた、子や孫に至る発育にとって必要ではないかと言う。

　この質問に対し、穂積は次のように答える。

　　「一家と云ふのは親子夫婦と云ふ西洋の小『ファメリー』の関係だけでなく、それよりももう少し拡げた意味で一家一族が仲善くすると云ふことが我国古来の淳風美俗である、之を将来続けて行くと云ふことは勿論異論のないことであらうから、……勿論横の関係だけでない、縦に長く続く、……長く続けて行く縦の共同生活を含んで居ることは勿論であらうと思はれる」[59]

　「一家の共同生活」には「縦の共同生活」も含むという穂積の「一家」の概

念理解は、少なくとも先に河田によって示されたような単なる夫婦中心の西欧的「所謂小家族」ではなく、従前の我が国固有の親子間「継承」家族[60]を意味するものと見ることができる。

その上で穂積は、従前あまりに「形式的になつて居る」[61]民法（いわゆる大家族的構成を採る民法・戸籍制度）を改めて、「成べく実質上一家仲善く」できるように家の範囲を定め、家を「堅実」にする議論も必要と説明する[62]。これを言い換えるならば、「現実の親族的共同生活団体に即し、世帯を異にする家族は世帯毎に家を成さしめ」る、つまり「家と世帯の即応」[63]の必要性である[64]。このように家を実質化することで、家をして「要目（其一）」の趣旨から引き出される「一家仲善く」し「さうして父子兄弟の間に一家団欒の幸福を得せしむる」ための言わば器の役割を果たさせるようにするのである。

だが、それでは次に、本来権利の体系である民法の改正に当たって、「我国固有の淳風美俗」の核心である「父母に孝に、兄弟に友に、夫婦相和する」という共同体原理との整合性は、どう位置付けられることになるのか。このことは、「要目（其一）」前書中の「三　人事に関する法規は之を厳正なる法律観念に止めず道義の観念に基きて之を定む」との文言をめぐって議論となり、この点については江木が端的に「法律に規定した主義と道徳の主義と合ふやうになつて居らなければいかぬ」[65]と言えば足るだろうという異議を述べる。民法に「或年齢に達した者は男子も女子も父母が不同意でも結婚して宜いと云ふことがある」のは教育の主義たる「父母の命令に従はなければならぬと云ふこと」と矛盾するがゆえに、民法の規定を教育の主義に合致させるべきだという江木の持論からすれば、けだし当然である。

しかしながら、穂積の見解は江木のそれとは異なる。すなわち穂積は、親孝行は当然のことだが、それを総て法律上の義務とすることが果たして「道徳を助長し、又人情を涵養する所以になるであらうかどうか」[66]との疑問を当初から持っており[67]それゆえ彼は江木に対しても、指摘された民法の規定と道徳の教えとの不一致についても「法律の力がどの位及ぶべきものであるかと云

ふことを問題として戴きたい」[68] と答弁する。

　そして穂積のこの答弁を、横田国臣 [69] が次のように援護する。

　　「家族制度にしましても世の中が最早違つて居る、……此道徳と法律と一
　　緒にする、是はもう出来ぬ話である唯今穂積君の御話もあつた通りに年齢
　　に依つて婚姻して宜い、併し之にしましてもさうして罪がなければならぬ
　　ことがある、唯親の言ふことを聞かぬと云ふことでありますが、最早子も
　　出来て殆ど一家を成して居る、それをも尚許せぬと致しますと却て禍にな
　　る、……人に金を貸して利息を負けてやるのも道徳上甚だ善い事でありま
　　す、又其上に貸した金を皆やつて仕舞ふ、それも又道徳上大変善い、然し
　　それでは国は立たない」[70]

　明治維新以来我が国は近代化に向かって突き進み、資本主義近代国家となっ
てようやく世界に伍していけるようになった、このような我が国社会の変化を
無視することはできない、というのが横田の言わんとするところと言える。そ
れゆえ彼は、「重な所だけ御直し下さつて余り民法を変更すると云ふやうなこ
とにならぬやうに御願ひしたい」[71] と言う。

　では、彼は共同体原理の維持については何ら意に介さないのかいうと、そう
ではない。彼は、続けて次のように言う。

　　「私は斯う云ふことを考へて居るのであります、どうも情実裁判所と云ふ
　　ものを設けねばならぬ、此情実裁判所は法律にも何も拘らず勝手に裁判を
　　することが出来る」[72]

　ここで横田は、基本的に権利義務関係で成り立つ民法の方については時勢あ
るいは実態に合わせた家族構造の改正はともかく、江木の言う道徳に合致させ
るような改正はせず、ただ手続・運用面について従前の裁判所とは別の「大岡
裁判と云ふもの」[73] を実現できる制度の設置を提案する。

しかし、これはまさに「要目（其一）」第六に掲げられた「家庭審判所」構想と同一のものに他ならない。すなわち、同第六は次のように提言する。

「第六　人事に関する事件の裁断は民事訴訟法の原則に従ひて之を審判するは現行法の主義とする所なりと雖訴訟の形式に於て此の種の事件を裁判するは国情に鑑み果して適当なりや寧ろ温情を本とし道義の観念に基き穏健なる斯法の運用を図る為家庭審判所を設置し之をして人事に関する事項の審判調停を為さしむるを可とせざるや」[74]

民事訴訟法は言うまでもなく、民法等私法上の権利義務関係を公権的に実現するための手続として西欧近代法の導入によって成立したものである。だが、このような言わば黒白（勝敗）を明確にするような解決方法は我が国の国情に適さず、むしろ「温情」・「道義の観念」に沿う解決方法の方がより適しているのではないか、という趣旨の提言である。これは要するに横田の言う「大岡裁判」を実現させる「情実裁判所」と同じ趣旨の提言と言える。

横田の発言からは、さらに次のような構想が漠然とではあるが読み取れる。すなわち、基本的には「ウェスターンプリンシプル」的な民法上の関係はそのままにしておき、その代わり、その実現手続面において、共同体原理に沿う運用によって民法上の権利主張に伴う親子等家族関係の軋轢ないし破壊を回避・調整しようという構想である。その意味ではこの見解は、臨時教育会議の「建議第二」に見られるような「我国固有の淳風美俗」と食い違う民法等の規定をそれに合致するよう改正すべし、という程の強い姿勢からは「はずれている」ことになる。このように元々は、近代法原理と共同体原理の「二元的構成」[75] を基本に置いた上で、両者の「矛盾」[76] 克服を試みる手段として、「要目（其一）」の「家庭審判所」構想が浮上してきたのであった。だが、そうなると次の問題は、この家庭審判所と通常の裁判所との関係である。

（２）家庭審判所構想の検討

　江木の言にも上ったこの家庭審判所については、山内確三郎幹事が、構想の

提起に至った理由を次のように説明する。それは、家督相続人の廃除について家族当事者間に争いのないケースでも現行規定上必ず訴えによらねばならないとされていることは不穏当であるし、その他離婚や親子親族の関係についても訴訟の形式によるのが「果して正しいのであるか」が疑問であり、むしろ「極めて穏和なる解決をすることが必要である」、というものである[77]。

山内のこの説明には、権利義務で決せられる家族関係の紛争解決方法に、その権利関係を公権的に処理し黒白を決する訴訟形式を持ち込むことにより、「一家団欒の幸福」を破壊するのを避けたいとの深慮が読み取れる。

以上のような山内の説明を引き継いで、穂積幹事が家庭審判所の概要を説明する。それによれば、家庭審判所構想はそもそも先の幹事会の中で「全く自発的」に、「偶然皆」の間に起こってきて一致した考えであり、その後「西洋にも近頃斯う云ふことが問題になつて居ると云ふことを寧ろ後から発見」したのだという[78]。その上で穂積は、その「後から発見」した西洋の例の一つとして参照したアメリカの家庭裁判所の成立ちについて、次のように説明する。

> 「亜米利加で是が問題となりました起りは結局少年裁判所から起つて居る、少年裁判所は亜米利加では既に可なり前から外の裁判所と独立して少年に関する犯罪事件を取扱つて居る、所がそれだけでは甚だ物足りない、犯罪の起つた後にそれを取扱ふよりも犯罪が起らないやうに家庭の紛議を根本から無くすることが少年の犯罪の撲滅に尚更大事なことであるまいか、少年裁判所の範囲をもう少し拡げ、家庭に関する一切の事件を其所で扱ふやうにしたらどうであらうかと云ふやうなことを、段々少年裁判所の関係の人々から言出して、それが各州で以て問題となりました」[79]

穂積のこの言は、次のような池田寅二郎の報告からも裏付けられる。池田の報告の要旨は、アメリカでは「殊に不健全なる家庭にはよく不良なる少年を出だすと云ふこともあるのである。故に少年のみを目的とせずして更に進んで其根本たる家庭を健全ならしむると云ふことが少年事件を根本的に解決する一の

方法であると云ふことを言ふて居る」ところから、少年裁判所と家庭裁判所との間には密接な関係があるというものである[80]。

　池田の報告の概要は次のようである[81]。アメリカでは、19世紀に入って産業革命の進行と個人主義の発達により夫婦・親子の地位が平等とされるようになった。そして親子関係では「親権は大に衰へた」ことにより、「子弟は俄に解放せられて」「自由の身となつた結果放縦軽率の風に陥」った。また、夫婦関係でも「夫婦と云ふ者は愛情の発生消滅に因りて集散離合するものに過ぎないと云ふ考であつて、そこに道徳上社会上重大なる責任があると云ふことを毫も感得して居ない様」となった。そのため、離婚の理由も「自分は此人は厭やになつた外に此人より優る者が出来たから彼を棄てて之を取ると云ふことは寧ろ当然のことであると訟庭で公言する婦人の事例」が新聞紙上を賑わすような風潮となった。その結果、不良問題のみならず離婚問題についても「離婚は家の破壊の最大原因である、家の破壊は即ち社会組織の根本に動揺を来たす」との危機感が生じ、それが家庭裁判所の設置に結び付いた、というものである。

　我が国でもこの頃、「家は人間の雨宿り」に過ぎないというような極端な原子論的個人主義の風潮が生じ始めていたのであるから、アメリカにおけると同様の状況が我が国にもやがて押し寄せ、その結果「淳美の風敦厚の俗次第に頽廃せむとするの勢を呈するに至」るのは容易に予見できるところであった。この予見を背景にして、近代法原理から成る民法の規定を我が国の実情に合致させつつ共同体原理に導かれた「一家団欒の幸福」を維持するために、訴訟に代わる手続を模索した結果が家庭審判所構想であった。

　かつて我が国には、明治前期に勧解という調停制度が置かれたが、民事訴訟法制定の際に存続が見送られて消滅に至った経緯があった[82]。その事については要目の作成に当たった穂積ら諸幹事は百も承知である。その意味では家庭審判所は、かつての日本型調停制度の再出現とも見うる。だが家庭審判所構想は、かつての制度の単なる再出現ではない。当時強固であった「情」の共同体原理を「理」の原理である司法制度の枠外に置くこととした調停制度が、今度は弱体化しつつあるその共同体原理の維持強化の手段として用いられようとし

ているという意味で新たな出現と言う方が、より正確と言える[83]。

　しかしながらさらに、家庭審判所構想自体は良いとしても、これと従来の裁判所とはどう異なるのか。この点について穂積は次のように説明を続ける。

> 「裁判所の制度を別にするのみならず建物等も別な所に拵へ、裁判官も平服でと云ふやうなことが私個人の考であります、さう云ふ風の特別の裁判所を拵へたらどうであらうか、それが親族編相続編の人事法を実際に運用する上に於て可なり効験があることであるまいかと云ふやうな考が本になつて居る」[84]

　つまり穂積の根本的な考えは、「人事の問題を解決するのに民事訴訟法の原則に拠つたのでは不十分不完全」[85] というところにある。すなわち、裁判所は本来「病院」のようなもので気軽に行くべき所であるはずだが、今の裁判の「遣り方は可なり形式の点もあつて、一定の申立をして其範囲でやるのが民事訴訟法の原則になつて居る」ので、その点を何とか緩和して「裁判所から進んで立入つて色々世話を焼くことが出来るやうにした」り、また、「今の裁判は公開になつて居るが、出来るならば此裁判所は非公開を原則とする」ようにしたらどうかというのである[86]。

　このように穂積の考えは、民事訴訟法上の大原則である処分権主義や弁論主義といった当事者主導の主義を採らず、「人事訴訟法の主義」と同じ裁判所主導の「職権主義」[87] を採用し、しかも明治憲法第 59 条に明定された裁判の公開原則も排除したいというものである。それゆえ、彼の構想は少なくとも従来の裁判所とは別の「特別裁判所」として構成されるべきものであった。したがって彼はその名称についても「余り裁判所と云ふ感じを強くしないやうな謂はば軽い名前にすると云ふ風に考」えて「家庭審判所と云ふ名前を用い」[88] ることとしたと述べたのである。

　だが、このような構想は、これが「行政処分か裁判か」、また、その「裁判官等に付ても憲法の関係から申すと裁判官にしないと工合が悪い」かどうかと

いう、やや細かい法技術的問題の他に、さらに、家庭審判所で「片が付かない場合に普通の裁判所に上訴を許すかどうか」[89] という問題も生じさせる。この問題は、実体法である民法の規定する権利による解決と家庭審判所における「我国固有の淳風美俗」との整合性をどう図るかに関わるものである。まさにこの点が、かつて磯部四郎と共に自らも民法制定作業に携わった仁井田益太郎の突くところであった。すなわち、次のようである。

　「温情を本として法律の運用を計ると云ふのが御趣意でありますが、愈々執つて下らぬ時に裁判所が親しく法律を適用して裁判しやうと云ふと温情を本とすることと相容れぬことが起ると思ふ、……権利義務を一般に認めて居る而して両者相下らぬ時に温情を本として裁判することは一寸出来悪いかと思ふのでありますが、尚上訴の問題は無論ある訳であります、此の場合には矢張法律一点張りでやると云ふことになるのでありますか、或は温情を本とするのでありませうか」[90]

　近代法原理に基づく制度を一方では基本的に認めつつ、運用上は共同体原理の「情」をもって調整を図る。我が国が西欧諸国に伍することができるようになったのは、権利体系から成る近代法整備の結果によるところが大であったと言える。それゆえ仁井田の質疑にも「民法の規定をそつくり変へて八釜敷い権利義務の規定を無くする」[91] ことなど「是はもう出来ぬ話である」ことが暗黙裡に示されている。だが、それゆえにこそ「理」たる権利と「情」との確執[92] にもかかわらず、一方近代化の進展と他方「我国固有の淳風美俗」の維持という両圧力の下で両者共に無視できないという悩みは尽きない。その辺の事情を、鵜澤が次のように補足する。

　「私は親族法相続法は或意味に於て法行為〔公法〕的の性質を帯びたものではなからうかと思ふのであります、併ながら社会的正義と家族の法律関係の間の問題が観察の仕様に依りましては色々になるものでありますか

ら、単に此社会的正義の現はれる場合と見て親族法相続法を普通の民法と同一の規定の中に入れたけれども、中の規定はどうかと云へば、……純粋の私権の範囲、所謂コレクテーブ・ジャステーブを決める範囲が普通の民法の条項になつて居る、然るに親族法相続法になれば余程公法に似寄つたことを規定して居る、殊に家族制度と申しましても、家族制度に現はれた精神に於てどうしても今日の国家制度に於て尊重しなければならぬものがな〔あ〕る、其ものをどうかして法律の規定に於て毀はさざるのみならず、出来ることならばそれを継続して行きたいものであると云ふことが大事なことになるのであらうと思ふ」[93]

　家族制度は権利構成を採る法律に規定する他ないが、そうすると家族制度の精神が壊されていくことになる。ゆえに、それを阻止して家族制度の精神を継続していくことが大事であると言う。だが同時にこの言は、家族制度の精神が「純粋の私権の範囲」を定める民法には馴染まないことを、次のように示唆するものである。

　　「例へば忠孝の観念、一家に於ても孝と云ふことを必要とする、是は社会的にも家族的にも大事なことである、所がさう云ふことは単純に法律のコレクテーブ行政的の正義の方に於て定めることは出来ない、それを単に普通の民法的に規定致しますと、自然それは性質を顧みないことになつて、少くとも其性質を離れたものの関係が多くなりますから、さう云ふものは自然破壊されて来る、それを破壊しないやうにして、出来るならばさう云ふやうにしてありたいものであると云ふことが民法に対する要求ではなからうかと思ふ」[94]

　鵜澤の言は要するに、継続していく必要のある家族制度の精神を法律的に規定するのは困難だが、そうなると自然それは破壊されることとなり、かかる点をどうするかというのが今回の民法改正要求問題の発端である、という趣旨で

ある。

その上でさらに彼は、この家族制度の精神と法律規定との関係は民事訴訟法の領域についても言えると続ける。すなわち、次のようである。

「民事訴訟法にしても非常に形式に流れて居る、……其様な形を更に人事の問題に及して来ると云ふことは余程困難なことになつて参りますので、其辺に何か方法がなからうかと云ふやうな考を素人考として起すのであります、さうなりますと同じく親族相続の場合にも現はれて居りまして、之を決定する所の関係は単純なる法律正義と云ふことのみから見ることの出来ない場合がある、或はソシアルジャステーヂ、家族の関係から起る所の問題と申しますか、さう云ふやうなものは単純なる法律関係として見ることの出来ない場合があります、それに就て起つて来る事柄は争の形として現はれないかと申しますと、さうでもないことが、あるのでありますが、是等のものを決するときには何か普通の裁判所に於ける訴訟の形式に依らずして、適当なる方法を執ることは出来ないものであらうか」95)

「家族の関係から起る所の問題」は「単純なる法律関係として見ることの出来ない場合」がある。たとえ民法がその家族関係を権利で規律していたとしても、である。したがって、この「問題」(「争」)の解決方法もまた、権利の公権的実現を目的とする訴訟形式では不適当ということになる。では、どうあるべきか。この点について、鵜澤は次のように続ける。

「唯其時に間に合ふ証拠の力唯其時に間に合ふ不干渉主義と云ふだけに止らずして、或程度までは司法上の制度に職権の力を與へることにして甘い方法はないものであらうかと云ふやうな点に疑を有つて居ります、……それで第六〔「要目（其一）」第六〕の意味が温情を本とする或は道義の観念に基くと云ふことになると、詰り普通に云ふリーガルジャステーヂと違ふ観念が訊問上に入つて来る、さうするとそれを決する方法を執らなければ

ならぬのであります、其方法を執る場合にはどうも道徳上之を唯証拠争で
決する訳に往かぬのでありますから、矢張此所には一種の行政的或は合法
的の力を持つたものでなければならぬ」[96]

　彼の言う「一種の行政的或は合法的の力を持つたもの」が、すなわち家庭審
判所である。つまり結局、権利実現手段たる民事訴訟制度とは別の制度＝家庭
審判所が必要ということである。一連の論議はこのようにして再び家庭審判所
の必要性に戻らざるを得ない。そして、かかる堂々巡りの議論は他ならぬ、か
つて近代法原理と共同体原理との確執に直面した民法制定者たちの呻吟の再現
であった。そしてさらに、ここでの問題は、後に続く家事審判所設置に関する
主査委員会で、仁井田や松田源治によるもっと先鋭な質問に遭うことになる。

（3）家族に関する審議事項

　主査委員会では家庭審判所の他、「要目（其一）」及びその後追加提出された
調査要目（其二）・同（其三）（以下「要目（其二）」・「要目（其三）」という。）
の内容をめぐって翌大正 9（1920）年 6 月 11 日開催の第 17 回会議まで審議が
続けられた。その中から家族に関するもの 3 点を述べると、次のようである。

　第一は、「父母に孝」に関わるものである。すなわち、「要目（其一）」第三
十・三十一の婚姻の際父母の同意を要する年齢につき、「男カ満三十年女カ満
二十五年」までという年齢制限を定める第 772 条の規定の可否についてであ
る。この問題については言わば再点火役と言える江木が、「我邦の風習は父母
又は祖父母が主婚姻者」であり、結納から挙式に至るまで「皆父母又は祖父母
の名義を以て為」すものであるがゆえに「年齢に限りなく総て父母又は祖父母
の同意を要すると云ふことが我国風に於て必要」である[97] と持論を展開す
る。その上で江木は、「父母が無理に同意せざるとき」も「直ちに家庭審判所
に持出」さず「先づ親族会議にて決定し」、それでも父母が同意しないときは
「親族会より家庭審判所に申出ると云ふ方法」が良いとする[98]。

　しかしながら、この時の経緯は、「現行民法も議会に出るまでは年齢制限な
かりしが議会にて年齢制限を設けたりと承知せり」とか旧民法人事編第 38 条

の婚姻の許可を要する父母が「家に在ることを必要とするや否やは取調べざれば判然せず」とか[99]、また、「我民法に於て三十年二十五年の年齢制限を設けたる理由は判明せざる」[100] などという既に立法当時の事情を知らない者たちによる心許ないものであり、もっぱら中流以上と下層社会とではどうかとか、都会と農村とではどうかとか、また、独立の生計を営むか否かで決してはどうかなどという程度の議論で、後に審議会総会で大論争となることなど夢想だにできないものであった[101]。

第二は、「夫婦相和」に関わるものである。すなわちそれは、「要目（其一）」第三十九の離婚原因を定めた第813条の規定についてである。この議題について山内幹事は、「離婚事件は今日裁判上の離婚と称して訴訟事件として取扱ひ居る」ものの、幹事はこれを「家庭審判所の審判に付するを適当なりと考」えており、したがって「離婚の原因を現行法の如く列挙する」のに加えてさらに「今少しく総括的の規定を設くる」のが適当ではないかと説明する[102]。

もっともその例として彼は、「例へば父母に孝ならざる為め夫婦の和合困難なりとか或は後妻として来りたる女が継子を虐待する為め家庭の和合が出来ざる場合或は素行不良なる莫連女にして倒〔到〕底夫婦和合すること能はざる場合」のように民法の列挙事由以外の離婚原因をも含ませることを想定したものを挙げる[103]。この問題は後の審議会総会では、むしろ婚姻関係の継続を意図する方向で議論が展開されていったことから見ると、ここで山内が掲げる例から推して、当初は逆の発想から取り上げられたもののようである。

なお、列挙事由に関する離婚原因について、例えば妻の姦通に限っていた規定を「配遇〔偶〕者が姦通を為したるとき」というように夫婦平等とすることの可否についても議論された[104]。この議論は元々「古来の家族制度の弊害を除去」するという点からなされたものと言えるが、後に審議会総会で考慮されることになる。

第三は、「兄弟に友」に関わるものである。すなわちそれは、「要目（其二）」第一の長子のみに家督相続させる第986条の規定に関し、それ以外の子女にも応分の遺産分配をすることの可否についてである。この議題について山

内は、「家産は長子に相続せしむることは勿論なるも其他の財産に付き悉く長子の特権に属せしむることは果して適当の制なりや財産の幾部分を二男以下に分配するを可とせざるやと云ふ趣意の問題」であると言う[105]。

この趣意については「公平にして可」ではあるがしかし、「実際を考慮するときは頗る難問題」との疑義が提起され[106]、山内も「其実行方法如何と云ふ細目の点は未だ考案を有」していなかった[107] のであるが、趣意自体について特段の反対は無かったようである[108]。「一家団欒の幸福」を助長して家族制度の維持を図ろうとする観点から見て妥当と考えられたからである。この問題も後に審議会総会で大きな争点となる。

さて、このようにして主査委員会では「要目（其一）」、「要目（其二）」及び「要目（其三）」に掲げられた各項目に関する議論が一通り行われた[109] が、最終の大正9（1920）年6月11日第17回主査委員会の最後に岡野敬次郎委員から、「殆んど際限なきに至る」議論にわたる恐れのあるこの調査要目自体を「議題として採否を決することは困難」であるから「多少具体的に綱領を作り議題と為すを可とすべ」きであろうという意見が出された[110]。その結果3名の小委員により、さらに評議が続けられることとなった。小委員には岡野、江木及び鵜澤が任ぜられた。

## 3 家事審判所設置に関する主査委員会審議

### （1）家事審判所の提案

大正10（1921）年7月7日再開された主査委員会では、岡野ら3名の小委員によって取りまとめられたものが議題として提出されたが、その内容は、実体法たる民法の議論から切り離して、それとは独立に家事審判所の問題を取り上げるものであった。その提案理由について、富井委員長が次のように述べる。

「是は御覧の通り最も広い事柄で而も重大な事柄であります、小委員会に於ては斯う云ふ立法をすると云ふことが今日の時勢に最も適当ではなからうか、家庭の紛議を柔らかに温く始末すると云ふ機関がないのでどうにも

仕方がないやうになれば裁判所へ行つて冷たい権利の争をするより途がない、そこで斯う云ふ途を開いたならば家族制度の維持とか家庭の円満と云ふ点から考へても宜い結果を得られるではなからうかと云ふ考から、内容に就ては色々議論になつた点もありますが、大体に於て一致を見たのであります、さうして是は独立の案として主査会総会の評議を経て、宜いと云ふことであれば司法省に於て案を拵へると云ふ方の調査に取掛ることが出来る、大抵他の問題よりも先に是だけ切離して問題とすることが出来やうと御考へになつたやうであります」111)

　富井の言によれば、小委員会では岡野、江木及び鵜澤の3委員の間で家事（家庭）審判所 112) の問題が議論され、その必要性については意見の一致を見たことと、この問題は民法とは切り離して議論できると考え、しかも重大な問題なので先に主査委員会に諮ることとしたというのである。

　無論「切離すと云うても民法に全く手を着けずに出来る趣意ではない」113) のは言うまでもない。しかし上記の提案は、権利関係をめぐって「殆んど際限なきに至る」おそれのある民法の議論を回避しつつ手続面で「家庭の紛議を柔らかに温く始末」することのできる方法、すなわち「最も我国情に適」するような「温情を本とし道義の観念に基いて法律の緩やかなる運用を計る」ことのできる 114) 方法を、早期に構築するのを可能とするものである。だが、このことを逆に言えば、民法から「冷たい権利」を排除するつもりはないということでもある。つまりは、近代法原理の民法対共同体原理の家事審判手続という、これまでの議論の延長線上にある「二元的」制度設計である。であるからこそ、民法と「切離して問題とすることが出来」るはずであった。

　この家事審判所の構想を立てるに当たっては、池田寅二郎によって紹介されたアメリカの家庭裁判所も立法例として参照されたが、富井委員長によればアメリカの場合は「事件が限られて居」り、しかも「刑事に付随した関係として扱」われているに過ぎず、したがって我が国の場合は「全く亜米利加の真似をする」訳にはいかず、「日本の国情を考へて、広い問題として、家庭人事に関

する事件は先づ大部分是で調停を試みると云ふ」ような「日本独特の制度を樹てると云ふ」精神で行ったとされる 115) 116)。そしてこのことは、先に穂積が説明しているとおりである。

もっとも、このように家事審判所においては広く「家庭人事に関する事件」を扱うものとされたのではあるが、その範囲は「民法は勿論其他の法律に及んで相当の事項」にわたる 117) はずのものである。だがその具体的範囲はすべて、今後の検討に待つところなのである。

（2）家事審判所の概要

ともあれ家事審判所に関する概要については、岡野が大要次のような説明をしている。手続については調停と審判という「別々のもの」を設ける 118)。調停と審判との違いについては、調停は「唯向ふの言ふ通りに相談をさせて、自分は第三者」としてではなく「双方の理由のある所を聞いて、然らば斯の如き案に於て相談をしたらどうかと云つて」「当事者の満足するやうな案を提出」して解決に導くものであるのに対し、審判は「無論双方の云ふ所を能く聞いた上」ではあるが「必ずしも当事者の云ふ通りにはならない」し、「又必ずしも双方合意の上でと云ふことにもならない」のであって「当事者の意思は合致しないでも適当の第三者は判断を下すと云ふ」ものである 119)。一言で言えば、調停は両当事者の合意によって解決されるのに対し、審判は両当事者が合意しなくとも内容について第三者の判断に拘束されるというものである。

ただし、審判もまた「所謂判決と云ふものでは無論な」く、「仲裁判断と云ふことに当るやうなもの」とされる 120)。さらにまた、調停はもちろん審判についても「之を公開しないと云ふ主義を採」るものとされる 121)。つまり、審判は調停に比べて公権的色彩が強いように見えるが、基本的には、いずれも近世行われていた名主・家主等による伝統的調停制度（内済）に近い性質を持つものとして構想されていたと言える。

それゆえ調停員も、「兎に角官僚式の扱にしたくないと云ふ考」から「或は裁判官になる資格の人、或は文官高等試験に及第した人でなければならぬと云ふやうな制限は無論置かぬ積り」であるとされる 122)。また審判員について

も、「司法裁判官にあらずして」「調停に当る者とは別」の「常設」で「成べく官僚主義に依らぬこと」にするために「官吏の資格」にはこだわらないとする[123]。さらに、家事審判所は裁判所とは「成べく建物も別にして、裁判臭くないやうに」したいという[124]。

　以上要するに、家事審判所は「成べく所謂司法裁判の縁故を断つやうにしたいと云ふ」小委員会の希望に沿って構成されていた[125][126][127]。

（3）家事審判所構想における「道義の観念」と法律ないし権利との関係

　ではさらに、この家事審判所構想における「道義の観念」とはいかなるものか、及びそれと法律ないし権利との関係はどうなるのか、が問題とされる。

　この点については、まず関直彦が、「審判をするのに道義の観念に基く」という考えについて「蓄妾主義」や「蓄男主義」を「日本古来の主義」として水戸の中学校長が推奨している例を挙げ、これも「道義の観念」かと質問した[128]。要するに、婚姻外の女色、男色も道徳か、というのである。

　これに対し岡野は、「甚だ御答し悪い問題であります」と前置きしつつ、次のように述べた。

　　「温情とか道義と云ふことは、それは銘々の頭にあるのでありまして、……今日の所謂道義の思想なりと甲の認むる所と一から十迄乙の認むる所と云ふことは言難からうと思ふのであります、……標準は何であるかと云へば吾々共は日本古来の淳風美俗を維持すると云ふ意味に於て諮問せられて居りますから、其所謂淳風美俗を維持することと云ふ意味に於て御了解を願ふより仕方がない、……標準を法律に掲げて之を以て道義の観念なりとすることは、是は蓋し不能の事であらうと思ふのであります、……所謂淳風美俗を維持すると云ふことは法律に依つてのみ其目的を達すると云ふことは出来ないと思ふのであります、矢張それは教育方針の如何に依る訳でありませうから、思想問題とか道徳とか云ふことになりましたならば、それは我帝国の教育勅語の本旨にある所の所謂教育問題であつて、家事審判所の一つの問題でなからうと思ふ」[129]

　「道義の観念」あるいは「淳風美俗」の内容については、各人において必ずしも一致するわけではない。それゆえその内容を法律で一律に規定するには相応しくなく、結局は教育勅語の本旨に沿う教育の問題であり、家事審判所で扱うものではない、と言う。

　これに続けて岡野はさらに、「併ながら其是〔教育勅語の本旨〕が即ち子弟の教育に於て守らなければならぬ、さうした意味に於て家事審判所に於ては道義の観念に基き調停審判を為す」130)　と言う。この言い方は少し分かりづらいのだが、要するに何が道義あるいは淳風美俗なのかは教育勅語の本旨に沿う教育をもって子弟に教えるもので、そのような教えにより社会に一般化した「道義の観念」・「淳風美俗」を標準として家事審判所は調停・審判を行うのだというように理解できる。

　とするならば、この岡野の認識は、本臨時法制審議会を開催させるに至らせた先の臨時教育会議における「教育の方針と一致して政治なり法律なり社会なり総てのことに一致して行かぬければ到底此目的〔家族制度の維持〕を達することは出来」ないゆえに「我国俗に沿はざる法規の改正」が必須であるとした、あの切迫した認識からは明らかに距離が置かれている。端的に言うならば岡野の認識は、かつて臨時教育会議で北条時敬が述べた「政教一致」ではなく、基本的にはやはり、いずれかと言えば「政治（法）」と「道徳（教育）」の分離の方に位置するものと言える。

　だが、そうだとして次に、この家事審判所構想は、法律ないし権利といかなる関係に立つのであろうか。この点について、岡野は次のように言う。

　「調停なり審判なりと云ふものは権利の主張と云ふことではないのであります、権利の主張のみで理非を決するものであるならば、是は家事審判所と云ふものを特に設ける理由と云ふものはなからう、其の家庭内に於ける地位とかと云ふやうなことを斟酌すれば必ずしも法律の定むる所に依つてのみ理非を決することをせず、円満に解決する途もあるのであらう……妥

協が成るならば訴の如くに権利があるとか、義務があるとか云ふやうなことでもなしに解決が出来ることであらう」131)

　つまり、家庭内の事件はあくまでも、家事審判所の調停・審判において法律や権利義務にとらわれず「円満に解決」できるようにすることを考えた、とされる。しかしながら、民法や民法以外の人事手続法で訴えの道を認めているものについては、「家事審判所で消極的に解決をすると云ふことは出来ないから、家事審判所を離れて司法裁判所に行く道を採ると云ふこと」にならざるを得ず132)、かかる「法律に依つて権利の争になつて司法裁判所に行くと云ふ時には法律に依らなければならぬ」133) のである。岡野の考えはやはり、基本的には「二元的」制度観によるものなのである。しかし、このような「二元的」制度観は直ちに、次のような難問を引き起こすことになる。

（４）家事審判手続と民事訴訟手続との関係

　この点について、先に磯部が次のような疑問を提起する。第一は、家事審判手続で収集した証拠を後の訴訟手続で用いることができるのか、ということである。すなわち、家事審判手続では証拠は「職権的に」収集されるが、後の民事訴訟法手続において「公開せずに職権を以て御調べになつた」ものを「後に証拠とすることは六ヶ敷いものでなからうか」ということである134)。もっとも、磯部が別段答弁を求めなかったこともあって岡野の答弁は得られず、結局この問題は先送りとなる。

　第二は、一定の期間内に訴えを提起しなければ審判の内容が確定する点について、家事審判所が無ければ当事者は何時訴えを起こすのも任意なのに、「一旦審判所に持つていつたならば、其為に一定の期間内に審判が趣意に反すると云ふ場合には訴を起さなければならぬ」のは「随分難儀」ではないか135) ということである。

　この点について岡野は、そもそも訴えを起こすことができないのならば問題だが、そうではないし、しかも磯部の指摘するようなことは「今日の治罪法にもあれば非訟法にもある」ので問題はない136) と答弁する。

　もっとも磯部による以上の疑問は、どちらかと言えばもっぱら法技術的視点から「温情」と「道義」に基づく家事審判手続と近代法に基づく後行手続である民事訴訟手続との連結が問題とされたものである。だが、この両手続の関係については次のような、もっと根本的な疑問が仁井田らによって引き起こされることになる。まず、仁井田が次のような質問をする。

　　「温情を本とし道義の観念に基き、是は至極結構なことである、併し権利
　　義務を度外視して居るものではなからうと思ひますが、文字は全く温情を
　　本とし道義の観念だけに聞えるが・・・・・」[137]

　家事審判は権利義務を度外視したものではないと思うが、その点はどうか、との質問である。
　これに対しては富井委員長が次のように答えた。

　　「決して度外視すると云ふ趣意ではない、取消の訴を起すと云ふ場合にな
　　ればもう純粋の権利争ひになるのですけれども、それ迄は主として此調停
　　で宜からう」[138]

　富井委員長はここで「調停」のみについて述べているが、問題となっている議題は「調停及審判」であり、質疑の流れから見てもこの言には審判も含まれると見ることができる。だが、いずれにせよ家事審判手続では「温情を本とし道義の観念に基き」「調停及審判」するが、訴訟手続に移れば権利の争いとして扱われることになるというのである。
　しかしそうだとすると、後の訴訟で調停・審判とは逆の判断が出ることもありうることになるのか。この点については、松田源治が次のように糺す。

　　「今の温情を本として道義の観念に基くと云ふことは、民法なり他の法律
　　に斯うせよああせよと書いてある、それと反対のやうな審判をすることも

含んで居るか、さうなると……家事審判所の審判に服せない者が一定の期間に訴を提起した時分に家事審判は何時でも引繰返されるやうなことになりはしないか、少くとも此道義とか温情を主とするが法律には違反してはいかぬと云ふやうな消極的の制限でも付けるやうなことはどうですか」139)

温情・道義の観念で法律の規定に関わりなく審判手続を行うと、後の訴えで引っ繰り返されるようなことが起きるから、法律に違反しないような制限を審判手続に付与すべきではないかと言う。

だが、小委員会で尽くされた議論の結果はそうではない。この点について、岡野は次のように答える。

「家事審判所の制度を設けまして、而かも成条に照してのみ定むると云ふのであるならば、此の制度を設ける趣意は殆どないことになる、全然其法律の規定を無視するものでないと云ふことは勿論である、けれども唯其法律に定むる所に依つてのみ之を定むると云ふ趣意ではない、甲の主張する所に道理があつても、さう云ふ権利義務の主張は暫くやめて、斯の如き方法に依つて、例へば離婚の問題であるならば、同棲を継続する其代り一方に斯の如きことをしろと云ふやうなことで、平和の間に事件を解決すべきが然るべきであらうと云ふのであります」140)

成条を無視するのではないけれども、それにのみ従って審判するのでは家事審判所を設けた意味がなく、したがって道理に則った成条・権利義務の主張は一応棚上げにして「平和の間に事件を解決すべき」だという。しかしそれならば、松田の指摘したその先の問題である家事審判所で出した結論が後の訴訟で「引繰返されるやうなこと」になっても良いのか、という点はどうなのか。この点については、岡野が次のように続けて答える。

「小委員会に於ては其点〔もしせっかく行った調停にも審判にも服さず、
皆が不服の訴えを起こすなら家事審判所自体が用をなさないということ〕
に付て相当の審議を尽しました、皆が審判に服すると云ふことはないが審
判に服するものも随分あるであらう、或は調停の成るものもある、或は審
判に服するものもあるとすれば公然と司法裁判所の法廷に理非を争ふこと
なくして自ら局を結ぶであらう、斯う云ふ趣意に於て此の制度を立てると
云ふことに相談を致しました」141)

　つまり、調停・審判により相当の事件が解決を見、司法裁判にまでわたるも
のはほとんど無いから松田のような危惧は極めて例外であり、さほど大きな問
題ではないという認識である。もっとも、岡野のこの認識は、従前の人事訴訟
及び人事和解の大正 6（1917）年度から大正 8（1919）年度までの 3 年間の平
均 74,885 件中、人事非訟事件に属するものが 69,722 件と非訟事件が圧倒的で
あり、訴訟事件に属するものはわずか 5,163 件という統計的事実によって裏付
けられたものであった142)。
　だがしかし、たとえそのわずかの例外ではあっても、家事審判の結果と後の
訴訟との結論が食い違っても良いのか。この点について岡野は次のように続け
る。

「若しも家事審判所の審判に服せずして、訴を起して司法裁判所に公然相
争ひ、其末に判決を下すと云ふことになれば、其判決は家事審判所の審判
と異なつた結果を来すことは是は已むを得ない、其場合に於ては一は温情
道義に基き、一は法律の成条に依ると云ふことになりますから、どうして
も其間に矛盾した結果を生ずることは已むを得ざることと覚悟して居なけ
ればならぬ」143)

　手続が異なる以上、家事審判の結果と訴訟の結果とが違っても「已むを得ざ
ること」と言う。正論であると言う他ない。

けれども、これでは身も蓋も無い。その点を考慮してか、江木が「法律の……権利義務の本へ遡つて見ると徳義上の深い観念がある、其考を以て調和を計ることになると、多くの場合は矢張権利義務のことも徳義に基いて解決することが出来ると思ふ」[144]と助け舟を出す。

だが松田は納得せず、次の例を挙げて食い下がる。

> 「夫が姦淫罪に因りて刑に処せられたるとき、又賄賂、詐欺取財又は重禁固三年以上の刑に処せられたるとき、斯う云ふ場合に、刑に処せられ判決があつた後でも此法律の条項を無視して離婚を許さないと云ふやうな審判をしても、法律に於ては許す訳に行かない、……情宜の観念に基いて折角家事審判所を拵へる必要はない、其法律を無視する場合の関係はどうなるでありませう、詰り夫が姦淫罪で処刑されても離婚を許さない、法律と矛盾する、家事審判所が法律を無視する、法律と矛盾しても、そこ迄法律を全く無視する訳に行かぬ、……法律を無視して家事審判所は離婚をさせないと云ふことが出来るでありませうか、出来ないと云へばどうも家事審判所を設ける必要はなからうと思ひますから法律の規定と矛盾する場合もあつて差支ないと云ふのでありませうか」[145]

姦淫罪等で刑に処せられた場合のように法文上明確な離婚事由についてまで審判で離婚を許さないとすれば、法律と抵触することになるが、家事審判所が法律を無視しても本当にそれで良いのか、という趣旨の質問である。

これに対して岡野は次のように言う。

> 「当事者の一方が自己の主張を貫徹すると云へば結局訴に依つてやる、此場合には無論権利義務の問題として裁判するより外か仕方がない、……一方がどうしても主張を通さうと云ふことであるならば、審判所が見ても到底聞きさうもない、色々調停しても、甚だ主張が強いと云ふ場合に、而して調和が出来さうもないと云ふやうな場合に審判をすることもなからうと

思ひます」146)

　当事者があくまで権利義務を主張するならば、そもそも調停・審判するまでもなく訴訟によって解決するしかないから、家事審判手続の結果と訴訟手続の結果とが矛盾することは事実上起こらない、というのである。

　だがこの答弁では、松田の質問に正面から答えたことにはならない。そこで富井委員長が次のように補足して答弁する。

　「妻が離婚の訴を起したと云ふやうな場合に審判官が、今度はまあじつと我慢をして主張を引込めた方が宜くはないかと勧告してもどうしてもさう云ふことは出来ぬと云へば、訴を起すより仕方がないのでありますが、成程聞いて見ればそれも最〔尤〕もである、それでは引込めませうと云ふた場合に法律違反でも何でもない、……それで事が済めば全く一家の風波も起らずに済むそこはまあ家事裁判の作用であつて、それで終局すれば宜ささうなものではなからうかと思ふのであります、どうしても厭だと服従しないならば、此案に依つても訴を起せる」147)

　つまり、当事者（この場合は妻）が離婚を可とする法律上の原因を主張していても、審判官の勧告によりその主張を自ら引っ込めて一家の風波が治まるならば、それを法律違反とする必要はない、として松田の質問に反駁する。

　しかしながらこの反駁もまた、松田の質問に対する十分な答弁とは言えない。ただ少なくともこのような会議の経緯から分かることは、どれほど権利等近代法原理及びその実現手段である民事訴訟制度と、共同体原理及びその維持、補完手段である家事審判制度との制度的連結が、委員らにとって頭を悩ませる問題であったかということである148)。

　このことは仁井田の次のような質問をめぐるやりとりにも現われている。すなわち彼は、家事審判の審判に服さないときに一定期間内に訴えを提起しなければ審判の効力が確定するという事項について、それは「確定判決と同一の効

力を有すと云ふ意味か」との質問を行った[149]。これに対し富井委員長がそう解釈される旨答えると、仁井田は「どうも仕方がないと云ふ訳ですね」と言い、富井委員長から「何とか憲法違反と云ふやうな語気も一寸見えるけれども」と指摘される一幕があった[150]。審判結果がたとえ法律と矛盾しても、もはや訴訟によって覆されることなく、訴訟における判決と同一の効力（執行力など）を持ち、場合によっては強制執行すらできうることについては、法律家である仁井田にとって極めて疑問の残るところだったはずである。だがそれは、岡野の身も蓋もない先の答弁どおり、仁井田にとっても結局のところ「已むを得ざることと覚悟」しなければならないことであった[151]。このようにこの時点では、近代法原理と共同体原理とは決して相容れない水と油だと考えられていたのである。

　だが、ともかくも家事審判に係る主査委員会の審議内容は、その後小委員により「家事審判に関する綱領」として全11項目にまとめられ、大正10（1921）年7月15日付で富井主査委員長から穂積陳重臨時法制審議会総裁に報告された[152]。そして、主査委員会で示された方針は、次の審議会審議において、今少し基本的な観点に立ち戻って再び議論が蒸し返されることになる。と同時に、その議論は新たな方向へのきっかけを生むことともなる。

第2章注　201－215頁

# 第3章
# 「裁判所と合体」せる調停制度の出現


## 第1節　家事審判所設置に関する臨時法制審議会審議

### 1　家事審判所構想への批判

　大正 10（1921）年 7 月 22 日、家事審判に係る主査委員会報告に基づいて臨時法制審議会委員総会が開催された[1]。始めに富井が主査委員長報告の形で、ここに至るまでの経緯を説明した。その中で富井は、今回「独立に日本の国情に合ふやう」な家事審判の案（綱領案）[2] を提出するに至ったと言い、同案に関しては、「家督相続人の廃除の訴の如き……訴に依らねばならぬことになつて居る」ものは別として、「直接に民法の或る部分を改正すると云ふのでは」ないから、「是れ丈け切離して立法することが出来」るであろう、それゆえ、「今日幸に可決せられましたならば直に立案の調査に取掛かることが出来」、「成る可く早く調査に着手」して「法律案を立案することになるだらう」との見通しを述べた[3]。

　同案提出に至った富井の見通しの背後には、実体法（民法）自体を大きくは変更せずに、その代わりに実体法上の権利実現手続としての民事訴訟法とは別の、我が国固有の「淳風美俗」を損なわない独自の手続法を早期に実現しようという主査委員会以来の目論見をかいま見ることができる。もっとも富井の意図とは違って同案はこの日には可決せず、結局翌年の 5 月まで先延ばしとなる。その先延ばしに少なからぬ役割を演じたのが、花井卓蔵であった。

　その花井が真っ先に質問に立ったが、その際の彼の質問の趣旨は要するに、次のようなことであった。すなわち、本臨時法制審議会開催の前提となった臨時教育会議で提起され、審議会に諮問されたのは、「決して今日議題に供せら

れて居るが如き趣意のものを審議せんとしたものではな」く、そもそも「我国
古来の淳風美俗を維持し法律制度の之に副はざるものを改正する」点にあっ
た、よって、我が国「家族制度の妨げをなす所」の「現行の民法」をこそ改正
すべきであって、改正の順序としては「先づ根本法を定めて然かる後に其根本
法を運用すべき手続法を出すが当然」であるにもかかわらず、「何故に根本法
を先きにせずして手続法を先にしたるや」、というものであった[4]。花井のこ
の発言は、先に見てきたような臨時教育会議の審議経緯及び同建議から本臨時
法制審議会の諮問にまで至る経緯からすれば、確かに正論に違いない。だがこ
の正論は同時に、審議会の開催からここまでの主査委員らの努力を無にし、問
題を振出しに戻すものであった。

　これに対しては、次のように富井が答えた。

　「今日此家族制度を一番に破壊して其秩序を妨げると云ふものの一つは家
　庭に色々の事件が起つた場合に夫れを円満に調停して治まりを付けると云
　ふ道がない、どうしても裁判所へ行つて冷たい権利の争をするより外に道
　がない、斯う云ふことになつて居る、維新前には地方々々に依つて色々な
　方法があつた、隣保相助けると云ふやうなことからして、色々の方法があ
　つたが今日は時勢が変つて其結果としてどうしても此個人主義と云ふもの
　が各方面に発達して来ることは免かれないのであります、社会の制裁と云
　ふものも自然行はれないと云ふ風になつて居る、それで養子であるとか離
　婚であるとか相続であるとか云ふ問題に付ては厳めしい裁判所が其権力を
　以てやると云ふのでなしに、相当の地位、名望ある人が能く事情を聞い
　て、之はお前の言ふ所は道理はあるけれども併しこつちの方で斯う言ふの
　も一理あるから、之は互に斯う云ふことを譲歩して斯う云ふやうに治まり
　を付けたら宜くはないかと云ふ風にやつて、夫れで治まりが付けば誠に結
　構なことであります……から、矢張り淳風美俗、家族制度維持と云ふ一の
　方法に依つて諮問の趣意に適ふ訳であらう、斯う私などは考へるのであり
　ます」[5]

　つまり、家庭内に争いが起こると現在ではどうしても裁判所で権利争いをするしかない、明治維新の前は地方に様々な調停方法があって円満な解決が図られていたが、当節は個人主義によって隣保相助の風潮は自然衰退してきている。それゆえ裁判所とは別にこれに代わる制度を設けて淳風美俗、家族制度維持の役割を補うことは、諮問の趣意に合致するであろう、というのである。だがこのことを逆読みすれば、花井に対して民法からは権利を排除できないから手続面で別の方法を考えたと宣告したのに等しい。

　もちろん、だからと言って「之は決して根本法を後にして置いて手続だけを先きに極めると云ふ」ものではなく、家事審判手続に「どう云ふ事件を持つて行くやうにするか」は「手続法と云ふよりも其点は寧ろ実体法」すなわち「重もに親族相続に関」する事件である[6]と付け加えられはする。だが、この意味は家事審判手続の対象となる事件の範囲を明確にするということであり、「家族制度の妨げをなす所」の「現行の民法」自体を改正せよという趣旨の花井の主張からは遠く隔たっていると言わざるを得ない。それゆえ、このような家族制度に対する現行法令の欠陥を放置したままで家事審判制度を考える方法は、「淳風美俗の一たるを失はぬ」としても「抑も末であらう」と彼から指摘された[7]のは、ある意味で当然であった。

　しかも、と家事審判制度自体に関しても花井は次のように批判する。

「根本原則は即ち法は家庭に入らず、家庭の紛議は家庭で治めさせるが第一である、又次には……親族会議を招集して、是も満場一致的に諒解を得るまで幾回となく開いて、一人と雖も異議のないやうにして之を治める道を造る、……第二は親族会議でやる、第三は五人組でやる、之は……家事審判所と云ふのでありますか、兎に角家族親族を除外したる公の機関に於て解決せしめる、……さうして夫れが最後の救済手段であるかと言つたならば然からず、是は訴訟をなすの前提手続であると云ふに至つては驚かざるを得ない……どんな人が審判官になるか知れませぬけれども、円満に解

決が出来るものであるか、出来ぬものであるか、家族以上に親しく、親族
　　以上に慈しむべく其人が紛議者をして信頼せしめ悦服せしめ得ると云ふ予
　　定が付いて居るであらうか」8)

　根本原則は法（権利）は家庭に入らず、家庭の紛議は家庭内・親族内そして
近隣共同体内で自主的に解決が図られるべきであって、家庭の内輪喧嘩をそも
そも国家機関が関与すべきものではない、というのが花井の主張である。この
主張も確かに正論には違いない。だが、ではなぜ家事審判所構想が出てきたの
か。それは花井自身がいみじくも言うように、家族制度の真髄が「今日紊れて
居る」9)ことにあり、その原因が当時の日本を取り巻く社会状況の変化によっ
てまさにその家族・近隣共同体が弱体化しつつあったことによるものであるこ
とは、紛れもない事実であった。花井の主張はその家族・近隣共同体を再び活
性化させることを意図するものと言えるが、しかしながらそのことが「個人制
度」的「現行の民法」改正によって実現可能とは考えられない。その意味で花
井の主張は、審議会の目指すべき方向からは明らかにずれたものと言わざるを
得ない。
　もっとも、ここでの花井の関心は、彼が「日本の制度に適して居」ると考え
る親族会議にあり、それゆえこれが「家庭審判所に代はるべき最善の方法」と
見る 10) ところへと移って来てはいる。だが、この点もまた、山内幹事による
「親族会に付ては従来非難あり実際上格別の働を為さず」11) という発言のとお
り消極的に評価されたところである。この点は、次に見るとおりである。
　なおここでも、一定期間内に訴えの提起がない場合に審判が「確定の効力を
有する」という意味について花井から質問が出た。これに対しては岡野が次の
ように答えている。

　　「此『確定の効力』と云ふ文字に就きまして……確定判決と同一の効力を
　　有すと書いた方が権衡を得るかも分らぬのであります、……審判と云ふこ
　　とで、最早訴を起すことは出来ないと云へば法律関係は審判に依つて確定

するのである、随つて此審判に含まれて居る所の事項にして執行の出来る
ものは矢張執行することが出来ると云ふ意味を含んで居るものと御解釈を
願ひたいのであります、……又争つて居る者の間に於てのみ事件が解決せ
られるのではないと云ふことは、人事訴訟手続法に定めてあります通り、
訴訟の当事者以外の者に対しても効力を有つことになる、……それが審判
に於ても矢張同様で、さう云ふ効力を矢張生ぜしむる必要があるのであり
ます」12)

　この答弁は、主査委員会における仁井田の質問に対する富井委員長の答弁よ
りも詳しい。しかし、訴えとは異なって本来「権利義務の問題」ではないはず
の審判手続においても、解決の最終局面においては結局実体法上の「法律関
係」が「審判に依つて確定する」ということになるのである。だがこのこと
は、西欧近代法上の権利と、時にそれと相矛盾する「淳風美俗」という、水と
油のごとき両者が、実は、最終的に西欧近代法体系において統合することを意
味するのに他ならない。もっとも、審議会においてこの時点では、この点はま
だ表に出てきてはおらず、その兆しがうかがえるところまでである。
　さて花井は、以上のような会議の内容に納得せず「失望した」13)。というの
は上記でも述べたとおり、花井にとっては、あくまでも「日本の制度に適して
居」るのは家事審判所よりも親族会であったからである。そこで花井は、現行
の親族会に今一歩を進めて改善すれば「恐くは家庭〔家事〕審判所に優るべき
ものが出来」る14) のではないかとの主張に重点を移すことになる。では、そ
の親族会の実態は、どんなものであったのか、その点を次に見ることとする。

## 2　親族会の実態
　花井によれば、親族会が優れていると考えられる理由は次のようである。

　「法律は家庭に入らずと云ふことは是は羅馬法の原則のみでない、一般法
　律の原則、成るべく法律裁判と云ふものの勢力は家庭内に入れしめずして

111

行政の力に依つて主持したいと云ふのが、寧ろ日本の古来の淳風美俗であ
　　るまいかと思ふ」15)


　このように彼はあくまでも親族会にこだわり、法律・訴訟が家庭の争いに関
与すれば、「淳風美俗」、すなわち円満な家族関係を害すると考える。もっとも
この言は、行政が家庭内に介入することは自由であるかの主張にも聞こえる。
しかしここで花井が「行政」として主に想定しているのは、先の発言にあった
ような「五人組」という地域共同体内の自治組織であり、その本意は、家庭内
の争いの解決を法律によらしむべきでないというところにあると見るのが至当
である16)。よってここでの問題は、自治的な親族会の実態が公的な家事審判
所を不要とするものであったかどうかにある17)。
　花井の推奨するその親族会の実態については、江木衷が次のように語るとこ
ろである。


　　「今日程親族会の弊害のあるものがない、……何時でも喧嘩になるのは父
　　方母方である、喧嘩をやるならば早くやつた方が宜い、悪るい奴が一番に
　　親族会を開いて自分の味方ばかり集める、母方父方の喧嘩が今日の親族会
　　の最も弊害である」18)


　親族会は早い者勝ちだという。その結果「親族会の決議は始から数で分る、
彼方が何人、此方が何人、始から分り切つて居る」ので決議をめぐって「訴訟
が随分起つて居」る19)のだという。
　だが問題はそれだけには止まらない。すなわち、そもそも親族会員は本来、
裁判所が決定した親族会開催期日・場所に集合しなければならないはずだが、
穂積重遠によると現実は次のようであった。


　　「今日の実際を見ると、必しも寄合つて相談をしないらしい。代書人に書
　　いて貰つた決議書を親族会員に廻して調印を集め、それで決議があつたこ

とにしてしまうことが行はれる。勿論それは不服の訴の種になる」[20]

　つまり、書類による持回り決議である。このように、親族会制度は「全く形式的になつて来つつ」あった[21] のである。

　その原因については、こう考えられていた。すなわち、「社会の事情の変遷に伴て一方親族も各地に散在する様になり、遠くの近親より近くの縁故者が実際一家の為めに為る場合も多くなれば、他方親族が一団となつて構成分子たる各家の事件を処理してゆくと云ふ思想も薄くなる」し、さらに、「思想の異なる親族に余りに干渉を試みられては却つて個人の迷惑ともなる」[22] と思われるようになったことである。要するに、「新しい社会の状態と思想とは」「最早仰山な大親族協議を容れなくなつた」[23] のである。その結果、「親族会に相談させるは宜い」にしても「親族会に任かせきりでは駄目」で、むしろこれからは「法律が家庭に入」って「もつと裁判所が世話を焼」くこと[24] が求められることになる。

　もっとも穂積によれば、法律が家庭に入るのが認められるにしても「従来の法律の考へ方が悪」く、また、「従来の法律運用機関たる裁判所が家庭問題の解決に適」しないので、「法律を道義人情風俗常識の一部分としてそれ等と併せて適用し家庭事件の法律づくめでない解決を得やうと」するところの「家事審判所──家庭裁判所」を設け、親族会との連絡を図る[25] ことが必要と言う。

　以上のような親族会の実態が、審議会における論議の背景にあったと言える。それゆえ、この審議会総会においても「どうも今日の親族会を如何に改善しても此家事審判に代らしむる働きを与へることは困難だらう」[26] ということになった。そして、「所謂温情を本とし道義の観念に基いて、必しも民法に法規する所の厳格なる規定に服従せずして円満なる解決をさせ」るためには「如何に権限を拡張致しましても是等の問題を悉く親族会の責任に依つて決定する訳には往くまい」[27] とされることとなったのである。

　このようにして結局、花井の提出した「法は家庭に入らず」という思想に基づく親族会改善論議は、「所謂調停温情に依つて解決する主義」からすれば

「今日の親族会を拡めても其処まで出来まい」という岡野の結論[28]に落ち着くことになった。

## 3　権利と「淳風美俗」──民事訴訟と家事審判──の「二元的」[29] 構造

　では権利実現のための民事訴訟制度と「我国固有の淳風美俗」を維持するための家事審判制度との関係はどうなのか、この点が再び審議会でも問題となった。この点については岡野が、議題である綱領（答申）案の趣旨として再度次のように述べている。

> 「法律の冷たい正条に照して単に権利義務の問題として家庭に関する事件を訴の方法に依て裁判所の裁判に任せると云ふよりは温情を本とし道義の観念に基いて法律の権利義務と云ふものを離れて円満に其事件の解決をなさしめると云ふことが所謂此我家族制度の古来の主義に適ふものであらう、此点に於て即ち我国古来の淳風美俗を維持し家族制度の確立を図る上に適当なる一の答申案ではないかと考へて居ります」[30]

　家庭に関する事件は、権利義務を規定しその実現を図る民法・民事訴訟法を「離れて」「温情を本とし道義の観念に基い」た解決を図ることが、「我家族制度の古来の主義に適ふ」と言う。もちろん、このことは「何でも彼んでも一切昔に戻つてしまはなければならぬ」ということではない[31]。この点については審議会とは別の立場からではあるが、牧野英一が「淳風美俗、美風良俗」なる「古来の慣習、固有の風俗を、それながら、直ちに今に復活させようとして居るのではな」く、「其の慣習の中から淳美なものを抽出し、其の風俗の間に美良なものを探り求め」、それを「高潮せよう」とするところにあり、決して「古きが故にそを貴しと為すのではない」[32]と弁護するとおりである。そして同時にこのことは、審議会第1回総会での原総理の訓示に沿ったものでもある。

　しかし、ではそれならばと原嘉道が次のような質問をする。

「家庭に関する事件に付いては民法其他の法律に規定が沢山ある、例へば
家督相続申請に関すること、之を家事審判所と云ふ名で審判しやうが何と
しやうが法律の規定は動かすことは出来ない、親の意思に関する法律規定
を家事審判所が勝手に動かして家督相続の順位でないものに相続させるこ
とは無論出来る筈はなからうと思ひますが、一体さう云ふやうなときはど
う云ふことを標準としてやるのであるか、法律の規定に拘はらず審判をす
ることになるか、其辺はどうであります。」33)

　法律の規定を離れて審判するというならば、例えば法律が規定している家督
相続の順位まで勝手に動かして審判するのか、その標準はどこにあるのか、と
いう。この問題もまた、先の主査委員会で松田から出された問題の蒸し返しで
ある。そしてこの問題は、近代法原理と共同体原理とをどう接合するのか、と
いう頭を悩ます問題をここに再提起するものであった。
　これに対する岡野の答弁は、相変わらず次のようなものであった。

「例へば離婚を請求する、而して其離婚の請求の理由は民法に定めてある
のであります、民法に書いてある理由を以て何処迄も離婚を貫かなければ
ならぬ、と云ふとすれば結局訴になるのであります、併ながら……能く事
件の真相を極めて見れば必ずしも離婚の訴とせぬでも宜いではないか、果
して離婚を請求する事実が存在するや否やは暫く別として、此の如き方法
で従来の如く円満の家庭を造つて行つたら宜いではないかと云ふ道がある
ならば夫れに基いて所謂家事審判所に審判をさせたいものである、斯う思
ふのでありますから事柄に依りまして必らずしも法律の正条に拘束するも
のではない、併ながら如何なる正条があつても家事審判所は凡て之を眼中
に置かずして自分の見る所で勝手な裁判を為し得ると云ふのでもない」34)

　例えば民法上の離婚原因があって訴えによれば離婚が成立する事案であって
も、民法の条文に拘泥せずに家庭の円満のために家事審判所が離婚以外の解決

方法で審判してもよい、という。ただし、どのような場合でも家事審判所は民法を無視してよいということでもない、それは「問題に依」る[35]という。

しかしそれならば、と原は次のように再度質問する。

「調停不履行の場合に於て尚ほ審判所と云ふものは法律の規定に依らず審判をする、さうして裁判所へ出れば法律の規定に依らない審判であるから引くり返されることは明瞭に分つて居る、それ位争ふ人ならば無論法律家の意見を徴して居るから、さう云ふ場合は尚ほ其家事審判所で審判を必らず受けしめなければならないと云ふことにしても何にもならぬことになる、……法律の規定に違つた審判だから必らず引くり返されると云ふことが分つて居るのに其審判所の審判に服従するとは思はれない、さう云ふ点はどうでありませうか」[36]

民法の規定によらない調停が不調となった場合、無理やり審判をしても当事者がそれに従うとは思えない、訴えによって必ず引っ繰り返され、結果それまでの手続が無駄になるが、その点はどうなのか、ということである。だがこの点は既に、先の主査委員会で岡野によって「已むを得ざることと覚悟して居なければならぬ」と表明されていたことであった。

だからこそ岡野にとってみれば、「裁判所でも……調停審判を為すの道を開いたならば、……或程度迄其目的を達し得ることになりはしないか」[37]、とはならない。すなわち、次のようである。

「法律の正条に拘はらず円満な解決を為さんとしたものを今度は本人がそれを聴かぬからと言つて丸で正反対になつて今度は法律の正条に基いて裁判をすると云ふことは甚だどうも面白くない、所謂開き直つて裁判をすると云ふ制度は実際に実行はいかぬだらうと云ふので此家事審判所は司法裁判所として働かぬやうにしたと云ふことになつた訳であります」[38]

同じ司法裁判所でまず法律の正条によらない手続を行い、当事者がそれに服さなければ、今度は開き直って正反対に法律の正条によって裁判するのは妥当でないという。それゆえ岡野にしてみれば、「司法裁判所の一室を家事審判所に当てる」とか家事審判所の建物を「裁判所の構内へ立てる」ということも避けられる [39) ことになる。すなわち、家事審判所は「純然たる行政機関」であって司法裁判所ではない [40) ということである。

審議会における以上の点を再度整理すれば、要するに次のようである。民法の権利規定及びその実現手続である民事訴訟制度という西洋近代法体系を既存の前提としつつ、その訴訟手続に先立ち、権利にこだわらず「淳風美俗」に基づく特別の手続を置くが、その手続で解決しない場合に最終的には訴訟による権利実現を是認する。その点で、権利・民事訴訟と「淳風美俗」・家事審判との言わば「二元的」構造を持った手続を採るものと言える。つまり、既に明らかになっているように、ここでは、あくまでも近代法原理と共同体原理とが「矛盾」するということが既定の前提とされている。しかし、かかる観点は明らかに、もはや、「我国俗に副はざる法規の改正」そのものを願った臨時教育会議委員らの意図からは「はずれている」のは確かである。

## 4 「特別の制度」設置に関する答申の成立

以上のような議論を経た後、翌大正 11（1922）年 5 月 12 日開催の第 4 回審議会において「親族会主義」を是とすべきであるとの花井の意見提示 [41) を最後に、家事審判所に関する議論は一応終息を見ることとなった。

その際、議題である綱領案の中身について一木喜徳郎らから修正提案が出された。特に花井は、綱領案中 11 項目にわたる内容は今後の立法審議に委ねることとして、第 1 項を「温情を本とし道義の観念に応じ家庭に関する事件に付特別の制度を設くること」と修正し、それ以外の項目を削ることを提案した [42)。彼の提案の意図は、本来「諮問第一号の趣旨から云へば民法改正に関する綱領、斯うなるべき筋合のもので」、そうであるならば民法改正の「立法上に障害を来」たさぬよう「矢張民法の改正に関する綱領の一として」内容が

定められるべきだというところにあった[43]。そしてこの考えには原も賛意を表した[44]。

その結果、当初の議題に係る綱領案は大幅に修正され、結局、家事審判所という文言が避けられるという意味で半歩後退しつつ「道義に本き温情を以て家庭に関する事項を解決する為特別の制度を設くること」という項目に整備され、この文言のみを決議事項として全員一致をもって可決成立した。本可決事項は同年6月7日、臨時法制審議会総裁から内閣に答申された[45]。こうしてこの問題については、今度は司法省に舞台が移されることになった。

だが、この文案の大幅修正は同時に、民法と「切離して」家事審判所を先行して実現させるという主査委員会の意図を打ち砕くものでもあった。なぜならこの文案修正は、結果として否応なしに権利の体系たる民法と「温情」・「道義」に基づく家事審判所との間に横たわる「矛盾」の統合を委員たちに強いるものとなったからである。しかしながら幸運にも、主査委員会の目指すところの、法律・権利でなく「温情道義」に基づく家事審判（調停）制度の追求は、司法省にバトンタッチされることで主査委員会委員らの予想を超えた方向へと進むことになる。それはすなわち、臨時法制審議会審議の間に司法省で策定され帝国議会に法案として提出された借地借家調停法であるが、同法の成立がその後の家事審判制度の審議に重大な転機をもたらすこととなったのである。それゆえ家事審判制度の立案経緯を追う前に、この借地借家調停法について次節で述べることとする。

## 第2節　借地借家調停法の制定──「二元」から統合へ

### 1　借地法・借家法の制定

明治37（1904）年に勃発した日露戦争は、我が国に好景気をもたらした。だが、そのことはまた地価の高騰をも招き、借地関係における地代の値上げを誘発した。そのため、契約継続中の地代の値上げが必ずしもままならなかった地主側は、未登記の土地賃借権が該土地の所有権を譲り受けて登記した第三者

に対抗できないのを奇貨として、多くは仮装売買の下に土地を譲渡し、その結果借地人に対し建物を収去して土地を明け渡すよう強要しつつ地代の値上げに応じさせるという手段を横行させた。このような事態は、あたかも土地売買によって地上建物が揺すられるような現象に見立てられ、それゆえ地震売買と称された。

　これに対し政府は明治 42（1909）年、借地権者単独で登記可能な建物の登記をもって土地賃借権に対抗力を付与するとする建物保護法を制定し、借地人の保護を図った。だが、地主側は今度は 3 年、5 年といった短期賃借権を設定し、期間満了後の契約更新に当たって地代の値上げを借地人に要求するという手段を講じた。これに応じなければ借地人は建物収去・土地明渡を余儀なくされることとなり、その結果借地人の立場は著しく不安定なものとなっていた。

　また、大正 3（1914）年に始まる第一次世界大戦によってもたらされた好景気は都市の人口集中・住宅難を招き、その結果家賃が暴騰し、借家人の立場もまた著しく不安定なものとなっていた。以上のような状況に対応するために、政府は大正 10（1921）年、第 44 回帝国議会に借地法案・借家法案を提出するに至った 46)。

　借地・借家をめぐる上記のような状況を認識した上で大木遠吉司法大臣は、両法案を提出するに至った理由について次のように説明する。

　　「斯の如き状況に放任すれば社会上、経済上頗る憂慮すべき現象と思ひまして、今回借地法・借家法を制定いたしまして、貸主及び借主双方の法律関係を明確に致しまして、而して其の両者間の円満、又両者間の利益を調和することを以て、今日最も適切なる、時弊を救ふの急務であると認めまして、本案を提出いたしました次第であります」 47)

　「貸主及び借主」の「両者間の円満、又両者間の利益を調和すること」で、「時弊」に対処したいという。

　大木によれば上記の意味するところは、「権利を極端に濫用する所の者と、

義務を遂行する所の念慮の乏しき所の者」双方のために「土地家屋に付ての紛争が頻次続出する」ことに鑑みて本案を確定する必要が認められるのであって決して「地借〔借地〕人、借家人のみを保護すると云ふの趣意ではない」という 48)。つまりこの法案は、土地家屋賃貸借に係る紛争について「権利の関係が個人主義に走って、権利本位になって、法律に定めてある権利を濫用して人に迷惑の掛かるのも顧みない」49) 風潮に鑑み、極端な権利の濫用（及び義務の不履行）を是正して権利者・義務者「両者間の円満」を維持するためのものなのである。

　以上の点は、貴族院での江木翼委員の家賃制限立法に関する質問に対する司法省民事局長山内確三郎の、次の答弁からも明らかとなる。

　　「此案に付ての趣旨と致して契約自由の原則はなるべく之を制限しないと
　　云ふ方針で借地法も、借家法も之を定めたのであります」50)

　権利行使の大前提である契約自由の原則はできる限り制限しないと言う。つまり、国家が貸主個人に対し直接に強力な干渉を講じるようなことは、できる限り避けたいというのである。このこといま少し敷衍すると、次のようである。

　　「当事者が自由に幾らで貸す、借りると云ふ相談をして居るのを、是を俄
　　に裁判機関を以て主張し、下げると云ふことは果して司法上の関係を律す
　　るに付て、適当なることであるや否やと云ふことも考慮を費して見まする
　　に随分困難なことである、併しながら此暴利……を貪ると云ふことになる
　　と是は予て私が申上げた権利の濫用から生ずるのであります、……此権利
　　を濫用して人の窮状に乗じて暴利を貪ると云ふことは借家関係のみなら
　　ず、借地関係のみならず、其他の関係に於て屢々あることで法律……を楯
　　に取り、さうして権利を濫用して不当の利を貪ると云ふやうなことは、是
　　は禁じなければならぬことと私は考へて居る」51)

　地代や家賃の額については契約自由の原則から当事者が話し合って自由に決めるものであって、司法権力の公権的介入は適当ではないとする。これを端的に言えば、権利義務という近代法原理を既往の前提とし、その上に権利濫用を禁ずる一般原理を載せ、その一般原理の下で権利者・義務者双方の「円満」＝共同体原理を維持しようとする。とするならば、ここには近代法原理と共同体原理との「二元」構造からの脱却の兆しが明らかに見て取れることになる。

　しかしながら、ではその権利者・義務者双方の「円満」（共同体原理）を実現するための「裁判機関」以外の具体的手段はあるのか。すなわち、現実に人の弱みにつけ込んで暴利をむさぼる行為について、具体的にどう対処すべきなのか。この点については山内も、一応これは禁じられなくてはならないと言う。だが、その具体的手段となると山内は、ここでは単に「別に或る方法を講じなければならぬ」ものであるが、この点は「〔臨時〕法制審議会に於て攻究中」というに止まる [52]。

　それではこの、臨時法制審議会で「攻究中」である「別に或る方法」とは何か。当の臨時法制審議会では「家事審判所」構想が盛んに論じられていたが、本帝国議会貴族院特別委員会でも山内は、江木の質問に対し次のように答弁している。その江木の質問とは、司法省において「腹案」としてあると推察される調停機関の「法律案の内容」を示されたいというものであった [53] が、これに対し山内は、「実は借地法案なり、或は借家法案なりの中に調停のことを初め書き掛けて見た」ものの「事が余程難かしい問題」であるので「急に此借地法案、借家法案の中に入れると云ふ事は見合し」た [54] と答弁した。

　とするならば、この調停制度がまさに、「地代家賃を値上するに就て……何か調停委員と云ふ者で簡易に取計ったならば、当事者の便利は言ふも更なり、国家としても大変な利益である事であるから特に司法当局に於ては考へて居」た [55] とされる「別に或る方法」だったと言える。

　かくして以上の審議を経た後、借地法・借家法は、貴族院で若干の修正が加えられたものの 3 月 26 日回付された衆議院で修正同意の上成立し、4 月 8 日公布・5 月 15 日施行された [56]。そしてその議決の際、「借地借家に関する紛争

を簡易に解決する為裁判所の外に別個の機関を設くること、右の為別に法律案を来議会に提案すること」との希望条件・付帯決議が付された[57] のであった。

## 2 借地借家調停法の制定

### (1)「裁判所と合体」した「調停機関」

政府は、帝国議会における議決の際に付された上記の希望条件・付帯決議を履行するため、同年7月司法省において調停主任官たる区裁判所判事1名及び地方裁判所が選任する2名の補助調停員からなる土地家屋争議調停所を定めた「土地家屋争議調停に関する調査要目」を起草した[58]。だが、その内容は、後に借地借家調停法そのものが「独逸賃借人保護法、住宅難緩和法、借地借家調停法、小作調停法……などを参酌し」た[59] と言われるとおり、これもまた「ドイツの調停所の制度にならつたものであることは、一見して明らかである」[60] と評価されるものであった。

その後、この調査要目は所要の検討が加えられて「借地借家に関する調停制度の要目」として完成され、それに基づき借地借家調停法案が立案されて大正11（1922）年2月、政府から第45回帝国議会に提出された。

しかしながらこの法案には、「裁判所の外に別個の機関を設くること」という付帯決議に基づく当初の調査要目とは大きく異なる箇所が一点あった。それは、「ドイツ法のように裁判所とは別個な調停所を設けることをやめて、裁判所において行うものに改め」[61] られており、「裁判所と合体して居る所の調停機関となって居」た[62] ことであった。それではなぜ、この点についてかかる変更がなされたのであろうか。というのは、そもそも先の臨時法制審議会における調停・審判を行う機関たる家事審判所をめぐる議論においても、「成べく所謂司法裁判の縁故を絶つやうに」するために審判所を「独立の機関」とし、「成べく建物も別にして、裁判臭くないやうに」するために建物を「裁判所の構内へ立てる」ことすら忌避されていたはずだからである。

法案提出に当たり、司法次官山内確三郎政府委員は、この制度の内容について次のように言う。

「内容は即ち裁判手続外に、一の委員制度に依って借地借家の調停の手続
を為すと云ふのが趣意であります、而して其手続を指揮し、之を執行する
主たる機関は裁判所である、裁判所の判事を主任判事と致しまして、必要
ある場合に知識経験ある所の即ち法律家以外の人を之に参加させまして、
円満なる調停を図る」[63]

　調停手続を「執行する主たる機関は裁判所」であり、「矢張り裁判所を土台
として往くことが適当」[64] だと言う。
　そして「先づ裁判所で一応和解を試みて調停が成ればそれでも宜い」が「調
停がさう簡単に行かざる場合」は「素人法律家でない所の素人の特別其方に知
識経験ある者を加へ」て「調停手続を進める」[65]。この「素人の特別其方に知
識経験ある者を加へ」た機関が、調停主任たる判事 1 人と調停委員 2 人以上か
ら成る調停委員会である。ただし、このように「制度上は判事単独でも調停が
出来ることになつて居る」が、実際上の運用は「専ら調停委員会として行」わ
れる [66]。
　ではこの、「素人法律家でない所の素人の特別其方に知識経験ある者を加
へ」る調停委員会は、どのような人を調停委員として予定しているのか。一言
で言うと、「極く信用する素人の人」[67] であるが、今少し詳しく言えば「必し
も借地人関係であると云ふ訳でもなく、地主関係があると云ふ訳でもなく、実
業界に於ける有力な人、或は其地主家主の間に、或は借地借家人の間に、相当
の諒解のある、人望のある人」[68] のことであり、具体的には「商業会議所な
り、地方の町村長、郡長等」がその「候補者」[69] である。
　このように調停委員を「必しも借地人関係であると云ふ訳でもなく、地主関
係があると云ふ訳でもなく」定める意味は、一つには「欧羅巴のやうに利益の
反する者を相方に立てて、さうして労働裁判所に於て、多くの場合に二人が労
働者の為に利益を主張して、同数の二人が事業家の云ふことを主張して、両両
相下らざることで、結局裁判所が法律を以てやると云ふこと」[70] を避けるた

めである。

　しかしながら、さらに、調停委員には常に「素人」のみが考えられているのではない。本人出頭を原則とする本法案に対して弁護士・代理を認めるべき旨を述べた作間耕逸委員の質問の際、山内が答弁したところによれば、次のようである。

　　「私は又弁護士諸君に付て期待することは寧ろ他に在って、此委員に私はなって戴きたいと云ふ考があるのであります、代人として本人に就て色々の事を質させると云ふ方よりは、先づ委員として本人を引張り出して来て、さうして裁判官と弁護士、又は其他の素人の人も入ります、さう云ふ風に集って、……其調停条項を定める、即ち説諭を為すと云ふ方になった方が、私は寧ろ宜いと考へて居ります」71)

　つまり、「法律に明るい人も入れる、土地の事情に精しい人も入れる」72) ことによって実情に即しつつ、「法律問題に関連する」場合に「単純に素人だけでは却て仲裁の進捗を妨げるやうなことが無いとも限」らなくなる 73) 恐れが防げる。すなわち、無論「調停は法律づくめでないことを欲するのだが、併し法律を離れるが為には先づ以て法律を熟知して居なければなら」ないし、また、「当事者には中々法律を振り廻す人があるから、それを振廻させない様にするにはこちらにそれを抑へるだけの法律知識がなくてはなら」ず、したがって、「実際に通じて情実に捉はれない委員が一人、法律に通じて法律に捉はれない委員が一人、と云ふのが調停委員会の理想的な組合せ」なのである 74)。

　このような裁判所主導の調停委員会による調停制度が意図するものは言うまでもなく、従来の訴訟手続による借地借家紛争の解決が「勝っても負けても遂に不和の状態になって平和の間に借地借家の関係を継続すると云ふことは困難になる」75) 実情であったのを是正するところにある。そのために「調停法と云ふものを設け」て「唯だ法律一点張で、当事者の権利関係を判断するので」なく「御互に借地人となり地主となり、若くは借家人となり家主となると云ふ

124

関係も、唯だ通り一遍路傍の人と違ふので」あり「そこに自ら情誼もあり、自らそこに道徳があるのであ」るから「それに依って決定しやうと云ふ意味で調停する」[76] のである。以上のような政府当局者の意図から見えてくるものは、権利濫用の指導原理となる、調停制度を介した借地借家法律関係への「情誼」・「道徳」（共同体原理）の導入である。

しかも、この調停制度は当事者たちを「調停委員なり判事なりが圧迫する」のではなく「最も柔かに当事者の意思を尊重して、さうして其結果は誰れの権利も害することはな」く「圧迫をせずして合意が出来る、此為に何人も権利はおろか、利益が害せらるることは無」い[77]。すなわちこの調停の「結果」は、「学理上厳格に言ったならば、契約なりや否や問題であるが、大体契約と同一視して差支ない所の法律上の行為である」[78] 以上、「契約自由の原則はなるべく之を制限しないと云ふ方針」に少しも反することはなく、それゆえ何ら「何人も権利はおろか、利益が害せらるることは無」い。

そして、その上さらに、この裁判所主導の調停手続には副次的な効果も期待されていた。山内によれば次のようである。

> 「裁判所と云ふものは従来訴訟ばかりの裁判を行って居る、訴訟以外に何も干与せぬが為に必ず民法其他の法律に依て構成しなければならぬと云ふ結果、社会の一切の事情に合はぬと云ふことの非難がある、必ずしも私は之は判事が悪いと云ふのでなくして、法律以外の手段と云ふものが裁判所に制定されてないが為に実際の事情に合ふことになって居らぬ制度の弊である、故に裁判官に斯う云ふ調停と云ふやうなことに当らしむることは、裁判官の気風を極く法律以外の実情に眼を著けて事を処理するの風を養ふと云ふことに於てやったらどうであらうかと云ふ考で、此裁判所と云ふものが指揮して行くことにした」[79]

裁判所主導の調停制度の採用により、裁判官に対し「余り此権利義務一定の申立と云ふことでなく、穏かなる処置を執ることの素養も之に依って作」り

「其結果必ず民事等の訴訟其ものにも、裁判官の気風と云ふものが余程響を来すことも希望」[80] されるのである。そしてさらに、このような「調停に依って穏和な手段で双方の協調を計ると云ふ」気風を裁判官に対し養成することは「司法事務の上にも必要」[81] とされる。つまり要するに、権利義務のみでなくそれ以外の実情にも目を配る気風を裁判官が身に付けることにより、法（権利）実現を直接の目的とする通常の「民事等の訴訟其もの」は元より「司法事務」にまでも好結果が期待できると言う。

　以上のところから見えてくるものを一言で言うならば、借地借家調停法の制定が意味するものとは、先の臨時法制審議会において岡野らが目指した権利と「淳風美俗」の「二元的」構造からの脱却、すなわち、権利濫用理論による近代法原理の修正とその修正を可能にする手続モデルとの提示によって示された、近代法原理と共同体原理との統合への兆しである。そしてこの兆しは単に調停制度のみに止まらず、さらに、訴訟制度一般にも影響を及ぼしうるものとなっている。したがって、この法案で提案された借地借家調停制度が、当初想定されていた「独立の機関」ではなく「裁判所と合体して居る所の調停機関」となっていたことも、上記の観点からすれば容易に首肯しうることとなる。それゆえ、さらにこのことは同時にまた、以下に見るように、民事訴訟手続と調停手続との厳密な「二元的」構造からの脱却、すなわち両手続の統合——近代法原理と共同体原理との統合——をも意味するものとなった。

（２）手続的統合への作業

　まず、調停の効力について見ると次のようである。裁判官の調停については裁判上の和解と同一の効力が認められる（第12条）が、調停委員会の決議により調停が成立したときに裁判上の和解と同一の効力が付与されるためには、さらに裁判所の調停認可の決定が必要とされる（第26、28条）。それはなぜかと言うと、調停委員会における調停は「全く契約であ」り「当事者の意思を強制して之に従はしめる所の裁判とは」その「効力を異にして居る」[82] ことにより、「最終に此認可決定を与へ」て「此契約に訴訟を更に起すことなくして執行力を与へたい」[83] からである。ここでは、権利ではなく「情誼」・「徳義」

に基礎を置く調停を近代法上の契約という法律関係に変換し、民事訴訟手続に接続する法的作業がさり気なく行われている。

もっとも、このような法的作業は、家事審判（調停）が扱うところの「関係を規律するものが各自の意思を離れた客観的な規範」＝「強行法規」[84] の下にある家庭事件とは異なって、基本的には契約自由の原則の下で各自の自由意思により排除できる任意法規が妥当する借地借家関係のような財産法上の関係においては、さほど問題を生じさせることはないと言える [85]。

次に、調停委員会における証拠調べについて見ると次のようである。調停委員会においても必要と認めるときは証拠調べができ、証拠調べについては民事訴訟法を準用するとされている（第23条）が、調停結果を不服として訴訟に移行したときにその証拠調べの結果を訴訟に用いうるかどうかが問題とされる。この問題は先に家事審判所に関する主査委員会でも磯部によって疑問が提起されたところであった [86] が、この点について山内は、次のように明快に言う。

「調停の関係から民事訴訟法の規定を準用して証拠調をした、或は其他本人に付て色々な訊問をして調べたと云ふものは、私は単り調停事件のみならず、刑事は別でありますが、民事に付きましては諸般の書類は総て訴訟の証拠となる、……後に訴訟が起ったならば、其総ての結果と云ふものは、訴訟に於て適当なる範囲に於て之を利用すると云ふことは、凡そ訴訟法の今日の趣意から以て来て、当然の事であらう」[87]

民事において「諸般の書類は総て訴訟の証拠となる」のが「訴訟法の今日の趣意から以て来て、当然の事」という答弁は、裁判所に提出された一切の資料・状況における証明力の評価が裁判官の自由な判断に委ねられるとする自由心証主義の説明に言い換えられる。とするならば、ここでも西欧近代法的な表現を借りながら、権利ではなく「情誼」・「徳義」に基礎を置く調停の証拠調べについて近代民事訴訟法のフィルターを通すことで、調停手続を権利実現手続

である民事訴訟手続と同じ近代法の中に取り込み、それによって両手続を法制度的に接続・統合しようとする作業がさりげなく行われていることになる[88]。

　なお、法案そのものは衆議院及び貴族院で若干の修正をめぐって議論があったものの、最終的には 3 月 22 日成立に至っている[89]。

（3）借地借家調停制度の実施状況とその評価

　このようにして成立した我が国「はじめて」[90] の調停制度である借地借家調停法は、大正 11（1922）年 4 月 12 日公布・10 月 1 日当面 3 府 2 県に限定して施行されることとなった。当初申立件数はわずかだったが、翌大正 12（1923）年 9 月の関東大震災が制度の利用を促すきっかけとなった[91]。この利用はかなりの成果を挙げ、大正 13（1924）年 1 月末日時点での調停の成功率は、穂積重遠の計算によれば「七割八分七厘」[92] という好成績であったとされる。

　借地借家調停に自らも調停委員として関わった穂積は、継続的人間関係の一形態である家主借家人間の問題を挙げて次のように言う。事案は、震災による借家焼失後の借家人の法的処遇に関わるものである。

　　「解決の第一前提は、即ち借家人は元借家の焼跡について何等かの権利を
　　有するかと云ふ問題であつて、これについては諸家の説がある。今ここで
　　はそれ等の諸説を論評するのではないが、……諸説はいづれも家屋の焼失
　　によつて従来の賃貸借関係が消滅し即ち借家人の主たる権利は消滅すると
　　云ふことを前提とし、而して緊急権とか生存権とか土地使用権とかが発生
　　し又は残存するとするのであるが、調停の基礎としては家は焼けても賃貸
　　借関係は続くと云ふ観念から出発したい様な気がする。家主の義務は単に
　　家屋の供給ではなくて住居の供給である、家屋が破損したら家主はそれを
　　修繕せねばならぬ。家屋が倒壊したら家主がそれを引起こさねばならぬの
　　ではあるまいか。而して家屋が焼失したら――家主は家屋を新築して従来
　　の借家人に貸与すべきではあるまいか。先づ斯う云ふ風に話を進めたいの
　　である。勿論それには甚しい論理の跳躍があつて、法律論としては不完全

に相違ないが、調停者の論法としてはこれが相当に自然で且効果が多い様に思ふ。現にさう云ふ趣旨で調停が成立した例が少なくない」93)

　民法の法理上は「家屋の焼失によつて従来の賃貸借関係が消滅」し、借家人は権利を失うという原則を否定できない。だが「調停の基礎としては」家主の修繕義務（民法第606条第1項）の趣旨を拡げて94)家主の新家屋提供義務、すなわち借家人の用益権の存続まで認めるべきではないかとする。「勿論それには甚しい論理の飛躍があつて、法律論としては不完全に相違ない」が、「調停者の論法」としては「相当に自然で且効果が多い」とするのである。

　穂積のこのような論旨から見えてくるものは、実体法上の権利そのものの修正をも試みつつ従来の契約関係を継続させようとする姿勢である。もっとも、このことは厳格に法律を判断適用する訴訟では解釈論として無理かもしれないが、衆議院借地借家調停法案委員会における三宅正太郎の言のように「唯だ法律一点張で、当事者の権利関係を判断するので」なく「御互に……借家人となり家主となると云ふ関係も、唯だ通り一遍路傍の人と違ふので」あり「そこに自ら情誼もあり、自らそこに道徳があるのであ」るから「それに依って決定しやうと云ふ」ことを目的とする調停制度であれば可能と言える。

　以上見てきたことを制度構成としてまとめると、次のようである。まず、借地法・借家法において当事者間の円満を図るために権利濫用の法理——共同体原理——を導入して実体法たる民法の契約自由の原則——近代法原理——を修正しつつ、次に借地借家調停法によって手続法レベルで調停から近代法原理による訴訟への移行を可能にしながら、当事者間の円満の実現を図ろうとするものである。この制度構成は、先に、民法の近代法原理はそのままにしつつ調停機関で共同体原理により「一家団欒の幸福」を実現しようとし、訴訟における近代法原理の実現との矛盾はやむを得ないことと放置する議論からの脱却を意味するものであった。その点では、臨時教育会議以来の「我国固有の淳風美俗」に沿わない「法律制度」の改正という要請に多少とも近付いたものとなっていると言える。そしてさらに、調停制度の活用を通して民法の近代法原理そ

のものの修正にまで歩みを進める穂積の考え方は、後の家督相続をめぐる問題やさらには人事調停法制定などにも影響を及ぼすものとなる。

　このような、震災時における借地借家調停制度の思わぬ活用は、政府・司法当局者に一定の自信を与えた。その結果彼らのこの経験と実績が、臨時法制審議会における民法や家事審判所をめぐる後の審議にも影響を及ぼすこととなるのである。

第3章注　215－222頁

# 第4章
# 人事調停法の制定


## 第1節　民法における「権利」と「温情」
### ——近代法原理と共同体原理——との統合

### 1　民法改正要綱のめざす着地点

　大正 11（1922）年 6 月 7 日の臨時法制審議会決議に基づく家事審判所創設の答申が内閣に対してなされた後、その答申を受けて司法省内に「家事審判所に関する法律調査委員会」が設置された。だがその第 1 回会合は、それから 2 年半ほど後の大正 13（1924）年 12 月 9 日にまで開催がずれ込んだ。同委員会の開催が遅れたのは、この間臨時法制審議会主査委員会小委員会において民法改正要綱の原案作成・審議が続行されていたことによるものであった[1]。

　この民法改正要綱については、その後大正 14（1925）年 1 月 14 日開催の第 18 回臨時法制審議会総会に親族編改正要綱として、次いで昭和 2（1927）年 11 月 29 日開催の第 32 回総会に相続編改正要綱としてそれぞれ提出・審議され、同年 12 月 1 日の第 34 回総会における相続編改正要綱の審議終了・可決の後、内閣総理大臣に対し答申されるに至った。

　ここでの審議の着地点は何処にあったかというと、一言で言うならば民法における近代法上の家族法原理への共同体原理の統合化であった。この着地点は、先の借地法・借家法及び借地借家調停法実施の経験と実績に裏付けられたものであった。そしてこの流れは、家族法における近代法原理と共同体原理との統合を実効的に実現するための家事審判制度へと直結するのである。それゆえ、ここではまず、民法（親族編・相続編）改正要綱の審議会総会における審議内容について見ていくこととする。

その前に審議の着地点を具体的に示すと、それは「民法の規定中我邦古来の淳風美俗に沿わざるものありと認む、之が改正の要綱如何」とする内閣の諮問を受けて民法改正の審議を開始した当初、司法次官鈴木喜三郎の説明で既に明らかにされていたところである。彼の説明を詳細に引用すると、以下のようである。

　　「要するに此淳風美俗と申しまするのは、他の言葉で申しますれば、所謂父母に孝に、兄弟に友に、夫婦相和すると云ふことの主義に外ならぬのでございまして、古来我国の家族制度に於きまして、唯今申上げましたる所の主義方針を馴致し来つたのでございまする、所で我国古来の家族制度に於きましても、其当時適当と思ひしものも今日の時勢に適応せざるものもありまする、即ち昔あつた事柄悉くを今に於て復古せしむると云ふ趣意ではないのでございまするけれども、唯今申上げましたやうな趣意に沿はない現行民法の規定もあるやうに思ひまするからして、此主義に背いて居るものは直し、又及ばざるものは補ふ、斯う云ふ政府の考であるのでございまする、要するに此現行民法の規定を如何に改正すべきやと云ふことは、今後皆さんの御協議に俟つ次第でございまするが、政府の見る所と致しましては、……其家の組織と云ふものを堅実にする、さうして父子兄弟の間に一家団欒の幸福を得せしむると云ふ建前に立法する方が適当ではあるまいか、斯う云ふ考から致しまして、此処に……立至りました次第でございます」[2]

　つまり、「(一) 古来の淳風美俗は必ずしも復古にあらず、時勢に応じて改むべきものは改め、補うべきものは補うようにすること、(二) しかも、その淳風美俗は父母に孝、兄弟に友、夫婦相和し、一家団欒の家族道徳を骨子とするものであること、(三) しかし、この家族道徳は家族制度、殊に家を堅実なものにすることによつて達せられるものである……こと、等」[3] を立法方針とするものである。要するに「時勢に応じて」改め補われた「淳風美俗」は、近代

132

法上の家族制度（夫婦中心の平等家族）と我が国の伝統的家族制度（「縦の関係」に基づく「継承」家族[4]）とを調和させることで達せられるとする。

　本章では以上の観点から、臨時法制審議会民法改正審議で論争となった３つの論点を鳥瞰しつつ、西洋近代法と我が国固有の「淳風美俗」の両者が統合された家族制度に基づく法原理を実現させる手続としての調停制度の確立過程へと論を進めていくこととする。

## 2　臨時法制審議会総会における民法改正要綱の審議

### （1）婚姻の同意

### ア　同意を要する子の年齢

　要綱第十一〔原案第十〕は、「一　子が婚姻を為すには年齢の如何を問はず（要綱『第四の三』に準じ、）家に在る父母、父母共に在らざるときは家に在る祖父母の同意を得べきものとすること但父母、祖父母は正当の理由なくして同意を拒むことを得ざるものとすること」、「　二　子が前項に違反する婚姻を為したる場合に付ては相当の制裁を定むること」、「三　未成年者が第一項に違反する婚姻を為したるときは父母、祖父母に於て之を取消し得べきものとすること」、と規定していた。

　だが、この項目は、審議会の全経過の中で「もっとも激しい論争をまきおこした」[5]ものとなった。

　そもそも民法第772条第１項の規定では、その但書で満30年以上の男子及び満25年以上の女子の婚姻については父母の同意を要しないとされていた。だが、この但書については、第１章第３節で既述のとおり民法典編纂時に一大論争があり、二転三転の末に問題点を積み残したまま付加されたものであった。それゆえ、臨時教育会議において江木千之が、「父父たらざるとも子子たらざるべからずと云ふやうな教育を一方にしながら、法律を見ると父母の許可がなくても婚姻しても宜しい、父母の命に従はなくても宜しい、併し是では我家族制度は迚も維持は出来ない」[6]と攻撃し、さらに臨時法制審議会主査委員会でも同様に、「年齢に制限を置き其以上は自由結婚を許すと云ふことは一理

133

由あるならむも我邦古来の風習に反し甚だ不可なり」7) と発言することとなったのであり、その意味でこの問題は曰く付きの争点であった。このように、但書をめぐる争点こそが法律制度改正の諮問を受けた臨時法制審議会設置の「最も大きな動機」8) であった以上、再び蒸し返しとも言える激しい論争が巻き起こったのも当然であった。

　論争の口火を切ったのは花井卓蔵である。だが、「家族制度護持の急先鋒」であり時に「超保守的」とさえ見られた 9) 花井は、この問題について意外にも、父母の同意は未成年以外の場合は要らない、すなわち「未成年以外の場合は一切自由主義で宜しい」10) と言った。よってこの発言には当然のごとく松本烝治委員から、この案の趣旨は「家族制度維持と云ふことが最も重い点であつた」11) と説明され、また岡野委員からは、違反に対して制裁も加えず「之を全然不問に置くと云ふことでは同意を要すると云ふ趣旨は立たぬ」12) と反論された。すると花井は、「年齢の如何に拘はらず父母の同意を要することにすべきこと、勿論異存はない」13) と一応は発言を軌道修正する。しかし彼は、違反した場合の制裁についてはなお、次のように異論を述べる。

　　「同意を要すると云ふことの規定を犯して而して同意を得ざりし場合には、特に制裁を附すると云ふことに迄及ばぬでも宜からう、役に立たぬでも宜しい、親子関係、子が生まれれば父母の為に孫になる、可愛くなる、昔のことは忘れたいと云ふことに、時の力に譲つて寧ろ之は止められたらどんなものだらう、斯う思ふ、……一朝の誤り偶々同意を得なかつた、併し退いて考へれば存外嫁も宜しい、子供が出来て見ればなほ可愛い、遡つて同意を致して置いて彼を傷者にしなかつた方が親としては宜くはなかつたのではあるまいかと云ふやうな悔ひの涙を注いで居る親がなきを保せぬ、之等は矢張り家庭関係で円満に済むやうに、進んで法律は保護することが寧ろ淳風美俗の真の結晶ではあるまいかと考へる」14)

　花井の言わんとするところは要するに、「年齢の如何に拘はらず、偶に善い

嫁を貰つてやらうと云ふ親の心、又善き嫁を貰つて親に孝養をしやうと云ふ子の心、之は道徳的に従来養はれ来つて居るから、法律を以て規定することになれば此道徳味を弱めると云ふ」[15] ところにある。

　花井のこの論は、松本をして「花井君の御論はどう云ふ所にあるか、私にはまだ諒解が出来ない」[16] と嘆かせた。だが、この花井の「道徳的観念」をもつて「法律力に訴ふると云ふ事柄を欲せぬ」[17] との主張に対して穂積が反応し、同調した。すなわち、次のようである。

　　「現行法に、三十なり二十五にならぬでは親の同意なくして結婚してはいかぬ、と云ふことを書いた、……法律と道徳の矛盾であると云ふことは申す迄もありませぬが、又それぞれ之は領分のあることでありまして、法律の規定に依つて道徳全部を掻廻す、法律の力に依つて道徳全部を強制することは不能なことであるので、又場合に依つては、それが道徳の価値を減らすことになる、……之は自から境のある可きことで、父母の同意と云ふやうなこと、道徳上是非さうなければならぬことであるが、法律で総ての場合に絶対に、父母の同意がなければ婚姻は成立たぬと云ふことになつて居る、と云ふことは、却つて道徳の品位を害し、親子の関係を傷けるのではないかと、私は予て思つて居ります」[18]

　つまり、穂積もまた本来は「現行法の年齢制限は撤廃して然るべきである、若し必要ならば、極く弱年者を保護する規定であるべき」だが「今暫く之は現行法の儘に止めて置きたいと思ふ」[19] ゆえに、花井の言う「現行法で私は十分と思ひます」[20] との提案に賛成する[21]。

　以上の議論に触発されて、他の委員からも様々な意見が出た。その典型は、「元来婚姻は二人でするものであつて、他の人が婚姻するのでないのでありますから、婚姻当事者の意思を尊重して行きたい」[22]、つまり「婚姻は親族関係の根本であり……婚姻に付て、父母の同意と云ふことに依つて、制限を加へると云ふことが宜しくない……須らく成年であれば、自由に婚姻が出来ると云ふ

ことにしたい」[23] というような、いわゆる「婚姻中心」的「新家族制度の思想」[24] を根幹に置くものであった。

　このような意見を、中島玉吉の論評を借用して徹底するならば次のようになる。そもそも父母の同意権が認められた趣旨は、単に「父母の利益の為めではなく、子女の利益の為に之れを要する……詳言すれば、配偶者の選択宜しきを得ると否とは人生幸不幸の係る所頗る大である。そしてそれを熱情に燃ゆる無経験の子女に一任するは甚だ危険であるから、父母の経験と愛情を以つて適当なる配偶者を得せしむること」[25] にある。であるがゆえに、例えばイギリスにおけるように、同意の対象は「未成年者に限る」[26] べきこととなる。

　しかしながら要綱第十一〔原案第十〕が作成された元々の趣旨は、そうではない。この点を富井委員が次のように言う。

> 「先づ直系尊属、即ち父母とか、祖父母と云ふものは、最も自分の利益を考へて呉れる適当な人であるから、其同意を得ると云ふことは、之は道徳上から考へても又一家の平和と云ふ点から考へても、自分の利益と云ふ点から考へても、望ましいことである、……之は寧ろ淳風美俗と云ふことに適合するのでないかと思ふ」[27]

　婚姻に父母等の同意を要する趣旨は、「自分の利益」の他、「道徳上」ないし「一家の平和」にあると言う。

　だが、このような説明だけでは十分とは言えない。というのは、もし「父母とか、祖父母と云ふものは、最も自分の利益を考へて呉れる適当な人」という理由が主であるのならば、「もう相当な年齢に達し又独立の生計を営んで居ると云ふやうな者に対して、一々父母が干渉して、さうして其同意を得なければ婚姻することが出来ぬ、と云ふやうなことでありましては、……世の中では驚くであらう」[28] との批判に耐えられないだろうからである。これでは、我が国の国民は皆「西洋人よりもより我儘であるから」[29] とか、また、皆本来的に「婚姻について合理的に判断する能力を欠いで居る」[30] 知的程度であるか

136

らなどと中島らに批評されても仕方がない。さらにまた富井の説明では、そも
そも要綱第十一〔原案第十〕が、ただ父母又は祖父母の同意をうたっているの
ではなくて、「家に在る」父母又は祖父母の同意を規定している点について必
ずしも十分に説明され得ない。

　その点を明確に指摘して質問したのが、臨時教育会議と臨時法制審議会を通
し一貫してこの問題について注意を喚起してきた当の江木であった。江木はも
ちろん、「孝より大なるものはない」と考えるがゆえに、「何処迄も此婚姻に付
ては、父母の同意を得なければならぬ」との持論 31) を棄ててはいない。しか
しながら、さらに彼は、父母の同意を要する趣旨はそのような「孝」だけでは
ないと言う。すなわち、次のようである。

　　「此個条は唯孝道の上より子たる者の道として、年齢の如何に拘はらず父
　　母の許可を得ると云ふ丈ではなくして、之は家にある父母の承諾を得ると
　　云ふことでありますから、家に在らざる父母に付てはさうでないと云ふの
　　でありますから、之は此個条は単に孝道を重んずる点から立案せられたも
　　のではなからうかと云ふ考を私は持つのであります、我国の婚姻なるもの
　　は唯夫婦の関係を生ずるばかりでなく、其家に入つて家の一家族となつ
　　て、父母に対しては父母の関係を生ずる、又其上に祖先に付ては其家の祖
　　先を祖先とすると云ふ関係を生ずるので、家族制度の国に於て婚姻に依つ
　　て其家の一員となると云ふ所からして、戸主の同意が要る、又父母の同意
　　を要すると云ふ家族制度と云ふものに付ての考よりして、之を立案せられ
　　たものではないかと考へるのであります」 32)

　つまり、婚姻はただ夫婦関係を生じるのみではなく、その家の一員となって
以後共同生活を営むのであるから、新たにその家の一員となることについて
元々の構成員であり、かつ、その家の中心的存在である戸主や両親の承認も得
るべきであり、その点がそもそもの立案趣旨ではないかということである。外
国のように「夫婦が出来ればそこに一の『ファミリー』が出来る、又其子が婚

姻すれば又一の『ファミリー』が出来る、子は成る可く早く独立して自分の運命を開拓すると云ふことにして、夫婦が出来れば直ぐ家族が出来ると云ふ」状況と、我が国の状況が「違つて居る」以上、当然のことではないかということを江木は質問したのである [33]。

　この質問に対しては、松本委員もまた、この案の起案の際には「勿論御質問のやうな趣旨に重きを置いた」[34] 旨答弁する。

　そうだとすれば、この婚姻について子の年齢いかんに関わらず父母の同意を要するという問題も結局、富井が言うように「一家の平和と云ふ点から考へて」「淳風美俗と云ふことに適合する」ものであることになる。つまり改正の根拠は、鈴木喜三郎が先に審議会第2回総会で述べた「一家団欒の幸福」である。

イ　原理の「二元的」構成と統合との対立

　だが、その反面、婚姻における父母の同意に関しては従来、例えば「相手方の女と云ふのは、立派な良家の子女で、吾々が脇から見れば何等欠点がない、唯虫が好かぬと云ふやうなことであつて、理由なくして同意を拒」むという親のわがままにより、その結果婚姻を「三十まで待たなければならぬ」という「甚だ面白くない」事態も現に生じていた [35]。となると、今度は子が何歳になろうと婚姻に父母の同意が必要となれば、その弊害は計り知れないことになる。

　それゆえ要綱第十一〔原案第十〕は、このように「父母が無理なことを言つて同意をしない場合は、家事審判所の説得を受けることが出来るやうになつて居」り、また「既に結婚してしまつたと云ふことになれば、それを離してしまふと云ふ迄には行かないと云ふ」規定〔「相当の制裁」に止めるという規定〕も設けており、「此辺の程度に於て我国の風俗を維持して行」く [36] ことによって、不同意の場合にも「極めて円満なる解決を見る」ことができる [37] こととなる。

　しかし穂積は、それでも納得せず最後まで次のように食い下がる。

　　「私は此自由結婚が善いとか、悪いとかと云ふ議論は措きまして、此案だ

けとして其儘に考へると、却て自由結婚を激するやうな形になる、制裁さ
へ覚悟ならば構はぬと云ふことになつて来る、私は総ての法律が制裁を設
くる為めに、罰金さへ出せば何をしても宜いのだと云ふやうな傾向になる
ことを、非常に心配して居るのであります、婚姻関係に付て、さう云ふ気
風が起つて、親子の間が破れると云ふことを、私は寧ろ心配するのであり
ます」38)

　穂積によれば、同意を得ない婚姻について父母が行う「離籍又は相続権剥奪
の制裁は果して充分効き目があるだらうか」疑問である、すなわち「どうせ家
督又は遺産を相続する見込のない者に取つては、離籍されても相続権を剥奪さ
れても所謂痛くも痒くもないかも知れぬ」し、またたとえ制裁によって財産上
の苦痛を受ける場合でも「財産はいらない結婚はしたいと云ふ人に出て来られ
ると始末に困る。而して結婚を熱望する者の多くは、後には後悔するかも知れ
ぬが、差当りはさう主張しさう」である、とされる39)。
　その意味では、父母の不同意の婚姻を取り消しうる現行法は「法律としての
立場は余程はつきりして居る」40)のであるが、さりとて不同意の婚姻の取消
制度を今度も採用して「壮年者以上の婚姻について父母祖父母の権利を法律的
に徹底させると、実際上随分無理不当なことになり得る」という「ディレン
マ」を抱えることになってしまう旨、穂積は考えるのである41)。
　穂積はこのように、原案のままでは「道徳の品位を害し、親子の関係を傷け
る」結果をもたらしかねなくなることを心配して反対する。その点では穂積の
論は、「家族制度護持の急先鋒」であり時に「超保守的」とさえ見られる花井
と意見が合致する。穂積の真意は要するに、孝行という「道徳上色々議論のあ
る斯う云ふ重大な問題に付て、法律が此主義を採るのだと云ふ一つの主義を法
律に掲げると云ふことは、之は法律としては非常に避くべきことであらうと思
ふ」42)というところにある。だが、このように「孝」を一道徳として法制度
の外に放擲することは、「淳風美俗」を立「法」指針とする審議会の当初方針
には合致しない。その点で、この穂積の家族観は、後に川島によって「徹底し

た市民性」[43) を持つものとして絶賛されることになる[44)。

　だがいずれにせよ、先にも見たとおり要綱第十一〔原案第十〕は、江木の言うように「単に孝道を重んずる点から立案せられたものではな」くて、「家族制度の国に於て婚姻に依つて其家の一員となると云ふ所から」立案されたものである。とすれば、ここには「一家団欒の幸福」たる「淳風美俗」に適合する趣旨——穂積の言い方によれば「一家仲善くする」趣旨——が当然含まれている。

　とするならば穂積の心配も最終的には、「何れ同意を拒んで問題を生ずる場合は、之が正当であるかないかと云ふことが問題になるだらうと思ふ、最後の解決は、要するに家事審判所で付けるのでありまして、家事審判所の裁判さへ間違はなければ、十分に調節が出来る」[45) という横田秀雄委員の意見により克服されることになる。なぜなら当の穂積自身が、要綱第三（庶子の入家）に関する審議の際、「家事審判所なるもの、必らずしも此民法等に書いてないことでも、一家の間に悶着のある時には仲裁を頼む、調停をすると云ふことにすべきことではなからうか、……斯う云ふことに致しますれば、此問題〔庶子入家における妻の不同意〕などは妻が承知しないなら、……家事審判所が調停をして妻に納得させ、夫の方も十分考へて見て、家事審判所と一緒に事を決める、……家事審判所の調停に俟つと云ふことの方が穏当な結果を得るのではなからうか」[46) と言っており、そうであるならばそれと同じ論法がここでの親子の間にも適用されてしかるべきだからである。

　以上のように議論は白熱し、最終的には原案多数で可決成立に至った。

ウ　民法における原理の統合化1

　このような審議を経て成立した要綱第十一〔原案第十〕の趣意は、こうである。すなわち同規定は、婚姻について子の年齢いかんに関わらず父母・祖父母の同意を要するものとして、一面彼らの同意権の範囲を広げつつも、他面父母・祖父母は「正当な理由がなければ同意を拒み得」ず、かつ、成年者の婚姻は「たとえ父母・祖父母の同意を欠いたとしても完全に有効なものとされ」、ただ場合によっては「何らか他の制裁に附せられ」うる程度に止めた。そうす

140

ることによって婚姻を父母（祖父母）の同意権から「少しではあるが解放し」、婚姻を「今日よりも自由に」行えるものとし[47]、その限りで「近代的な婚姻自由の原則」[48] を維持した。

　しかしながら、そもそもこの規定の拠って立つところは、我が国家族制度に必須であり、それゆえ審議会の当初方針ともなった「一家団欒の幸福」にある。今回、「孝」の弱体化を危惧して婚姻に関し父母（祖父母）の同意の範囲を広げることとした。だが、それを民法に組み込むに当たっては、同意権という近代的権利に変換せざるを得ない。しかしながら、権利として承認する以上、当然に一定の法的強制力が伴うことになる。そうすると、同意権が「一家団欒の幸福」を脅かすことになりかねない。審議会において花井や穂積が心配したのは、まさにこの点であった。

　それゆえ、父母（祖父母）と子の意見が対立し、「一家団欒の幸福」が害される恐れが生じたときは「家事審判所の調停」が威力を発揮することとなる。その結果として「淳風美俗」すなわち「一家団欒の幸福」という共同体原理が、「婚姻自由」という「時代思想と十分に調和して行く」[49] 余地が生じることになる。

　要するにこの構成は、「淳風美俗」という共同体原理を実体法たる民法の個別規定に組み込んで近代法原理との統合を図りつつ、運用を家事審判所に委ねて両原理を「矛盾」させることなく、その統合を実現させるのを意図したものと言える。

（2）離婚の原因

ア　婚姻関係継続への配慮規定

　要綱第十六〔原案第十五〕は、離婚の原因及び子の監護について規定する。この中で特に問題となったのが、第1項で「妻に不貞の行為ありたるとき」・「夫が著しく不行跡なるとき」など全5号にわたる個別的な離婚原因を掲げながら、同項第6号で「其他婚姻関係を継続し難き重大なる事情存するとき」という「相対的離婚原因」を設けた上、第2項において「前項第一号乃至第五号の場合と雖も総ての関係を総合して婚姻関係の継続を相当と認むるときは離婚

を為さしめざることを得るものとすること」と定められていた点であった[50]。

この点に関連して、仁井田益太郎が次のような質問を行う。

　「此離婚と云ふものは、裁判上の離婚原因と云ふことに付て御説明を伺つたのでありますが、此一は、家事審判所に申出して離婚を求むることが出来るのでありませうか、どうでありませうか、……第二に、若し家事審判所が関係するならば矢張り離婚せしめると云ふ場合は、之等の原因がある場合に限るのでありませうか、離婚原因として此所に列挙する外にも、家事審判所は離婚をさせることが出来るのでありませうか、それから折角離婚の原因を之丈挙げて置いて、而もどうしても困ると云ふのに、お前はそれでも婚姻関係を継続せよと裁判所なり審判所なりが申渡すと云ふことは如何なものでありませうか、本人がいやで堪らぬと云ふものを、それでもお前の為に相当と認むるからと云ふのは、少し御節介のやうに思ふのですが、如何でせうか」[51]

　従前はこの場合、裁判上の離婚として当然訴えによるとされるものであったのだが、今度は他の場合と同じく家事審判所で行うことになるのか、もしそうであるなら、これら列挙の離婚原因には限られないこととなるのか、また、当事者がどうしても離婚したいと言っているのに本人のためという理由で離婚させないようなお節介なことも家事審判所はするのか、という趣旨の質問である。

　仁井田の質問の背景には、「家事審判所の審判と云ふものは法律の規定に依るのではない、必らずしも法律の規定の上に於て権利義務を争ふのではなくして、家事審判所に於ては、適当の審判をして、さうして之に従はしむると云ふ趣旨である」という家事審判所に関する審議以来一貫した岡野敬次郎の持論[52]が控えている。とするならば、かつて自ら民法制定に深く関わった仁井田が、「法律の規定に依るので」なく家事審判所において「適当の審判」をされたのでは権利（ないし離婚の自由）が無視されることになるという危惧をここで抱き、上記の質問を行ったとしてもけだし当然と言える。

ともあれこの質問に対しては、松本委員がまず次のような答弁を行った。

「此離婚も矢張り家事審判所に行くことにならうと思ひます、離婚の事由
に付て極めて概括的の規定を設けましたのも、家事審判所の審判に依つて
適当なる裁量処分の出来ると云ふことを前提として居るのであります、唯
今の御質問では、原因がない場合には離婚をさすことは出来ないかと云ふ
やうな御話でございましたが、之は一の（六）〔第一項第六号〕を御覧を
願ひたいと思ひます、極めて概括的に『其他婚姻関係を継続し難き重大な
る事情の存するとき』と云ふのでありまして、動もすれば特定の場合に不
穏当なる結果を生ずる如き弊を去り、概括的の此規定を置きたいと云ふの
が此改正の一の重大なる点であります、併しながら、婚姻関係を継続し難
き重大なる事情も何も存しないと云ふのに、離婚をさすと云ふことは勿論
あるべからざることと思ひます」53)

　離婚についてもやはり家事審判所の審判に委ねられる 54) とし、それゆえ規
定の上においても「家事審判所の審判に依つて適当なる裁量処分の出来ると云
ふことを前提」として「其他婚姻関係を継続し難き重大なる事情〔の〕存する
とき」という概括的規定を置いたという。しかし、そのような家事審判所の裁
量権はもちろん、「婚姻関係を継続し難き重大なる事情」のない場合にまで及
ぶものではない、とする。つまり、仁井田が危惧するような「法律の規定に依
るので」なく家事審判所において「適当の審判」を行うわけでは断じてないと
いうのが松本の説明の趣意である。
　その上でさらに松本は次のように続ける。

「それから二〔第二項〕の、婚姻関係の継続を相当と認むるときは離婚せ
しめざることを得るものとする、之は余計な御節介ではないかと云ふ御話
でありますが、決してさうは考へないのであります、之は協議で双方共に
離婚したいと言つて出て来るのではない、協議上片方は、お前は斯う云ふ

訳だからどうしても離婚すると言ふ、片方は、離婚をして貰ふのはいやだと云ふ場合であります、其場合に於きましては、家事審判所は適当に総ての事情を総合して婚姻関係の継続が至当であらう、之は暫くほうつて置けば迚〔仲〕も直るし其原因も去り得ると云ふやうなときに、尚原因があるから離婚をさせなければならぬ、と云ふことにしますのは甚だ不当であらう、此の如き場合は、法定の事由の有無に関係なく離婚の決定を保持〔保留〕したいと云ふのが、本案の趣旨であります」[55]

「妻に不貞の行為」があったときや、また「夫が著しく不行跡」であったときには、従前ならばそれだけで離婚原因ありとして訴訟で離婚の成立が認められ得たのだが、しかし、それでも「総ての事情を総合して婚姻関係の継続が至当」でしばらく放っておけば仲直りしそうなときまで、なお原因があるとして離婚させなければならないのは著しく不当だから、この場合には「法定の事由の有無に関係なく」離婚の決定を保留するのが本案の趣旨だとする。つまり、夫側あるいは妻側個人サイドの離婚意思に関わらず、「総ての事情」の「総合」的判断によって家事審判所は離婚を認めない、すなわち夫婦関係の継続を求めることもできるとし、これは決して「余計な御節介」ではないとする。

イ　配慮規定の訴訟への影響

　同案はこのように、離婚の原因をめぐる争いについては「第一次に家事審判所の審判に依る」とするが、その争いが無論「終局に於ては裁判所迄行」くべきものである[56]ことは、松本にとっても所与の前提となっている。それゆえ同案第一項及び第二項は、家事審判所に対してと同じく当然離婚訴訟を行う通常裁判所にも適用される。だが、そうだとするとさらに、同案第一項と第二項との関係が改めて問題となる。

　その点を花井が次のように質問した。彼の質問は、「一項は訴の提起の規定である、二項は、訴は提起せられたけれども、裁判官が此の如き場合に於ては、必らずしも離婚を宣告せざるも可なりと云ふ意味の、裁判官の判決の心得と云ふか、判決の主文のやうなもの」を規定したものと見るのか[57]、という

ものである。この質問に対しては松本が次のように答弁する。「大体花井君の御考への通りと思」うとし、従前は第一項にある離婚原因が存在すれば訴えを提起できるのみでなく裁判官もまた離婚判決をすることが「絶対必要なこと」であったが、この改正案では「左様でないと云ふことに改めたいと云ふ趣旨」だという[58]。

しかし、この答弁に対しては、水野錬太郎が次のように異議を唱える。

> 「先程花井君の御話の如く、一項では離婚が出来るやうに決めて置いて、二項ではどつちでも宜いのだと云ふやうになつて居ります、如何にも不明な規定のやうであります、……六号に於きましては、裁判官の認定でありますから、どちらでも行くだらうと思ひます、五号迄は、誰が見ましても、之は離婚すべき事由と認められると思ふ、それ故に法定の離婚の原因と云ふものを決める、之が二項になりまして、それはすつかり裁判官の自由に任せると云ふのは、矛盾の規定のやうに思ふ、それで伺ひたいのは、私は之は二項は削つた方が宜いと云ふ考でありますけれども、二項を置かねばならぬ理由は何処にあるか、それを伺ひたい」[59]

第1項（第6号はともかく第1号から第5号まで）は誰が見ても離婚すべき事由であるのに、第2項で離婚すべきかどうかを「すつかり裁判官の自由に任せると云ふ」のは「矛盾の規定」ではないか、いったい第2項を置かねばならない理由がそもそも「何処にあるか」というのである。この質問に対しては先に松本が「家事審判所の審判」を想定した上での規定である旨答弁しているのだが、こと訴訟レベルでの話になると、改めて水野のような疑問が生じる。

この質問に対しては、穂積が次のように答弁に立つ。

> 「之〔第2項〕は現行民法八百十三条以下に、離婚の原因の場合、又離婚を請求し得ない場合がいろいろ列挙してありますが、之は誠に杓子定規でありまして、随分いろいろ困る問題を生ずるのであります、離婚の原因あ

ることを気がついてから何年経つた後には離婚の請求が出来ない、と云ふ
やうな規定などは、或場合には尤もなことで、余り古いことを持出し、過
去つたことを持出して離婚の請求をすると云ふことは、穏やかでない、例
へば、遺棄されて居ると云ふことが分れば離婚の原因になるが、其遺棄さ
れた者が気がついて何年経てば、離婚の訴は起されないと云ふのでは甚だ
困る、八百十四条以下の離婚の原因、此阻却する原因の規定が煩雑であ
り、又具合が悪いので、之を一掃して、さうして一纏めにして、離婚の原
因があつて又一方にそれを阻却するやうな原因のあるときは、離婚の原因
になることもあるが又離婚を許さないことも出来る、現行民法は結局裁判
所の按排する所であるけれども、もつと裁判所の裁量の範囲を自由にし
て、八百十四条以下の規定に拘束されないで済むやうにしたのでありま
す」60)

　従前も、「離婚の原因あることを気がついてから何年経つた後には離婚の請
求が出来ない」という規定のように、離婚原因に該当するが離婚を認めないと
する離婚原因阻却規定が存在するのであり、「余り古いことを持出し、過去つ
たことを持出して離婚の請求をすると云ふことは、穏やかでない」ゆえに、こ
のような規定の置かれているのも「尤もなこと」である。だがしかし、例えば
「遺棄されて居ると云ふことが分れば離婚の原因になるが、其遺棄された者が
気がついて何年」かが経過しなければようやく「離婚の訴は起されないと云
ふ」ことにするのでは「誠に杓子定規で」「甚だ困る」から「もつと裁判所の
裁量の範囲を自由に」したいという趣旨で、この第2項を置いたという。
　以上のような説明をした上で、穂積はさらに次のように続ける。

　「それでありますから、第二項は寧ろ第一号から五号迄に関するものであ
　ります、六は諸方面から考へて継続し難きか否かを決するのであります、
　此立案の趣旨は、一から五までの原因であるにしろ、それは程過ぎたもの
　である、それに付ては話合が一度成立つた、斯う云ふことは現行法で認め

146

て居ります、斯様な次第であつて、もう之は話が済んだ、今更離婚話をする必要もないのに、又一方が気が変つて持出して来た、其時にはそれを裁判所に引止めるだけの権限を持たせ、之を離婚の原因にならぬやうにしたい、斯う云ふ趣旨であるのであります」61)

　例えば一時、配偶者の「悪意ノ遺棄」という離婚原因 62) が生じても、夫婦で、あるいは親戚縁者等が間に立って調停が成り立つ等で仲直りをして「もう之は話が済んだ、今更離婚話をする必要もない」のにその後、「又一方が気が変つて」話を蒸し返してきたような場合、裁判所が離婚を思い止まらせるような形にしたい、第 2 項はそのための規定だと言う。ということは、詰る所この意味は、夫婦の一方が関係を解消したいと望んでも裁判所ができる限り当該夫婦（家族）関係を継続させようと努めることのできる余地を規定の上に表そうとした、ということに他ならない。ゆえに、穂積にとってもこのことは家事審判所の場合における松本の発言同様「余計な御節介」とは捉えられていない。

ウ　民法における原理の統合化 2

　以上のような議論を経た上で、要綱第十六〔原案第十五〕も、花井ら二人から修正案が出されたものの、いずれも否決され、最終的には原案多数で可決成立に至った。

　もっとも、この要綱第十六〔原案第十五〕は、一面では、「（一）妻に不貞の行為ありたるとき〔第 813 条では「妻カ姦通ヲ為シタルトキ」〕」という規定に合わせ、夫側についても「元の規定〔第 813 条〕に依りますると、『夫カ姦淫罪ニ因リテ刑ニ処セラレタルトキ』と云ふのを、拡げて（二）『夫が著しく不行跡なるとき』と云ふことに」63) して、離婚原因を、穂積の持論である「夫妻平等」の理想へと「現行法より一歩を進め」64) てもいる。しかしそのことは、穂積によるとおり「夫婦の間の誠実の義務」65) を維持させるためのものであり、それゆえ第 2 項で「前項第一号乃至第五号の場合と雖も、総ての関係を総合して婚姻関係の継続を相当と認むるときは、離婚を為さしめざることを得るものとすること」と規定して、争いの解決を家事審判所・裁判所に委ねる

こととしたものである。

　すなわち要綱第十六〔原案第十五〕は、一方では「世界に比類なき自由離婚の主義を認めて居る」[66]民法の原則を妻側についてさらに拡張するものの、他方その「自由離婚」（離婚の自由ないし離婚を裁判上主張できる権利）も、「婚姻関係の継続を相当と認むるときは、離婚を為さしめざることを得るもの」として家事審判所・裁判所において制限し、夫婦（家族）関係をできる限り維持、継続させようとしている。とするならば、この規定の意義もまた、近代法原理に基づき「自由離婚」を認める民法に「夫婦相和」すなわち「一家団欒の幸福」という共同体原理を組み込み、両原理の統合の実現を家事審判所（ないし裁判所）に委ねようとするところにあったと言える。そしてこの統合は、先の家事審判所設置に関する主査委員会審議（第2章第2節3（4））で「已むを得ざることと覚悟」すべしとされた「淳風美俗」による家事審判手続と権利・法律による民事訴訟手続との結論の食い違いを、克服するものであった。

（3）戸主の死亡に因る家督相続

ア　家督相続分の分配規定

　民法親族編改正要綱は、大正14（1925）年5月19日の第27回総会をもって全33項目について可決成立を見た[67]が、この事柄は相続法とも関連する問題であるということで「相続法の方の決議が済」んでから「一緒に答申」することとされた[68]。その議を受けて「其後主査委員及小委員に於て、引続いて民法相続編の改正に付て審議を進めること」となり、その結果相続編改正要綱全18項目が作成されるに至ったのだが、その中で「最も力を入れて論議せられたる点は、要綱第一の戸主の死亡に因る家督相続の問題」であった[69]。というのは、この問題がまさしく相続編「全案の基礎、骨子となる重要事項」[70]と認識されていたからである。主査委員会での審議の結果、大多数の意見によって成立した成案の趣旨は、「成るべく我国固有の家族制度を変更せざる範囲内に於て、家督相続人以外の者にも相当の財産分配を受けしめたいと云ふ」[71]ものであった。

148

　この相続編改正要綱は、昭和 2（1927）年 11 月 29 日の第 32 回総会から同年 12 月 1 日の第 34 回総会に至るまで全 3 回にわたって審議されたが、全 18 項目中上記の問題に関する審議は、上に触れたとおり当該審議全体の半分近くを占めるほど白熱した。要綱第一として掲げられた全 5 項目中最も中心となるのは無論、「成るべく我国固有の家族制度を変更せざる範囲内に於て、家督相続人以外の者にも相当の財産分配を受けしめたい」旨で規定された第一項の「一、戸主の死亡に因る家督相続に於ては、家督相続人は被相続人の直系尊属、配偶者及び直系卑属に対し、相続財産中家を維持するに必要なる部分を控除したる剰余の一部を分配することを要するものとすること」であった。

　最初に質疑に立ったのは松田源治である。だが彼が問題にしたのは、第一項中の「家を維持するに必要なる部分を控除したる剰余の一部を分配する」とある、その「分配する標準が明確でない」というやや派生的な論点であった [72]。この点について松本は、次のように答弁する。

　「御承知の如く現行民法に依りますれば、家督相続の場合に於ては唯一の家督相続人が法律上は全部の財産を承継する、と云ふことになつて居ります、此単独相続の制度は必ずしも社会上の正義観念に適応して居るものとは言ひ難いのであります、又被相続人の意思にも多くの場合に於ては却つて悖るものと考へられます、如何に之を緩和するかと云ふことに付きましては、……色々の案を考へたのであります、欧米各国に行はれるが如き均分の制度は、之は我家族制度と相容れないと云ふことは言ふまでもないのであります、欧米各国の如き均分の制度を採る、従つて家督相続と云ふことはなくなり遺産相続のみになると云ふやうな改正に付きましては、何人も之を考へた者はないのであります、然らば如何にするかと云ふと、家督相続人が、財産中の先づ大部分を取る、而して其他の部分を家督相続人以外の子供或は配偶者等に分配すると云ふより他なからう」[73]

　つまり、従前の長子単独相続制度は、「必ずしも社会上の正義観念に適応し

て居るものとは言ひ難」く、また「被相続人の意思にも多くの場合に於ては却つて悖るものと考へられ」るので改正の必要があるが、さりとて、欧米のような「均分の制度」を採って遺産相続制度のみにすることは「我家族制度と相容れない」、それゆえ「家督相続人が、財産中の先づ大部分を取る、而して其他の部分を家督相続人以外の子供或は配偶者等に分配する」制度を採るより他ない、という[74]。このように松本は、松田の質問の本体に入る前に、まず本案の採用に至る本質的理由・経緯の説明を行ったのであった。

その上で松本は、「分配する標準が明確でない」という松田の疑問に対し次のように答える。すなわち、「余程研究を重ねた」のだが、どのように分配の標準を定めても「各個の場合の事情に適合しないことは、殆ど五十歩百歩の差に過ぎない」ので、第2項で「大体の標準」として「相続財産の状態如何と云ふことと、分配を得る者の員数、資力、職業がどうであるか、或は他家に既に出て居るかどうかと云ふやうなことを斟酌致し」、「之等の者の相当の生活維持を標準として分配額を定める」との規定を置いて「各個の場合の事情に適応して分配を定めると云ふ」ことにした、と言う[75]。

これに関連して鈴木富士弥が、それでは「家を維持するに必要なる部分」や「相当の生活の維持」という判断はいったい誰が行うのか、という質問をする[76]。これに対して松本は、「此案に依りますれば家督相続人が分配を為すのでありますから、相続人が之を判断してやること」になるが、もしも「其結果が甚だしく不当」であれば、自己に対する分配が著しく不当である場合に当該相続人が家事審判所の審判を求めることができる旨定めた第5項の規定のとおり「家事審判所に審判を求めることになつて居」り、この審判によって「最終の決定がされる」ことになる、と言う[77]。

だが、この分配の「結果が甚だしく不当」であれば「家事審判所に審判を求めることになつて居」るところまでは良いとしても、さらにその審判が「最終」の決定であるとは、いったいどういうことか。この点を、松本は次のように補足説明する。

「此標準を明確に致しませぬことは、一方に於きまして唯今述べたやうな理由〔「各個の場合の事情に適応して分配を定める」との理由〕に依りますが、他の一方に於きまして、此相続財産の分配と云ふやうなことに付きまして、何等か強い権利を以て之を主張すると云ふ、権利義務の争の生ずることは、甚だ面白くないのでありまして、大体に於て、之は相続人の好意に依つて分配せらるので、それに対して、甚だ不当であると云ふ場合には家事審判所の審判を求めると云ふやうに定めたい、要するに……此相続財産の分配の問題を裁判所に於て争ふ所の一つの争の目的とすると云ふやうなことにはしたくないと云ふ考で立案を致して居る次第であります」[78]

　相続財産の分配基準を明確にしないという趣旨は、「各個の場合の事情に適応して分配を定める」という他に、この分配を「強い権利」の「主張」とはせず、単に「相続人の好意」によってなされるものとしたいからだという。もし松本の言うとおりだとすれば、分配をめぐる争いは当・「不当」の問題でしかないことになり、それゆえ本来適法・違法の問題を取り扱う司法機関たる裁判所が介入する筋合のものではないことになる。だが、美濃部達吉が「之は一体法律を定める積りか道徳を定める積りか」[79] と質問したように、この説明は幾分難解である[80]。

　鈴木もまた、この要綱には「剰余の一部を分配することを要す」とあって「必ずしなければならぬと云ふ趣旨のやう」であり、したがって「分配せられると云ふ側から言へば、一つの権利と言つて差支ないと思」われるのではないか、と疑義を提起する[81]。だが、これに対しても松本は明快に、「必ずしなければならぬ」ということに「対応して客観的に何等かの相続分見たいなものを持ちまして、分配を受くる者が之を請求する権利ありや否やと云ふと、さうではない」と言い、その理由は、第5項にあるように著しく自己に対する分配が「不当な」場合に審判を求め得るに過ぎないことや、また、「客観的にどれだけの歩合は必ず受くべきものである」という権利として請求できうるような「其

歩合の分配がな」いからであるとする[82]。

　だが委員ならずとも、この説明でもまだ釈然とし兼ねる。そのような疑義を払拭する意図であったのか、穂積が以下のように、松本の答弁を補充する。まず、改正要綱第一を規定するに至った根本的な由来について、彼は次のように言う。

> 「申すまでもなく、今回の民法親族編相続編の改正の目的は、我国古来の淳風美俗の維持と云ふことが標準になつて居りますが、此淳風美俗と云ふのは……一体どう云ふことかと云ふことに付きまして、……帰する所は、一方に於て家と云ふ団体を成るべく取纏めて行きたい、而も今の民法戸籍法に於ける如く、形式的に唯家と云ふ形……を実際の親族的共同生活即ち家と云ふことにして、其家族団体を成るべく維持させて行きたいと云ふのが一つの方面、併し家族団体を組立てて居る一人々々の人間もなければならぬ、一人々々の人間の利益と云ふことと家族生活全体とを調和させて行くのが、我国古来の淳風美俗で、……全体の共同生活と個人の利益と云ふことを、どうかして調和させて行きたいものである、而して家族生活と云ふものを出来る限り実質的にして行きたいと云ふことが、親族編改正以来の一貫しての根本の考であると思ふのであります、此相続編改正要綱の第一も、正に其精神に基きまして、色々御相談の結果出来上つたものなのでございます」[83]

　つまり穂積によれば、「我国古来の淳風美俗」というものも「一人々々の人間の利益」と「家族生活全体」とを「調和」させるところに成り立つということである[84][85]。そして、この精神に基づいて本要綱第一も成案化されたという。その上で穂積は、次のように説明を続ける。

> 「今迄永年仕来つたことで、長子相続制度を今改めると云ふことは之は我国古来の淳風美俗に副ふべき所以であるまい、併しながら、一方に於て長

男が法律上の絶対の権利として、親が何等生前に処分をせず、遺言もする
暇もなく死んでしまつた場合、親が死んでしまつた以上は竈の下の灰まで
も俺の物、殖やさうと減らさうと俺の勝手、母親、兄弟達は扶養の義務が
ある限りは養つてやるが、併し此財産は皆自分のものだ、と主張すると云
ふことは、我国古来の淳風美俗に適ふものではなからう、現在一般に行は
れて居る所の、親が生前に適当に財産を分け又は遺言に依つて財産を分け
る、若し親がそれをする暇なく死んだ時には長男が親の意思を酌み、兄弟
妻妾・・・・・母親其他に対しても適当に分けると云ふのが、今日普通や
つて居る所で、而して最も之が希望すべき所と考へたのであります、そこ
で、現在善良なる家庭に於て行はれて居るさう云ふ事柄を法律の規定の上
に現したいと云ふのが、此第一の精神であります」86)

　長子相続制度は家を重んじる「我国古来の淳風美俗」である以上、これを維
持する必要がある。だが同時に、「親が生前に適当に財産を分け又は遺言に依
つて財産を分ける」というのが「現在一般に行はれて居る所」であり、また、
「若し親がそれをする暇なく死んだ時には長男が親の意思を酌」んで、他の相
続人等に対しても適当に財産を分けることも「今日普通やつて居る所」であ
り、その実情を規定の上に表したのだという。
　それゆえ、このような実情が本規定の背景にあるのだとすれば、もしも親が
生前贈与又は遺言で財産を分けることなく死んだときには「法律上其財産は長
男」すなわち「家督相続人のもの」になるが、しかし「家督相続人は自分の考
で此法律の精神に適ふやうに分配する義務がある」ことになり、そして穂積に
よれば「之は明かに」「法律上の義務であらう」とされる87)。とすればその意
味では、要綱第一の本規定は単に「道徳を定め」たものではないことになる。
イ　統合の視点からの権利創設
　ではそうだとしてさらに、家督相続人がその「法律上の義務」を充分に果た
さない場合、すなわち、他の相続人にとって財産の分配が「不当」とされる場
合にはどうなるかというと、穂積によれば次のようである。

「結局其処分に対して、著しく不当と考へる者が家事審判所に申出て救済を仰ぐことが出来ると云ふことになる、『著しく不当』と云ふことはどう云ふことか、……之が一家兄弟親子の事柄でありますから、斯くの如き仲で多少の不平があらうとも、直ちに不当呼ばりをすると云ふことは之は穏かでないと思ふ、誰が見ても不当と思はれることでなくては家事審判所と雖も一寸手の附けやうがない、……でありますから、『著しく不当』と云ふのは、不当なること明確なりと云ふ意味に考へても宜しいと思ひます、……若し一家善く和合して、皆の相談で以て工合好く行つて居るならば、もう法律を待たないので、必ずしも分けなくても宜い、一緒に親の残して置いた田畑を耕さうではないかと言ふならば、それも結構、又私は自分の腕で稼ぐから要らないと云ふならば、之亦強ひて与へる必要もない、一家の間に争がなければ法律問題とする必要はないのであります、此規定が結局働きまするのは、誰かに非常に不平がある場合、兄さんが全部取つてしまつた、自分にちつとも呉れない、或は、あの子供が全部を取つて、後家さんの母親が非常に惨めであると云ふ様に、誰か不当であると感じて争の起つた時に家事審判所が世話を焼く、斯う云ふのであります」[88]

　要するに、財産の分配が「著しく不当」すなわち「不当なること明確」で、「一家善く和合」できずに「誰かに非常に不平」があって「一家の間に争」が生じた場合に、家事審判所が世話を焼くことになる。そしてその場合、この争いは「法律問題」となるという。逆に言えば「著しく不当でなければ一家のことである」[89]から、家事審判所はこれに干渉しない。

　しかし、そういうことであるならば、相続財産の分配そのものが端的に「法律問題」たるべきものということになる。とすれば、その上に立って再び、「著しく不当」にならない分配の仕方を誰が判断するのかが問題となる。この点については第一次的には無論、「家督相続人自身の考」で判断するのであるが、「多少問題がありさうなとき」[90]には家督相続人自身の「考だけでは安心

ならぬことでありませうから、親族会に相談すると云ふ」[91] ことになる。そして、第2項但書の「親族会の意見を聴くことを得るものとすること」という規定が、それを可能にする[92]。

　しかしさらに、親族会の決定がなされても、その決定に対し「苦情があつたときには家事審判所に申出」[93] がなされることになり、その際親族会の意見は、それ自体が「法律問題」として家事審判所の判断における「一つの材料」[94] となる。つまり、「家事審判所が結局の審判をすると云ふことになる」[95] のである。では、家事審判所の「結局の審判」とはどういう意味か。再びこの点が問題となるのであるが、この点について穂積はさらに、次のように続ける。

> 「道義温情に基き家庭の問題を調停審判すると云ふのでありますから、此
> 家事審判所は審判調停も試みませう、まあ此位に分配してどうかと云ふの
> で、調停を試み其調停が聞かれないときに審判をする、其審判が結局の最
> 終審判になるでありませう、法律上の十分な権利でありませぬから裁判所
> に持出すことが出来ない、と云ふことになるのであります」[96]

　これによれば、「結局の審判」とはすなわち家事審判所の「審判が結局の最終審判になる」ということである。そして、その理由を穂積は、相続人の分配請求が「法律上の十分な権利」ではなく、それゆえ「裁判所に持出すことが出来ない」からだと言う。言い換えれば、財産の分配は家督相続人の「法律上の義務」であるが、他の相続人にはその「法律上の義務」に対応した「法律上の十分な権利」は認められないのである[97]。

　しかしながら、この「義務に権利が対応しない」現象は本来、近代法典上の権利義務とは異なった「『義理』」という「家父長制的協同体」の規範を意味する[98] もののはずである。すなわち「凡そ対人関係に於て一方に法律上の義務が課せられてある場合には、必らず他方に其の義務の履行を要求する法律上の権力を有つ者がなければなら」ない、なぜなら、「若しも其の権利がないもの

とすれば、完全なる法律上の義務が成立たないから」である[99]。にもかかわらず、穂積によれば、「法律上の十分な権利」を伴わない義務が「明かに」「法律上の義務であらう」とされる[100]。

この問題は、家事審判所の審判によってなされた財産分配割合の決定に係る執行はどうするのかという、執行面の方向からなされた前田米蔵の質問とも関連する[101]。前田の質問に対して松本は、家事審判法がまだ出来ていないのでしっかりした答えは出来ないとしながらも、「大体に於て此審判がありました以上は、適当なる方法に依て其審判の執行がされるやうな規定を設けなければなるまい、と云ふことは明かだらうと思つて居」ると答弁する[102]。

つまり、家督相続人以外の相続人にとって財産分配は単なる「恩恵」ではないが、「それに付て訴を起して、司法裁判所に持つて行くと云ふことは出来ない」[103]、しかしながら家事審判所の「審判の効力は相当に強制せられ得ることになる」[104]、という。

となると本改正要綱第一の意味は、「相続人に所謂不完全債務を負しめたるもの」[105]とでもいうことになる。もっとも、ここでの不完全債務とは単に「相続人は財産分配の法律上の義務はあつても、配偶者、弟妹等は法律上の請求権無く従つて訴権を生じないと云ふ趣旨」により「其の実行を債務者〔家督相続人〕の徳義心に委せらるるものであ」るという意味[106]に止まるものではない。より正確に言えば、「法律上の義務」に対応して訴求力はないが執行力は伴う法律上不「十分な権利」を有する特別な法定の不完全債務とでも言うべきものである[107][108]。すなわちこのことは、前章第2節で見た借地借家調停において当の穂積によって示された、継続的人間関係の視点からの権利創設の実践と言える。

かかる穂積の視点は、本改正要綱第一の趣旨について述べた次の答弁において明確に示されている。

　「要するに現在の制度と違ひます所は、長男が非常に不人情で自分一人で、財産を占めてしまつて母親や弟妹を少しも顧みない場合に、現在の制

度ではどこにも持つて行き所がない、それを黙つて居るかと云ふとさうで
はない喧嘩をする、永く恨を含んで一家の平和を害するのでありますが、
此制度では、さう云ふ場合に家事審判所に持つて行ける、……裁判所のや
うな公開の法廷ではない、家事審判所で膝を突合して談合が出来る、調停
的に相談をする、其話が附けば先づ弟妹達も満足する、一家の争が起つた
場合に、今の制度ではどこにも持つて行く所がないが、此制度ならば、家
事審判所に於て調停して貰ふことが出来る、其調停が成立たなければ、家
事審判所は道義温情に基いた判断を下す、斯う云ふ程度でありますから、
法律が家庭に干渉すると云ふのではない、一家親族の間で相談が附けば結
構、唯争が起つた場合に持つて行く所を拡げ、一方に於て一家の意思を傷
けないと同時に、一方に於て一人の利益も出来る限り保護しよう、家族的
団体生活と各個人の利益を出来る限り調和して家庭の円満を計らうと云ふ
のが、此要綱第一の趣意であります」109)


　相続財産の争いが生じた場合に家事審判所の調停審判を経るのは、争いが
「一家の平和を害する」のを防ぎ、もって「家族的団体生活と各個人の利益を
出来る限り調和して家庭の円満を計」るところにあり、これが本改正要綱第一
の趣意と言う。穂積の視点はこのように、「家族的団体生活」（共同体の「親密
平和」の関係）と「各個人の利益」（「正当公平」な権利）との「調和」を図る
という一点にあった。

ウ　民法における原理の統合化３

　以上のように松本や穂積が丁寧に説明したのだが、修正案こそ出なかったも
のの、美濃部ら委員の納得を完全には得ることができなかったようである。結
局、本改正要綱第一は全員一致とはならず、賛成多数で原案どおり可決成立に
至った。

　相続編改正要綱第一における委員間の議論の焦点は、以上に見てきたとおり
従前の長子相続制度の緩和であり、そうすることで「却つて我国古来の淳風美
俗に副ひ、現在及び将来の事情にも適する」110) ことになると考えられていた。

しかしながら、「全然家族制度を有たぬ欧米の法律を鵜呑みにする訳にも行かぬは勿論のこと」[111] であった。家督相続が我が国固有の「継承」家族制度の根幹である以上、それを廃止して遺産相続のみにすることなどは「何人も之を考へた者」は無かった。よって「成るべく我国固有の家族制度を変更せざる範囲内に於て、家督相続人以外の者にも相当の財産分配を受けしめ」ることが意図されたのであった。そのために家督相続人に対し単なる「恩恵」を超えて分配すべき「法律上の義務」を課し、その反面として相続人の側にも訴求力はないが執行力はあるとされる法律上不「十分な権利」が与えられた。この限りで個々の相続人は不十分にせよ、ともかくも相続財産に対する分配請求の権利を認められたことになる[112]。

　だが、この権利は偏に「一家団欒の幸福」を維持するために認められたものであった。例えば、長男が財産を一人占めにして「母親や弟妹を少しも顧みない」場合、「家庭の円満」は失われる。そのために一方で「各個人の利益」を保護するために長男以外の家族構成員に一応の分配請求の「権利」を付与し、もって「家族的団体生活」との調和すなわち「一家団欒の幸福」を図った。その意図は言うまでもなく、均分相続に内在する近代法原理と家督相続に内在する「父母に孝」・「兄弟に友」という共同体原理との統合であった。

（４）統合的家族法原理の成立

　臨時法制審議会における以上のような民法親族編相続編改正審議の経緯から、次のような点が明らかとなる。すなわち、一方では婚姻の同意や離婚の原因の問題に関しては、近代民法における契約原理を基本的に維持した上で、孝悌や相和という「淳風美俗」の導入・維持が試みられた。他方家督相続の問題では、相続財産の親子間「継承」という「縦の関係」に基づく伝統的家族の維持を前提に、近代法原理たる分配請求の「権利」導入が図られた。

　審議会におけるこのような近代法原理と共同体原理との意識的統合の目的は、「家庭の円満」の維持であった。そのために、契約・権利という近代法原理は、家族共同体「関係」維持の手段とされ、「父子・夫婦・親族」等における「人倫生活の道理」[113] に資すべきものとされた。

　しかしながらこの、教育勅語で示された [114]「人倫生活の道理」（五倫すなわ
ち共同体原理）は、直接的に改正要綱上に明文をもって盛り込まれてはいな
い。言い換えれば、この「人倫生活の道理」という、それ自体は「批判を許さ
ない」[115] 教えの「法」が家族関係に直接適用されることは、巧みに避けられ
ている。

　このことを牧野英一の論を借りて言うならば、この「人倫生活の道理」は、
「形式的概念的な法律関係」の「上に出るの原理」である「公序良俗の原理」
ないし「信義誠実の原理」を通して制度化されて「形式的概念的」な個々の実
定法規に流れ込み、間接的に家族をめぐる権利（法律関係）に適用され
る [116]。このようにして、「家族的団体生活と各個人の利益を出来る限り調和
して家庭の円満を計」り、確実に「一家団欒の幸福」を保つことが意図され
た。そして「家族制度の精神が、超法規的な原理として、全法律の運用を統制
してゆかねばならぬ」との意図を具体的に実現するために、臨時法制審議会は
「親族法相続法改正事業の第一として、家事審判所の設置ということを提
唱」[117] するに至ったのである。

　かくして審議会における民法（親族編相続編）の審議は、当初の近代法原理
と伝統的な家族に基づく共同体原理との「二元的」構造の模索から、いつしか
両原理の統合へと収斂されていった。しかもその統合は、借地法・借家法にお
ける権利濫用（一般条項）による統制の形よりさらに進んで民法の個々の規定
の修正にまで踏み込むものであった。このようにして審議会は、「我国固有の
淳風美俗」に沿わない法律制度の改正を求めた臨時教育会議建議の趣意を一応
ではあるが達成し、相続編改正要綱全 18 項目を全て審議・可決 [118] の上、先
に成立の親族編改正要綱と併せて答申することを決した。民法諮問第一号に対
する審議はここに終了し、始めに述べたとおり、内閣総理大臣に答申される運
びとなった [119]。

　では、以上の家族法における近代法原理と共同体原理との統合を最も効果的
に実現する手段として位置付けられることとなった家事審判制度の審議につい
ては、どのような運びであったのか。ここで話を再び 3 年前の大正 13（1924）

年に遡らせ、同年末開催の「家事審判所に関する法律調査委員会」審議に戻すこととする。

## 第2節　家事審判法案の審議及び人事調停法の制定

### 1　家事審判法の調査検討——民事訴訟と家事審判の手続的統合

　設置以来2年半ほど開催されなかった「家事審判所に関する法律調査委員会」の第1回会合が大正13（1924）年12月9日、司法大臣官舎で開かれた。同委員会がこの時期に開催されるに至ったのは、上記で既に見てきた翌大正14（1925）年1月からの民法親族編・相続編両改正要綱に関する臨時法制審議会総会審議において、「当然家事審判所に関することが関連議題となるのでその組織・権限・手続について、或る程度の見通しというよりも具体案を纏めておく必要があった」からである[120]。よって委員会審議の趣旨も、家事審判所に関する臨時法制審議会答申を受けた具体的な組織等々の「詳細の事項の解決」に焦点が置かれた[121]。こうして委員会は大正14（1925）年7月2日まで全10回にわたって行われることとなった[122]。

　審議はまず、答申に係る総会に至るまでの主査委員会で、かつて審議された「家事審判に関する綱領」その他の資料に依拠して進められ、その後原嘉道、池田寅二郎、穂積重遠の3人が小委員として指名された。指名された小委員は委員会審議・決議事項に基づいて数回の審議[123]を重ねた後、その結果を「家事審判所法調査事項」案にまとめた。それ以後委員会は同案について審議を進めていくことになった。

　この調査事項の審議の中で、特に注目すべき事項が二点あった。その一は、大正14（1925）年4月16日の第4回委員会で審議された第四、「家事審判並に調停の事務は独立の機関をして之を取扱はしむべきや若は裁判所をして之を取扱はしむべきや」[124]である。

　この調査事項第四の趣意を、小委員として取りまとめに当たった池田は次のように説明した。

「今日迄の実験に徴して調停機関の方式に依るを適切なりと思ふ……此の
事は結局利害得失の問題と為るべし、実際の経験に依れば裁判官が中心と
為り之に実際に最も適切なる処置を取り得る所の者（裁判官以外の者）を
加味し最も適切なる処置を為すを可なりと思ふ、勿論其の処置が当事者の
意志に反して確定するものに非ず、一応の処置を機関に於て行ふものにし
て所謂裁判くさくしないと云ふ事に付ては経験上相当自信を有す、之を実
際的の見地より見て此の方法に依ることが実行上容易なりと信ず、之は審
議会の精神に背かず而かも結果を得らるることなるべし、調停機関組織の
方法に則るを可なりと思ふ、特別の機関と云ふは単に今日の裁判所くさく
しないと云ふ迄でなるべし」125)

　池田は「調停機関の方式に依るを適切」と言う。しかも、この方式における
「特別の機関」とは「単に今日の裁判所くさくしないと云ふ」意味に過ぎない
と言う。このことはつまり「裁判所の任〔仕〕事として行ふ」が「今日迄の構
成の如くにせずして一種特別の構成と為す」ということであり、具体的には
「例へば今の調停の如き」もので「調停委員会の主任として判事が関与する」
ものである 126)。
　池田のこの説明は、そもそも臨時法制審議会諮問第一号に関する答申書の主
意が「家庭の争議を法廷に持出すことなく道義温情を本とし穏やかに決定す
る」ことにあるのに「折角の機関を設けながら尚依然として裁判所内にて行ふ
としては当事者の心持は依然として変化なき」ものとなってしまうという花井
の反論 127) に遭う。しかし池田は、「現在の調停委員会に於ても余程気分は違
ひ決して裁判所らしくないのであるから此の様にて可なりと思ふ」128) と言っ
て動じない。池田のこの自信が「今日迄の実験」、すなわち自らが発案し法律
制定にも携わった「借地借家調停の実際の経験」129) に裏打ちされていること
は明らかである。
　この議論は次回（第 5 回）5 月 30 日の委員会の冒頭、池田の発議により「一

時懇談」をもってさらに話し合われることとなった130)。懇談の結果、次々回
（第6回）6月4日の委員会で同じく小委員であった原から改めて、次のよう
な内容の家事審判所案が提起された。それは、判事たる審判主任及び調停主任
並びに判事以外の参与員及び調停委員で構成され、審判は参与員の意見を聴き
審判主任が行い、調停は調停主任と調停委員からなる調停委員会が行うとする
ものであった131)。この案は別段の審議も無く直ちに採決され、全員一致で可
決成立した。

　だが元々は、近代法による「冷たい権利の争」132) を避けんがために「家庭
の争議を法廷に持出すことなく道義温情を本とし穏やかに決定する」ことを意
図して、裁判所とは別の「特別の制度」として家事審判所が構想されたはずで
あった133)。しかし、ここでの池田構想を基にして可決に至った家事審判所
は、地方裁判所長の人事権の下で法律の適用判断を専門とする法律家たる判事
が主導する一種の「裁判所として」134) 機能する機関であった。

　とすれば、このことは次のようなことを意味する。つまり、かつて審議会に
おいて岡野の意図した民事訴訟と家事審判の「二元的」構造が、借地借家調停
法の制定とその施行実績を背景として手続的側面においても克服されることと
なったということである。すなわち、借地借家調停法で司法制度へ取り込まれ
た「人倫生活の道理」が、ここで再現された。その結果このことは、次のこと
も意味するものとなった。法と道徳の厳密な峻別の手法から脱却して法・権利
に基づきつつ道義温情を加味する手法、言い換えれば、共同体原理を一般条項
たる「公序良俗の原理」ないし「信義誠実の原理」を通して間接的に権利、法
律関係に適用し、「統制」する「法律の社会化倫理化」135) の手法が、ここに
おいても成熟しつつあったということである。

　次に、調査事項のうち着目すべきその二は、上記第四の審議に引き続く5月
30日の第5回委員会で審議された第九、「調停に強制力を附することとすべき
や」136) である。この審議における花井の「調停が成立したる以上之に強制力
を附するは当然のことならずや」という質問137) に対し、池田は次のように答
弁する。

162

　「財産関係に附ては然るべきも人事関係の如き強行規定あるものに付其の
　規定に反する合意を為し調停成立したる場合の如きは之に強制力を附する
　は問題と為るべし」138)

　例えば借地借家関係のように基本的に契約自由の原則が妥当する財産法部門
と異なり、公序に関わる身分法部門については、調停といえども身分法規に反
する合意までは許されないというのが池田の趣意である。そして池田は次のよ
うな例を挙げて、自らの主張を補完する。

　「例えば家督相続権なき者が戸主と為りたる場合に調停に依り依然戸主の
　名義を有する者が戸主と為ること決せんときの如きは違法の相続が調停に
　因り適法化すべきや問題なり」139)

　この具体例としては、「戸籍記載の誤謬又は親子関係不存在を理由として、
本来戸主であるべき者が表見戸主にたいし、相続回復請求の調停を申立てた場
合に、財産分配その他の条件で、本来の戸主が相手方の戸主たる地位を認める
ことに話合がつき、これを調停条項とする場合」140) が想定される。このよう
な民法上「違法の相続」が調停によって「適法化」されることを池田は問題視
したのである。
　これに対し、池田と同じく小委員であった穂積が次のように反論する。

　「それは両者間の単純なる合意の成果に非ずして調停と云ふ国家機関の干
　与の下に成立したるものなるを以て元より適法化したるものと云ふべ
　し」141)

　この問題は契約自由の原則とは関係がない、ゆえに調停という国家機関が関
与したものである以上、民法上「違法の」相続も個別的ではあるが「適法化」

されるという。だがこのことは言い換えれば、実体法たる民法の個々の権利規定の内容が、共同体原理実現の手段である調停という手続法によって修正・改変 142) されるのを認めることを意味する。この穂積の言は、借地借家調停制度の運用実績に裏打ちされたものであった。そしてこの考え方は、共同体原理を一般条項たる「公序良俗の原理」ないし「信義誠実の原理」を通して間接的に権利・法律関係に適用・「統制」するという「法律の社会化倫理化」を徹底するものと言える。そしてこのことは、権利と「淳風美俗」の「二元的」思考にも、また、民事訴訟と家事審判との「二元」性にも、もはやとらわれない次元に立つ統合の徹底化であった。

　池田は、穂積の上記の見解に対して強く異論を唱えなかったものの、条文の「起草の際の為に相当の余裕を存せられた」い旨述べた 143)。それが平沼委員長による「調停に強制力を附すべし若考慮すべき余地あらば考慮すること」という提案に取り入れられ、その提案が全員一致で可決成立した。

　以上のような審議を経つつ、委員会は大正14（1925）年7月2日、第10回をもって調査事項に関する全審議を終えた 144)。その際、原、池田、穂積の3名が家事審判法の起草委員に指名された 145)。その後起草委員を中心として草案の検討がなされ、最終的に昭和2（1927）年10月21日、「家事審判所に関する法律調査委員会」小委員会決議をもって家事審判法案の最終案が成立した 146)。

　この最終案の内容中、先の審議で問題となった二点については、次のとおりとなった。まず、家事審判所の組織については、先の委員会で池田が主張したように「調停機関の方式」によって構成された。すなわち、審判については、地方裁判所長により区裁判所判事の中から指定された審判主任が一般から選任・指定された参与員の補助を受けて行い、また調停については、同じく地方裁判所長により区裁判所判事の中から指定された調停主任及び同じく一般から選任・指定された調停委員で組織された調停委員会が行うこととされた（法案第2、3、4条）147)。

　だが、もう一点の民事法規と異なる調停内容にも強制力を付与すべきかどう

かについては、調停及び調停を経由した審判について「確定判決ありたると同一の効力」を認めた規定（法案第107条）においても特段「考慮する」ことはされなかった[148]。調停手続によって個別的とはいえ実体法規定の適用が修正されることを真正面から立法化することまでは、さすがに踏み切れなかったのであろう。

このように具体化された家事審判所構想は、「拘束より解放へ、干渉より自由へ」という近代法が目指す標語の下に「国民に青天白日放歌行底の気分」を謳歌させ[149]、その上で「明確にして疑を容るる余地なき規定を設けて先づ以て争議の根絶を計り……其の規定あるにも拘はらず争の生じたるときは……一刀両断的の判決を与ふる」[150] ことを良しとする論者の立場からは無論、「事々に家庭生活に干渉せしめ」る[151] ものとして非難の的となる。

しかしながら、かかる「固定せる尺度」としての「法律を以て争ひを裁断し理非曲直を決する」裁判[152] が、結局は「勝敗の結果に因る恨みが当事者の胸中に宿つて其の後の平和なる親族関係を阻害する」のである。その点に着目し、「明確にして疑を容るる余地なき」「固定せる尺度」としての法律によって傷つけられた、「円満平和なる親族関係の復活」[153] こそが、臨時法制審議会の意を受け継ぐ本委員会において結実した家事審判法案の根本精神であったことは言うまでもない。そしてこのことは同時に、西洋近代家族法原理と伝統的家族法原理との統合化が、家事審判法案において結実したことを示すものでもあった。

## 2　人事調停法の制定

最終決定案としての家事審判法案は上記のとおり昭和2（1927）年10月21日、一応の完成を見たのであるが、家事審判法の制定に際しては、家事審判所の権限事項に密接な関係のある民法の内容の確定が必須条件であった。ところがその肝心の民法に関しては、直後の11月29日から臨時法制審議会総会における相続編改正要綱の審議がようやく開催される運びであった。その後も12月における審議会総会での親族編・相続編改正要綱の可決及び翌昭和3

（1928）年司法省内に設置された民法改正調査委員会での民法改正案起草作業が先行することとなり、それゆえその間、家事審判法案も凍結状態を余儀なくされていた。

　だが、昭和初期以降の中国における戦線の拡大に伴って恩給扶助料を巡る遺家族の間での紛争が多発するようになり、政府はこの問題への対応を取る形で昭和14（1939）年1月28日、一応民法改正及び家事審判制度制定作業と切り離し、家庭に関する事件の調停のみを内容とする人事調停法案を第74回帝国議会に提出した[154]。それゆえ、この法案は表向き、「今日の非常時局に際会致し……正に焦眉の急務」[155] によるものとされていた[156]。

　議会での議員の質問に対し主として答弁に立ったのは、人事調停法案提出主管部門の司法省民事局長大森洪太である。衆議院人事調停法案委員会において小畑虎之助委員が、調停の対象となる事件は権利義務に関する事件に限られると思うが、さらに「権利義務に係はりのない事件も亦調停の目的になる」のかと質問した[157] のに対し、大森は次のように答弁した。

　　「勿論人事上、家庭上の問題でありまするから、権利義務に関する紛争が
　　其の中心でありますることは全く御説の通りであります、大部分は左様で
　　ありませう、併し家庭事件の紛争を円満に解決しまする場合に、権利義務
　　の純粋に法律の問題だけを取扱つて、それで満足が出来るかどうかと云ふ
　　ことを考へますると、多少是にはみ出ることは蓋し已むを得ないだらうと
　　思ふのであります、即ち狭義の権利、狭義の義務に属しない問題であつて
　　も、家庭上の紛争として円満に解決されるならば、洵に結構だと云ふもの
　　もあり得ると思ふのであります」[158]

「狭義の権利、狭義の義務に属しない問題」であっても、人事調停法の対象となると言う。その例として大森は、若夫婦と老夫婦とが別居する・しないの問題とか、子供が親に小遣いの増額を請求するというような問題を挙げ、これらの問題も厳密には戸主の居所指定権や親の扶養義務の問題ではあるが、その

ような「問題に拘泥しないで……調停にかけると云ふことも考へ得る」のではないかと言い、そしてその場合の調停の効力については法案第 7 条但書で対処すればよい旨説明する [159]。

　しかしながら直接には法律関係でない問題まで裁判所で取り扱うというのは、小畑ならずとも納得し兼ねる [160] のではないか。この疑問について大森の見解は、次のようである。

　　「権利義務に関係のないものを裁判所で調停として取扱ふのはどうであるか、是は不当ではないかと云ふ御話でありました、成程権利義務に直接関係こそなけれ、此の私人間の家庭上の問題でありまするから、広い意味に於ける私法上の問題であることは、否定は出来ないであらうと思ふのであります」[161]

　すなわち、若夫婦と老夫婦との別居する・しないということや、子が親に小遣いの増額を請求するというような類の問題も、「権利義務に直接関係こそなけれ」、「広い意味に於ける私法上の問題であることは、否定は出来ない」と言う。このことは一面では、法律上形式的に規定される権利を超えてなお保護されるべき「法律に依り『保護を受くべき利益なりと認むるを相当とする』」[162] ものがあることを意味する。だが他面では、かかる大胆な適用対象の拡大は、実定法律に必ずしも拘泥しない調停制度であるがゆえに可能であることも事実である。そしてまさに、これこそが、かつて借地借家調停制度で穂積によって、その意義が立証されたところのものである。

　大森の上記の見解は、貴族院人事調停法案特別委員会での趣旨説明で一層明らかにされる。彼は明確に「権利義務に関係のない問題でありましても、家庭に関する紛争ならば取上げて、之を此の調停で取扱と云ふ積り」と言い [163]、次のような例を挙げ、それらについても調停が必要であることを訴える。

　　「例へて申しますると、内縁の夫婦がありまして、まだ籍が入って居りま

せぬ、此の場合に事実上細君の方から自分の籍を入れて貰ひたい、斯う云ふ請求を致しますることは、今日権利としては認められないのだらうと思ふのであります、……又例へて申しますると、御承知の婚姻なり養子縁組なり又は分家等に付きましては、或は父母なり、或は戸主なりの同意を必要とする場合がありますが、是等の同意を請求する権利を認められては居ないのだらうと思ひまする……、又例へて申しますると、形見分けの問題であるとか、或は死亡者の葬式をどの家で挙げるかと云ふことが紛争の種になりまして、遺骨が宙宇に迷って居ると云ふやうな例もあります、併し何処の家で葬式を挙げるかと云ふことは、必ずしも権利義務の問題ではなからうかと思ふのであります、又或は墓地を何処に決めるかと云ふやうな問題もありませう、或は他家から参りました養子が、今は戸主になりまして、さうして家附の娘若しくは家附の母親と仲が悪くなった、斯う云ふ場合、今は養子の方が戸主でありますから、自然若し事実上別れるとなれば、家附の者が出て行かなければならないが、其の場合位牌をどうするか、先祖の祀をどうするかと云ふ問題も起ります、是も単純なる権利義務の争でなからうと思ふのであります、でありますから、……権利義務に関はらざる家庭事件も矢張りここで調停を致したいと存ずるのであります」164)

　内縁の夫婦間で入籍を請求する権利はなく、また、婚姻や養子縁組において父母等の同意を請求する権利もない。さらにまた、葬式をどの家で挙げるか、墓地をどこに定めるか、先祖の祭祀をどうするかなどについても権利義務の問題では決せられない。だが、これらの問題も放置されることなく調停で扱われることによって「我国固有の淳風美俗を持続する一端に」なる 165) のである。その意味で、権利義務から「はみ出る」これらの問題も、単に法外のものとして放置されることなく、「法律に依り『保護を受くべき利益なりと認むるを相当とする』」ものとしてすくい上げられなければならない。そしてこのことにより文字どおり、「家族制度における信義の関係は、しかく超法規的に承認せ

られ、法律上保護せらるべきものとされることになつた」166) 本旨が貫徹されることとなる。

　では次に、この調停法案の趣旨が「我国固有の淳風美俗を持続する一端」にあるとしても 167)、法律の方がこの「淳風美俗」に反するものであったとしたらどうであるのか。この種の疑問を提起したのが、同特別委員会での山岡万之助委員の、「道徳に本づきと云ふ関係と法律の関係と、之に付てはどう云ふ風に此のことを比較考量して行かれるのでありますか」168) という質問であった。この質問に対しては、大森は次のように答弁する。

> 「法律と道徳とは其の大本に於て一致をしなければならないことは申す迄もないことでありますが、或種の法律の規定に依りましては、遺憾ながら道徳律から見まして適当でないものもあるやに存ずるのであります、之を此の人事調停に関する限りに於きましては、若し其の法律規定を其の儘之に適用すると云ふことが面白くないと云ふことが、道義上明かでありますならば、其の場合に於てこそ道義を参酌致しまして、即ち固より法律の大本に反することは出来ませぬけれども、其の欠陥著しきものありと認められますならば、道徳律を以て之を補正すると云ふことは蓋し適当ではないかと思ふのであります、でありますから法律固より之を紊るべからざるものでありますけれども、併し道義温情を強く之に参酌し、斯う云ふ意味合に於きまして万遺漏なき運用を致したいと存じて居る次第であります」169)

　「人事調停に関する限りに於」いてという限定付きではあり、かつ、「固より法律の大本に反することは出来」ない170) としつつも、道徳律から見て「其の欠陥著しき」法律規定であれば「道徳律を以て之を補正する」こともやぶさかではないと言う。大森のこの答弁は、一面では法案第 2 条の「道義」・「温情」ないし第 5 条の「淳風」の逐条説明である。そして、この点については衆議院法案委員会で「淳風」についての説明を求めた一松定吉委員の質問171) に対

し、大森が「民法に既に善良の風俗即ち吾々の所謂公序良俗……と云ふやうな表現の仕方でも、差支はなからうと存ずる」旨答えている [172] ように、公序良俗という一般条項の個々の諸規定に対する適用問題——実体法（民法）内での解釈問題——に帰着する。

　もっとも、貴族院本会議において岩田宙造議員は質問の中で、「今日の裁判と雖も、さう権利義務一点張でないのであって、道義に依り温情に基いて裁判は行はれ」ており、大審院の判例でも「始終是は道義に反する、是は信義誠実の原則に反すると云ふ理由で、裁判のされて居ることが少くない」と言っている [173]。そしてこれに対し、平沼騏一郎総理大臣も、岩田議員の言うとおり現今の裁判所も段々道義と法律とを一致させる方向になってきている旨答弁する [174]。

　ここから見れば、道徳律から見て「其の欠陥著しき」法律規定であれば「道徳律を以て之を補正する」こともやぶさかではないとする上記の大森の見解もまた、必ずしも「人事調停に関する限り」という限定的な側面でのみなされたものとは思われない。すなわち、そもそも「我国在来の淳風美俗を含」む「公序良俗」 [175] あるいは「信義誠実の原則」という一般条項的な「超法規的原理」 [176] が「形式概念的な法律関係」 [177] を規律する法理を全面的に実現するものとして、調停制度は考案された。そうである以上、大森のこの答弁は、そのような調停制度の意義が図らずも「人事調停に関する」側面で偶々示されたものであり、それが人事「調停」において十二分に発揮されるということを述べたものに過ぎない。言い換えるならば、「家族制度の精神が、超法規的な原理として、全法律の運用を統制してゆ」く [178] ための家事審判所の設置という制度目的が、個別法律である人事調停法案に実現されたということである。

　以上に述べてきた審議を経て人事調停法は、昭和 14（1939）年 2 月 16 日衆議院で、次いで 3 月 4 日貴族院で可決成立し、3 月 17 日公布、7 月 1 日施行の運びとなった [179] [180]。同法施行後の申立事件は、離婚、慰謝料、同居、婚姻届出による入籍等の夫婦関係調整事件が多数を占め、法案提出に際し理由として挙げられていた遺家族に関する事件は一割弱に過ぎなかった [181]。このよう

な施行実態から、「司法当局が、時局に便乗し、最も切実に必要の感じられていた訴訟形式によらない親族間の紛争解決手段としての調停を実施に移した」[182] ものであったことが読み取れる。こうして家族制度に関する調停制度は「権利」＝「立憲国家」の近代法原理と「温情」＝「道徳国家」の共同体原理との統合へと、その歩みを大きく進めたのであった。

　もっとも家事審判法本体の検討作業については、人事調停法施行後の同昭和 14（1939）年 12 月 5 日をもって家事審判制度調査委員会が設置されたが、第 1 回会合を開いたままで休止となり、その後同じく民法改正調査委員会によって検討が重ねられていた民法改正作業の戦局悪化による中止の事態とともに、結局、委員会の活動としては休止状態のまま終戦を迎えることとなってしまった [183]。その原因は不運なことであるが、既に序論で示したところの憲法制度の崩壊に起因するものであった。

第 4 章注　222-239 頁

# 結び

　明治国制の成立に携わった伊藤博文は、日本社会における「郷党的社会」の「情義」を国制構想の中に置いた[1]。だがその際伊藤は、この「情義」には「善悪両面」があるとした。彼の言う「善方面」とは、例えば不況の際、諸外国とは違って我が国では「相救ふの情」によって、商業界の強者と弱者は共に助け合って危機を乗り越えようとするなど、国家社会に多くの好影響を及ぼす場合であった。

　これに対し伊藤は、こと「立憲政治の実行」においては、「郷党的社会」の「情義」は「悪方面」となるとした。というのは、代議政治は「自由に公明に討論する」ことで「国家共通の幸福利益を冷静に商量する」ことが必要不可欠であるところ、「私人の感情」や「情義を重んずる郷党的社会」では「情義に殉へて自由討論を圧し去る」風潮を免れ得ず、ために「往々不測の禍害を醸成する」ことに成りかねないからであった。

　それゆえ伊藤は憲法制定に当たっては、このような日本社会の「悪方面」を防ぎつつ「善方面」を維持するよう配慮した。当初このことは国家構造における「立憲国家」（及び近代政治・法原理）と「道徳国家」（及び共同体原理）との分離を意味するものであった。しかしながら、この伊藤の考えは、やがて立憲政治の運用面で「互に寛容調和の精神」（共同体原理）を「党略若くは党派心の上に置」く政党政治――「立憲国家」と「道徳国家」との統合――へと発展していった。

　この憲法制度で示された伊藤の国制構想は、国制のもう一方の柱である民法制度にも波及した。最初、本格的な民法制度導入の際には、「ウェスターンプ

リンシプル」（近代法原理）に貫かれた民法（とりわけ身分法）に対して強い危機感が抱かれた。その結果、伝統的共同体原理を定めた教育勅語が発せられ、その原理がやがて後進たちの手で民法の指導原理たる「一家団欒の幸福」[2] へと進化された。もっとも当初はこの原理は、権利・法律関係の近代法原理とは分離する方向で議論が進められた。だが、やがて両原理は統合へと至り、その成果が人事調停法へと結実することとなった。

　こうして見てくると明治国制構想は、憲法制度の上では藤田省三が指摘したように昭和期に至って確かに挫折[3] したものの、民法（実体法・手続法）制度においては一応の成果へとつながったと言える。すなわち民法制度に関しては、昭和期の戦局悪化によってその歩みを中途で止められたものの、人事調停法の制定へと結実することで曲がりなりにも「立憲国家」の近代法原理と「道徳国家」の共同体原理との統合へと一歩進めた形を実現することができた。その点からすれば、明治国制が「論理必然的」に「徳義による結合＝道徳共同態」へと「同一化」してしまったとの論は、明治国制の全体像から見れば当を得ているとは言えないということになる。

　とはいえ、明治国制は昭和20（1945）年の敗戦を境に、大きな変革を受けることになった。日本国憲法体制による変革がそれであった。だがその結果、明治国制はこの世から文字どおり「雲散霧消」してしまった、と言えるのか否かである。このいわば後日談と、それに併せて明治国制の持つ現代的意義を、最後に少し見ておくこととしたい。


## 1　憲法制度の変革

　敗戦後日本の占領統治に当たった連合国軍総司令部は日本政府に対し、明治憲法で規定された天皇主権[4] を新たに国民主権に変えるよう求め、その方針に従った憲法（日本国憲法）が昭和21（1946）年公布、翌年施行された。そして天皇は新たに、日本国及び日本国民統合の「象徴」と定められた。このような天皇の地位の変更は国体の革命的変化とされ、それゆえ「八月革命」[5] と称された。

　しかしながら仔細に見ると、次のような点で、この変化が必ずしも「革命」と呼べるほどの大きな変化とまで断言できないところがある。すなわち、先に序論で見たように、そもそも明治憲法における天皇の地位は、一方「民の父母」、他方主権者たる西洋近代的「立憲君主」の二面性を持つものであった。そしてこの「民の父母」たる天皇と「立憲君主」——「情」と「理」——とは憲法上、主権の「用」の論理によって分離されていた。その後一時、立憲政治施行面で議会と内閣との対立を調和するために、「民の父母」たる天皇が立憲政治に調停者として例外的に「情義」的介入をしたが、やがて近代的「政党内閣」の導入をもってその制度内に「情義」が組み込まれ、結果、近代立憲政治と共同体的「情義」（徳義）との統合がなされるに至った。しかし、その統合はやがて種々の歴史的要因によって崩され、「道徳国家」が「立憲国家」を凌駕するようになってしまったのであった。

　翻って日本国憲法では、天皇は主権者たる地位から権力を持たない形式的・儀礼的君主となり、先に述べたように象徴たる地位にあるものとされた。しかしながら天皇の象徴性は、既に明治憲法下でも当然視されていたものであった[6]。それゆえ、既に「何ら責任ある政治的実権を有せず、いわゆる象徴的存在に過ぎな」くなっていた天皇については「いささかも我が現行憲法〔明治憲法〕の天皇制に変革を加えたものではなく、ただその精神を成文の上に一層明白にしたに止まる」と考えられた[7]。そしてさらに、明治憲法下では明文を持たなかった政党内閣制が議院内閣制として憲法に明定された。以上の点から見れば、日本国憲法の天皇制度（及び政治制度）の変革は、明治憲法下の制度をより純化し、「道徳国家」による「立憲国家」の破壊が二度と起こらないように考慮されたものと評価できることになる[8]。

　また、明治憲法下で天皇によって発布され、戦前とりわけ民法の指導的法原理となった教育勅語も「日本国憲法の施行と同時に之と抵触する部分に付」いては「其の効力を失ひ」、さらに昭和22（1947）年、憲法に沿う「個人の尊厳」重視の教育を明示した教育基本法の制定に伴い、その「施行と同時に、之と抵触する部分に付」いては「政治的な若くは法律的な効力」を「失ふ」[9]と

175

された。だが、それと同時に憲法及び教育基本法と抵触しない「其の他の部分は両立する」[10] ともされた。そして今度は「教育者並に国民一般の指針たらしめるに欠くべからざる所のもの」を「上から与へられたものとしてではなく、国民自らの盛上りまする総意に依つて、謂はば国民自らのものとして定むべき」ものとして「法律〔教育基本法〕を以て之を出すと云ふことに決した」[11] のである。この「教育者並に国民一般の指針たらしめるに欠くべからざる所のもの」は、教育基本法第1条の「個人の尊厳」を尊ぶと同時に、同法「二条の『自他の敬愛〔と協力〕』と云ふ所にも現れて居る」[12] とされたが、この「自他の敬愛と協力」という文言は実は、かつての「淳風美俗」の「採用」に他ならないものであった[13]。

## 2　民法制度の変革

　昭和21（1946）年10月、政府設置に係る臨時法制調査会において決せられた民法改正要綱第一は戦前とはうって変わり、「民法上の『家』を廃止すること」に傾く[14] ものであった。そしてその意を受けた民法親族編相続編では、従来の「家」から、「夫婦と未婚の子とで構成されるいわゆる小家族制とも単婚制ともいいうる方式に統一」[15] されるものとなった。だが同時に、同要綱第一には「親族共同生活を現実に即して規律すること」[16] という文言が付加され、それを受けて要綱第四十二として「親族相続に関する事件を適切に処理せしむる為速に家事審判制度を設くること」[17] という一項目が追加された。そして同要綱の決議には、さらに、「直系血族及同居の親族は互に協力扶助すべきものとすること」という希望条件までが付けられた[18]。その結果、同要綱には「兎も角も『扶け合い』という」[19] 精神が組み込まれることとなった。

　かくして改正民法親族編には、まず第730条に「直系血族及び同居の親族は、互に扶け合わなければならない」という規定が置かれることとなった。次に親族編第3章第2節で「西洋では事実稀有」な[20] 養子制度（とりわけ成年養子制度）が置かれた。これによって「古来家名相続を以てその主たる目的」とした養子制度を「依然これを旧時の意味〔家の継承〕に於て利用」すること

ができる [21] こととなった。また、相続編第 897 条には祭祀承継規定が置かれた。これによって「祖孫一体化による家の存続」[22] が事実上認められることとなった。さらに相続編第 7 章では、遺産均分相続の例外として遺言の自由が認められた。遺言の自由はフランス革命時にも遺産均分法確立の際遺言の存否が激しく議論されたように、「純理論より云へば明らかに矛盾」であったが、これが認められた結果、子の「二分の一の遺留分を侵さない範囲」で「家名相続人に家名維持の為めに他子よりも倍額又はそれ以上の遺産を留保せしむることが可能」となり、これによって実質的に家督相続が行えるようになった [23]。改正民法親族編相続編におけるこれら規定の採用は、中田薫によって「伝統的家族制度を其本然の姿に於て回復し」た [24] ものとまで評された。

　家事審判制度については、先に見たように臨時法制調査会において再び日の目を見ることになったのであるが、その際、昭和 21（1946）年再開の家事審判制度調査委員会 [25] の定めた家事審判法要綱第一は、「個人の尊厳と両性の本質的平等とを基本」としつつ、「家庭の平和と健全な親族共同生活の維持を図ること」をも、その目的としていた [26]。前者の文言は日本国憲法第 24 条に沿う表現であるが、後者の文言は明らかに家族の「敬愛協力」[27] を意味するものであった。その結果、「財産法における信義誠実の原則の発達がおのずから調停制度の発達を促すことになるのとおなじく、身分法における敬愛協力の原則は、当然に家事審判所の活動を予定することになる」[28] [29] と評されることとなった。それゆえこの家事審判法は、必ずしも従前の家事「調停制度の基本的な理念を変革する、というような構想」に基づくものではない [30] と言われることとなった。

## 3　明治国制が持つ現代的意義

　以上のように見てくると、日本の敗戦を契機とする憲法構造（国制）の変革は、必ずしも従来言われていたような「国制のあり方そのものを変える」[31] ほどのものではなかったと言えよう。むしろその変革は、「個人の尊厳」を重視する日本国憲法で一層強調されるところとなった近代法原理と、戦前から維

持されてきた共同体原理との間で生じた「大きなずれ」[32] を再調整するもの
であったと見るべきである。その意味で誇張を恐れず、坂野潤治の言を借りる
ならば、「〝明治憲法の時代〟は、ほとんどそのまま〝戦後憲法の時代〟に引き
継がれ」た[33] ということになる。

　では最後に、近代法原理と共同体原理との統合を目指した明治国制が持つ現
代的意義とは、いったい如何なるものなのか、について触れることとしたい。
　そもそも近代政治・法原理の根底にある近代自由主義は、我々人類に対し多
くの恩恵をもたらしてきた。このことを元より否定することはできない。だ
が、自由主義のそもそもの出発点が「魂の卓越性〔高貴の徳〕」ではなく「欲
求」の「解放」に置かれた[34] ことによって、自由主義が「その後の社会にか
かわるさまざまの問題を生みだしていった」[35] ことも否めない。かくして自
由主義への批判がなされるようになった。その批判とは、「今日、近代社会の
限界や歪みが、環境問題・社会不安・犯罪・孤独や心の問題・少子高齢化等の
形で噴出しているにも拘らず」、「有効な対策が示せない」でいるのは、自由主
義が「倫理性を政治〔・法〕の領域から排除する事から生じる、論理的な帰結
であり、偶然の現象ではない」[36] というものである。
　この批判を受けて、自由主義に対する次のような「軌道修正」[37] が提唱さ
れている。それは、「〔法的・〕政治的なるものと道徳的なるもの」とを再び
「一体」化[38] する、すなわち「法〔・政治〕が道徳的価値によって支えら
れ」る[39] ようにする、というものである。こうすることで「ふたたび善悪、
正邪についての判断基準を提供しうるものとしての道徳的空間と、積極的な問
題解決のメカニズムとしての〔法的・〕政治的空間」とが共に「回復」[40] さ
れ、「欲求」が「善」[41] という信念による他者の犠牲をもいとわない近代自由
主義競争原理から、「道徳的価値」によって自己のみならず他者をも含む「全
体にとっての善」[42] =「他者と共有する善、つまり共通善」[43] へと「〔法
的・〕政治的」制度の運用が「軌道修正」される、と言うのである。
　自由主義への上記の批判が正鵠を射たものだとすれば、この提唱は現代自由

主義国家の抱える問題点に対するおそらく唯一の解決策であろう。だとすれ
ば、近代政治・法原理と共同体原理との統合（「立憲国家」と「道徳国家」と
の統合）を目指した明治国制の試みは、その問題点の解決に向けた一つのヒン
トを提示する意義を持つことになると思われる。

結び注　240頁－244頁

## 注 ─────────────────────────────────

### 序論

1) この点については、瀧井一博『ドイツ国家学と明治国制──シュタイン国家学の軌跡──』（ミネルヴァ書房、1999 年）1 頁参照。なお、Verfassung を「国制」と訳す点について、世良晃四郎訳、フリッツ・ケルン『中世の法と国制』（創文社、1968 年）73 頁及び Fritz Kern, Recht und Verfassung im Mitteralter, Benno Schwabe, Basel, 1953,S.66 参照。

2) 藤田省三『天皇制国家の支配原理』（未來社、1966 年）7 - 47 頁。なお、引用文中「共同態」という用語は藤田によれば、個別的・具体的存在である「共同体」に対し、共同体秩序原理によって構成される、より一般的な社会形態のこととされる（この点については、同書 40 頁註（42）参照）。

3) 藤田、同上、18 頁。なお、明治 21 年 4 月 17 日公布の市制町村制上諭には「隣保団結ノ旧慣ヲ存重シテ益之ヲ拡張シ」と述べられていた。

4) 伊藤隆「幕末維新と三傑」憲政記念館編集『維新の三傑特別展展示目録』（憲政記念館、2000 年）3 頁。

5) 伊藤、同上、4 頁。

6) 慶応 4 年（明治元年）正月 23 日大久保利通「大坂遷都の建白書」、『大久保利通文書』第 2（日本史籍協会、1927 年）192 頁。なお、「民ノ父母」の先例として、726 年聖武天皇の「医薬ヲ施スノ詔」（「続日本紀巻第九」加藤咄堂編『歴代詔勅集日本精神文献叢書第 1 巻　聖徳篇上』（大東出版社、1939 年）93 頁。）及び 1540 年「後奈良天皇宸翰般若心経御奥書」（森末義彰・岡山泰四編纂『歴代詔勅集』（目黒書店、1938 年）681 頁）がある。

7) 慶応 4 年（明治元年）3 月太政官日誌第五「御宸翰之御写」石井良助編『太政官日誌』第 1 巻（東京堂出版、1980 年）21 頁。

8) 稲田正次『明治憲法成立史』上巻（有斐閣、1960 年）22 頁。

9) 慶応 4 年（明治元年）3 月木戸孝允建言の事由、木戸公伝記編纂所『松菊木戸公伝』上（明治書院、1927 年）917 頁。

10）伊藤、前掲注 4 ）4 頁。

11）明治 6 年 7 月木戸孝允「憲法制定の建言書」妻木忠太編纂『木戸孝允文書』第 8
　（日本史籍協会、1931 年）123 頁。

12）明治 5 年正月 22 日条木戸孝允日記、妻木忠太編纂『木戸孝允日記』第 2 （日本
　史籍協会、1933 年）142 頁。

13）五箇条の誓文第 5 条、「一　智識ヲ世界ニ求メ大ニ皇基ヲ振起スベシ」。

14）明治 4 年 7 月 8 日制度取調機関による「国体論の議事」井上馨公伝記編纂会編
　『世外井上公伝』第 1 巻（原書房、1968 年／初出は 1933 年）502 頁。

15）稲田、前掲注 8 ）195 頁。

16)17）矢部新作「大久保利通」『史海』第 17 巻（1892 年）55 頁。

18）稲田、前掲注 8 ）197 頁。

19）稲田、同上、198 頁。

20)21）板根義久校注『青木周蔵自伝』（平凡社、1970 年）45 頁（なお、引用文中〔憲
　法〕は原文どおり）。

22）明治 6 年 9 月木戸孝允、妻木、前掲注 11）127 頁。

23）板根、前掲注 20）48 頁。

24）妻木、前掲注 11）127 － 128 頁。

25）明治 8 年 3 月 7 日付井上馨宛木戸孝允書翰、妻木忠太編纂『木戸孝允文書』第 5
　（日本史籍協会、1930 年）53 頁。

26）妻木、前掲注 11）128 頁。ちなみに、明治 8 年頃の地方民会の例であるが、「首
　として地方官員の賢愚政事の得失を議し、此の県令は宜く逐ふべし、此の判任は
　殺すべし等の事を論」じるという程度のレベルであった（明治 8 年 7 月 8 日地方
　官会議での鹿児島県令大山綱良発言。地方官会議日誌、我部政男・広瀬順晧・西
　川誠編『明治前期地方官会議史料集成』第 1 期・第 5 巻（柏書房、1996 年）135
　頁参照）。

27）伊藤博文「直話」（木戸孝允）、小松緑編輯『伊藤公全集』第 3 巻（伊藤公全集
　刊行会、1927 年）22 頁。

28）大石眞『日本憲法史』第 2 版（有斐閣、2005 年）65 頁。

29) 稲田、前掲注8) 247 頁。

30) 大石、前掲注 28) 64 頁。

31) 大石、同上、69 頁。

32) 大石、同上、71 頁。

33) 大石、同上、69 頁。

34) 明治 13 年 12 月 21 日付岩倉具視宛伊藤博文書簡、春畝公追頌会編『伊藤博文伝』
　　中巻（統正社、1940 年）189 頁。

35) 稲田、前掲注8) 337 頁。

36) 明治 14 年 10 月 4 日伊藤博文発言、東京大学史料編纂所編纂『保古飛呂比　佐
　　佐木高行日記』10（東京大学出版会、1978 年）431 頁。

37) 明治 14 年 3 月大隈重信立憲政体意見、皇后宮職御蔵版『岩倉公実記』下巻（岩
　　倉公旧蹟保存会、1927 年／初出は 1906 年）712 丁。

38) 稲田、前掲注8) 458 頁。

39) 稲田、同上、459 頁。

40) 41) 稲田、同上、467 頁。

42) 明治 14 年 6 月「憲法意見（第一）」、井上毅伝記編纂委員会編『井上毅伝　史料
　　篇』（以下、井上伝史料篇という。）第 1（國學院大學図書館、1966 年）226、228 頁。

43) 稲田、前掲注8) 476 － 477 頁。

44) 明治 14 年 10 月 7 日付岩倉具視宛井上毅書簡、侯爵大隈家蔵版『大隈重信関係
　　文書』第 4（日本史籍協会、1934 年）384 － 385 頁。

45) 明治 14 年 6 月元田意見書、稲田、前掲注8) 444 頁。なお、原本は「元田永孚
　　文書」（国立国会図書館憲政資料室蔵）108 － 5、6 であるが、稲田が原本の改削修
　　正を復元整理している（この点について、沼田哲『元田永孚と明治国家――明治
　　保守主義と儒教的理想主義――』（吉川弘文館、2005 年）228 頁注（34）参照）。

46) 明治 12 年 6 月元田永孚の憲政意見書、渡邊幾治郎監修・議会政治社編輯部編
　　『日本憲政基礎史料』（議会政治社、1939 年）259、262 頁。

47) 明治 14 年 6 月元田意見書、稲田、前掲注8) 444 頁。

48) 明治 14 年 5 月大木喬任建議「乞定国体之疏」、皇后宮職御蔵版、前掲注 37)

692、696 丁。

49) 明治 14 年 6 月元田意見書、稲田、前掲注 8) 443 頁。

50) 明治 14 年 10 月 6 日元田永孚発言、東京大学史料編纂所、前掲注 36) 436 頁。

51) 稲田、前掲注 8) 451 頁。

52) 伊藤博文憲法制定回顧談、尾佐竹猛『日本憲政史の研究』（一元社、1943 年）
   323 頁（なお、発言は明治 30 年 4 月 17 日国家学会講演のもの（国家学会雑誌第
   11 巻 123 - 124 号収録））。

53) 五箇条の誓文第 4 条、「一　旧来ノ陋習ヲ破リ天地ノ公道ニ基クベシ」。なお、
   この条の詳細の意味については、稲田、前掲注 8) 17 - 18 頁参照。

54) 明治 9 年夏「憲法意見控」、井上伝史料篇第 1、前掲注 42) 94、95 頁。

55) 明治 14 年 6 月「憲法意見（第一）」・井上伝史料篇第 1、同上、227 頁。

56) 明治 14 年 6 月元田意見書、稲田、前掲注 8) 445 頁。

57) 沼田哲『元田永孚と明治国家——明治保守主義と儒教的理想主義——』（吉川弘
   文館、2005 年）212 頁。

58) 小早川秀雄「井上梧陰先生」15 頁、平田信治編『元田井上両先生事蹟講演録』
   （元田、井上両先生頌徳会、1913 年）所収。

59) 稲田、前掲注 8) 539 頁。

60) 木下周一訳、ヘルマン・シュルチェ『国権論』第 3 号（独逸学協会、1882 年）
   12 頁。

61) 稲田、前掲注 8) 542 頁。

62) 稲田正次『明治憲法成立史』下巻（有斐閣、1962 年）587 頁記載による（なお、
   ほぼ同文が伊藤博文『憲法義解』（岩波書店、1940 年）27 頁に掲載）。

63) 稲田、同上、同頁。

64) 稲田、前掲注 8) 452 頁。

65) 1894 年 6 月 5 日誌船越衛「緒言」船越衛『墺国斯多因博士国粋論』（1894 年／
   国立国会図書館蔵）による。

66) 明治 12 年「教育議」春畝公追頌会、前掲注 34) 153 頁。

67) 伊藤博文、宮沢俊義校註『憲法義解』（岩波書店、1940 年）26 頁。

68）伊藤、同上、27 頁。

69）藤田、前掲注 2) 7 頁。美濃部達吉は、主権という用語が通俗には「統治権という語と同じ意味に用いらるる」ことを指摘する（この点については、美濃部達吉『憲法講話』全（有斐閣書房、1912 年）20 − 21 頁参照)。

70）伊藤博文「帝国憲法制定の由来」大隈重信撰・副島八十六編『開国五十年史』上巻（原書房、1970 年／初出は 1907 年）130 頁。

71）黒田清隆「環遊日記」下編附録「スタイン氏講述筆記」朝倉治彦監修『明治欧米見聞録集成』第 7 巻（ゆまに書房、1987 年）125 − 126 頁。

72）国立公文書館蔵『枢密院会議議事録』（以下、枢密院議事録という。）第 1 巻　明治 21 年［上］（東京大学出版会、1984 年）156 − 157 頁。

73）枢密院議事録、同上、157 頁。

74）渡邊幾治郎『日本憲法制定史講』（千倉書房、1937 年）166 頁。

75)76)77) 枢密院議事録、前掲注 72) 157 頁。

78）藤田、前掲注 2) 7 頁。なお、憲法発布勅語参照。

79）稲田、前掲注 62) 568 頁。

80）伊藤、前掲注 67) 65 頁。

81）沼田、前掲注 57) 222、223 頁。

82）金子堅太郎『憲法制定と欧米人の評論』（日本青年館、1937 年）104 頁。

83）伊藤、前掲注 67) 22 頁。

84）藤田、前掲注 2) 7 頁。

85）藤田、同上、同頁。

86)87) 藤田、同上、8 頁。

88）藤田、同上、同頁。

89）伊藤、前掲注 67) 27 頁。

90）伊藤、前掲注 70) 133 頁。

91）伊藤、同上、134 頁。

92）伊藤、同上、133 頁。

93）伊藤、同上、134 頁。

94）伊藤、同上、133 頁。

95）藤田、前掲注 2）12 − 13 頁。

96）藤田、同上、12 頁。

97）藤田、同上、27 頁。

98）坂本一登『伊藤博文と明治国家形成──「宮中」の制度化と立憲制の導入──』（吉川弘文館、1991 年）233 頁。

99）「立憲国家」に対比される藤田の用法を借用した。藤田、前掲注 2）15 頁参照。

100）この点は、井上毅にも共通するところであったと見ることができる。そもそも井上には、坂井雄吉の指摘のように、「郷党的社会」のような「俗」を「国家権力ないし法律の領域外に放置することこそ、人民の生活の『自然』を保証する所以」とする考えがあった（坂井雄吉『井上毅と明治国家』（東京大学出版会、1983 年）94 頁参照）。と同時に、井上には近代立憲制を十全に施行するために、「政治（法）と宗教（わが国では道徳）を離」すべきだとも考えていた（梅溪昇『教育勅語成立史──天皇制国家観の成立〈下〉──』（青史出版、2000 年）147 頁参照）。要するに、「理」と「情」の分離の考え方である。

　ここから、明治 23 年の教育勅語制定に当たっては、道徳を記載する勅語を、「政事〔政治〕上の命令と区別して社会上の君主の著作公告として看」るべし（井上伝史料篇第 2（1968 年）231 頁）と主張した（この点については、第 1 章第 2 節 2（1）の記述参照）。

　また、同年公布の民事訴訟法に官製的な「勧解」が規定されなかった際、これに賛成して非法的な紛争解決制度は「人民の自由に仲裁者を選択するに任せて、官より規定せざるべき」ものとし、新たに規定された自治的な紛争解決制度である「仲裁」に期待を寄せた（明治 24 年 8 月 12 日付今村和郎宛井上毅書簡、井上伝史料篇第 4（1971 年）326 頁参照）。

　さらに、明治 11 年の三新法（郡区町村編成法・府県会規則・地方税規則）制定の際には、「町村の自治と云ふことは政事家の拵へたもので無い、自然のものである」がゆえに「町村の自治は破ることの出来ないもの、之を養つて行かなければならぬもの」（明治 21 年 12 月 10 日「自治制ニ関スル演説」井上伝史料篇第 5（1975

年）389 頁参照。）という考えから、町村を「行政区外に見放」す（明治 11 年 5 月
16 日佐野常民元老院議官発言、明治法制経済史研究所編『元老院会議筆記』前期
第 5 巻（元老院会議筆記刊行会、1969 年）194 頁参照。）内容の原案に携わった。
ただし、この原案は元老院で修正され、井上の意に反して将来の市制町村制へと
続く国の「行政区画」としての性格づけ、すなわち「町村＝自然村の行政機能
化」への方向を宿命づけられたものとなった（この点について、山田公平『近代
日本の国民国家と地方自治』（名古屋大学出版会、1991 年）311 頁参照）。

101）藤田、前掲注 2）10 頁。

102）藤田、同上、33 頁。

103）明治 25 年 8 月 8 日巻 158、宮内庁『明治天皇紀』第 8（吉川弘文館、1973 年）
117 頁。

104）坂本、前掲注 98）242 頁。

105）明治 22 年 2 月 15 日「伊藤博文憲政の旨趣を府県会議長に告ぐ」、渡邊幾治郎、
議会政治社・前掲注 46）【解説】485 頁（なお、本文は 481 頁）。

106）鳥海靖『日本近代史講義──明治立憲政の形成とその理念』（東京大学出版会、
1988 年）264 頁。

107）渡邊、前掲注 74）144 頁。

108）渡邊、同上、145 頁。

109）渡邊、同上、143 － 144 頁。なお引用文の原文は、明治 24 年 12 月 2 日付井上
毅宛伊藤博文書簡、井上伝史料篇第 5（1975 年）147 頁。

110）「近代」性と「道徳」性との「矛盾」である。藤田、前掲注 2）108、109 頁参照。

111）鈴木正幸『国民国家と天皇制』（校倉書房、2000 年）100 頁。

112）「上奏ニ対シ勅答ヲ賜フベカラザル理由」伊藤博文編、金子堅太郎・平塚篤校
訂『秘書類纂 帝国議会資料』下巻（秘書類纂刊行会、1934 年）145 頁。

113)114）鈴木、前掲注 111）101 頁。

115）明治 32 年 5 月 17 日伊藤博文「中津町歓迎会に於て」『伊藤侯演説集』第 2（日
報社文庫、1899 年）119 頁。

116）伊藤、同上、120 頁。

117) 坂本一登「伊藤博文と山県有朋」伊藤隆編『山県有朋と近代日本』（吉川弘文館、2008 年）147 頁。

118) 伊藤、前掲注 115) 120 - 121 頁。

119) 坂本、前掲注 117) 149 頁。

120)「平田東助の経歴談」徳富蘇峰編述『公爵山県有朋伝』下巻（原書房、1969 年／初出は 1933 年）321 頁。

121) 春畝公追頌会『伊藤博文伝』下巻（統正社、1940 年）389 頁。

122) 坂本、前掲注 117) 151 頁。

123) この点については、明治 31 年 12 月 10 日伊藤博文「憲政党員講待会に於て」『伊藤侯演説集』（日報社文庫、1899 年）25 頁以下及び伊藤、前掲注 115) 122 - 123 頁参照。

124) 伊藤、前掲注 115) 123 頁。

125) 明治 31 年 12 月 10 日伊藤博文「憲政党員講待会に於て」『伊藤侯演説集』（日報社文庫、1899 年）47 頁。

126) 明治 23 年 5 月 26 日井上毅「冗費節約意見案」、井上伝史料篇第 2（1968 年）228 頁。

127) 藤田、前掲注 2) 20 頁。なお、同、14 頁参照。

128) 伊藤、前掲注 115) 123 頁。

129) 金原左門「政党政治と国民」金原左門編『近代日本の軌跡 4　大正デモクラシー』（吉川弘文館、1994 年）177 頁。

130) この点については、井上毅も徳義の必要性を認識していた。すなわち明治 22（1889）年春、明治憲法発布に当たって井上は、黒田清隆首相に宛てて「憲法は単一の法に非ずして、専徳義に依て成立するものなり、故に立憲の美果を収むるは憲法の条文のみにあらざるなり」として徳義心の不可欠なことを述べている。ただし、井上は続けて「憲法の徳義とは蓋一に曰君主の徳義二に曰輔相の徳義三に曰議会の徳義是なり」と言うように、伊藤のごとく徳義を制度に組み込むのではなく、制度運用者個人の徳義心に期待した。彼の基本は「君主統治制」であって「政党内閣」については否定的であった。以上の点について、明治 22 年春進黒田

総理大臣、井上毅「立憲施政意見」井上伝史料篇第 2、83 頁及び「非議員制内閣論」井上伝史料篇第 3（1969 年）622 - 636 頁参照。

131）金原、前掲注 129）198 頁。政策の行き詰まりによる総辞職の場合である。現首相の急死のような不慮の事態による内閣総辞職の際には現与党の次期総裁が引き続き政権を担当した。

132）玉澤光三郎「所謂『天皇機関説』を契機とする国体明徴運動」思想研究資料特輯第 72 号（司法省刑事局、1940 年）80 頁。

133）昭和 7 年 5 月 16 日付木戸幸一日記、木戸日記研究会校訂『木戸幸一日記』上巻（東京大学出版会、1966 年）163 - 164 頁。

134）昭和 7 年 5 月 17 日付木戸幸一日記、木戸日記研究会、同上、165 頁。

135）136）原田熊雄述『西園寺公と政局』第 2 巻（岩波書店、1950 年）287 - 289 頁。

137）昭和 7 年 5 月 16 日付木戸幸一日記、木戸日記研究会、前掲注 133）164 - 165 頁。

138）筒井若水・佐藤幸治・坂野潤治・長雄龍一編『法律学教材　日本憲法史』（東京大学出版会、1976 年）249 頁。

139）140）昭和 6 年 11 月 10 日付永井荷風日記、永井荷風『断腸亭日乗』3（岩波書店、1980 年）50 頁。

141）美濃部達吉『逐条憲法精義』全（有斐閣、1927 年）73 頁。

142）美濃部、同上、74 頁。

143）美濃部、同上、15 - 16 頁。

144）美濃部、同上、54 頁。

145）美濃部、同上、20 頁。

146）147）148）美濃部、同上、17 頁。

149）150）美濃部、同上、同頁。

151）美濃部、同上、17 - 18 頁。

152）伊藤、前掲注 67）23 頁。

153）美濃部、前掲注 141）71 - 72 頁。

154）美濃部達吉『憲法撮要』（有斐閣、1934 年／初出は 1923 年）350 頁。

155）美濃部、同上、351 頁。

156）美濃部、同上、346 頁。

157）美濃部、同上、347 頁。

158）美濃部、同上、299 頁。

159）美濃部、同上、301 頁。

160）荒邦啓介『明治憲法における「国務」と「統帥」 統帥権の憲法史的研究』（成文堂、2017 年）21 頁。

161）美濃部、前掲注 154）324 頁。

162）美濃部、同上、324 - 325 頁。

163）統帥権の範囲をめぐっては、当初から政治部門と軍事部門との間で確執があった。一方の政治部門からは、狭義の統帥権（作戦、用兵）以外は軍の行動をできる限り政府の統制下に置きたい思惑があり、他方の軍事部門からは、作戦を円滑に進めるためにフリーハンドが好ましいところから統帥事項の範囲をできるだけ広く取りたいという思惑があった。しかし、本来政府の行政事項たるべきものまで軍事関係という理由で軍の統帥事項に含めれば、「法令二途」、「二重政府」の様相を呈し、政治のコントロールの効かない軍部暴走の危険が生じることになる。それゆえ、井上毅も伊藤博文もそれぞれ統帥権の限定手段を試みたのだが、いずれも軍部の反撃で結局は妥協せざるを得なかった。そしてこの「二重政府」状態による軍部の暴走がやがて現実のものとなったのは、周知のとおり歴史の示すところ（満州事変）である。以上の点については、明治 21 年 4 月「陸軍軍政意見」、井上伝史料篇第 2、前掲注 126）19 - 23 頁及び明治天皇紀巻 241 明治 40 年 7 月 30 日の条、宮内庁『明治天皇紀』第 11（吉川弘文館、1975 年）796 - 799 頁並びに美濃部、前掲注 154）324 - 325 頁等参照。

164）荒邦、前掲注 160）18 - 19 頁。

165）荒邦、同上、18 頁。

166）荒邦によれば、この見解は有賀長雄の学説に根拠を有するとされる。荒邦、同上、22 - 23 頁参照。

167）荒邦、同上、20 頁以下参照。

168）荒邦、同上、24 頁。

169）坂野潤治『昭和史の決定的瞬間』（筑摩書房、2004 年）19 頁。

170）坂野潤治『日本憲政史』（東京大学出版会、2008 年）132 頁。

171）以上については、坂野、前掲注 169）19－20 頁の記述参照。

172）坂野、同上、20 頁。

173）昭和 9 年 2 月 8 日菊池武夫発言、第 65 回帝国議会貴族院議事速記録第 13 号、帝国議会貴族院議事速記録 60（東京大学出版会、1984 年）131－132 頁。

174）昭和 10 年 2 月 19 日菊池武夫発言、第 67 回帝国議会貴族院議事速記録第 10 号、帝国議会貴族院議事速記録 61（東京大学出版会、1984 年）96 頁。

175）176）菊池、同上、93 頁。

177）玉澤、前掲注 132）214 頁。

178）三谷太一郎『近代日本の戦争と政治』（岩波書店、1997 年）250 頁。

179）三谷、同上、246 頁。

180）三谷、同上、227 頁。

181）三谷、同上、227－228 頁。

182）三谷、同上、254 頁。

183）三谷、同上、255－256 頁。

184）坂野は、二・二六事件での反乱軍の目的が統帥権を干犯する天皇機関説の最終的打破にあったとする（坂野、前掲注 169）39 頁参照）。

185）美濃部、前掲注 154）300 頁。

186）坂野潤治『明治憲法史』（筑摩書房、2020 年）229 頁。

187）石井良助『天皇——天皇統治の史的解明』（弘文堂、1950 年）207 頁。

188）石井、同上、同頁。

189）もっとも、当該過程が藤田の言うように「論理必然的」に「徳義による結合＝道徳共同態」へと「同一化」するものであったとするのには疑問が残る。というのは、少なくとも「昭和大恐慌」期から「ファッショ化の時期」までは、明治憲法制度は憲政の常道下での政党政治において曲がりなりにも「政治国家」形成へと進みつつあったと言える。その流れが崩れたのは、恐慌などによる国民経済の停滞、協調外交路線の行き詰まり、政党や財閥の腐敗・堕落とそれに伴う議会政

治への不信、さらには明治憲法自体の不完全性（政党政治や統帥権の内容を不安定な解釈に委ねざるを得なかったこと）など、少なからず偶然の要素を含む歴史的諸要因に基づくものであり、それゆえ「論理必然的」と言うよりはむしろ期せずしてそうなったと言う方が、より実態に合うように思われるからである。

190）江藤新作『南白江藤新平遺稿』後集（吉川半七、1900 年）31 - 32 丁。

191）「国法会議の議案」中、国法箇条の目録に、行政・立法・司法、国民の地位、地方制度、議会・地方議会、裁判、会計、改正等の項目が掲げられている（江藤、同上、32 - 33 丁）とおり、国制の根本法である憲法（私法（「民法」）を除くいわゆる公法）のことである。なお、毛利敏彦『江藤新平』（中央公論社、1987 年）87 頁以下参照。

192）第 1 章で述べるように、江藤は実体法たる民法と並んで手続法たる訴訟法（民事訴訟法）も手掛けている。

193）松尾正人「明治初年の国法会議」日本歴史第 412 号（吉川弘文館、1982 年）65 頁。

194）井上馨公伝記編纂会編、前掲注 14）502 頁。

195）松尾、前掲注 193）64 頁。


## 第 1 章

1）丸山幹治『副島種臣伯』（みすず書房、1987 年）137 - 138 頁。もっとも当の箕作は、「そんな翻訳を言付けられても、ちつとも分りませんだつた」、訳本は「間違ひだらけ」だったなどと後年述懐している。元々彼の専門は英語であり、仏語の方は幕末に徳川昭武に伴って渡仏した際の一年有余の間に付け焼刃で習得した程度であり、また、翻訳を命じられるまで法律書も「のぞいて見たこともなかつた」という（大槻文彦『箕作麟祥君伝』（丸善、1907 年）99 - 101 頁参照）。

2）丸山、同上、138 頁。

3）磯部四郎「民法編纂ノ由来ニ関スル記憶談」法学協会雑誌第 31 巻第 8 号（1913 年）152 頁。

4）大槻文彦『箕作麟祥君伝』（丸善、1907 年）101 - 102 頁。

5）磯部、前掲注3）148頁。

6）的野半介『江藤南白』下（南白顕彰会、1914年）107頁。

7）磯部、前掲注3）152頁。

8）明治8年3月11日井上毅「司法省改革意見」、井上毅伝記編纂委員会編『井上毅伝　史料篇』（以下、井上伝史料篇という。）第1（國學院大學図書館、1966年）54頁。

9）大木が性急果断な江藤とは正反対の深慮熟考タイプであったこともあり、フランスという文字を日本という語に直してそのまま施行する方針であった江藤時代には押さえつけられていた、我が国の慣習・風俗をも充分尊重すべきであるなどの議論が司法省部内で沸き上がり、議論百出となってしまったのである。また、この間他にも、台湾出兵や佐賀の乱、西南戦争など諸事件が続いたために、落ち着いて法典編纂に打ち込める状況になかったこともあった。以上の点については、磯部、前掲注3）152－153頁及び井上正一「仏国民法ノ我国ニ及ホシタル影響」仏蘭西民法百年記念論集（法理研究会、1905年）57頁参照。

10）星野通『明治民法編纂史研究』（ダイヤモンド社、1943年）28－29頁。

11）井上正一「仏国民法ノ我国ニ及ホシタル影響」仏蘭西民法百年記念論集（法理研究会、1905年）59頁。

12）磯部、前掲注3）157頁。

13）この時憲法は既にドイツ（プロシャ）を範とすることに事実上決しており、そのため近代法典編纂作業はこの後フランス式とドイツ式との二本立てで進行することとなるが、このことが後の法典論争にも影響を与えることとなる。

14）磯部、前掲注3）157頁。

15）16）磯部、同上160頁。

17）明治4年派遣の岩倉米欧使節団のテーマの一つも条約改正問題であった。

18）金子堅太郎「講演」法曹会雑誌第11巻第1号（1933年）28－29頁。

19）金子、同上、29頁。

20）金子、同上、同頁。

21）金子、同上、31頁。ノルマントン号事件、ボワソナードの反対、農商務省谷干

城の抗議の辞職などに触発され、条約改正反対運動が全国にまで波及した。

22) 金子、同上、同頁。

23) 金子、同上、32 頁。

24) 金子、同上、33 頁。

25) 金子、同上、34 頁。

26) 磯部、前掲注3) 162 頁。

27) もっとも彼らの起草した第一草案は、日本の単独相続の慣行に批判的であった
ボワソナードの持論に沿って長男の相続分を他の子の相続分より若干優遇しただ
けのものであり、また、戸主の権利もほとんど認めないものであったので、法律
取調委員会で批判され、単独相続の採用と戸主権強化の方向に草案は修正された
(この点については、小柳春一郎「民法典の誕生」広中俊雄・星野英一編『民法典
の百年』Ⅰ(有斐閣、1998 年)9 頁参照。なおこのことは、元老院での審議の際、
津田真道議官によっても指摘されている(明治 22 年 7 月 29 日民法議案大体可否
会での津田真道発言、明治法制経済史研究所編『元老院会議筆記』(以下、「元老
院会議筆記」という。)後期第 34 巻(元老院会議筆記刊行会、1989 年)332 頁)。)。

28) 金子、前掲注 18) 34 頁。

29) 金子、同上、35 頁。

30)「元老院会議筆記」後期第 25 巻(元老院会議筆記刊行会、1981 年)1923 頁。

31) 元老院民法議案大体可否会での津田発言、「元老院会議筆記」、前掲注 27)332 頁。

32) 元老院議官楠本正隆発言、「元老院会議筆記」、同上、322 頁。

33) この無理が、後の法典論争において三浦安・村田保らからの逆襲を受ける遠因
となる(この点について、星野、前掲注 10) 144 頁参照)。

34) 渡邊幾治郎『教育勅語の本義と渙発の由来』(福村書店、1940 年)243 − 244 頁。

35) 渡邊、同上、243 頁。

36)37) 渡邊、同上、244 頁。

38) 明治 23 年 2 月 20 日石井省一郎岩手県知事発言、東京府「明治二十三年二月地
方官会議々決書並筆記」(東京都公文書館蔵、1890 年)47 頁。

39) 明治 23 年 2 月 20 日高崎五六東京府知事発言、東京府、同上、49 頁。

40）明治 23 年 2 月 26 日付徳育涵養ノ義ニ付建議、大霞会編『内務省史』第 1 巻（地方財務協会、1971 年）180 - 181 頁より再引。

41）42）芳川顕正「教育勅語御下賜事情」、国民精神文化研究所『教育勅語渙発関係資料集』第 2 巻（国民精神文化研究所、1939 年）458 頁。

43）44）榎本武揚「地方長官会議に於ける榎本文部大臣回答要旨」、同上、449 頁。

45）明治 23 年 2 月 25 日安場保和福岡県知事発言、東京府、前掲注 38）59 頁参照。

46）「修身教育に関する文部省の方針」、前掲注 41）451 頁。

47）芳川、同上、458 頁。

48）49）江木千之外「教育勅語発布ニ関スル山県有朋談話筆記」、同上、453 - 454 頁。

50）芳川、同上、456 頁。

51）江木千之外、同上、454 頁。

52）元田永孚記「聖喩記」、海後宗臣『元田永孚』（文京書院、1942 年）185 頁より再引。

53）元田永孚記「教学大旨」、国民精神文化研究所『教育勅語渙発関係資料集』第 1 巻（国民精神文化研究所、1938 年）3 頁より再引。

54）沼田哲『元田永孚と明治国家——明治保守主義と儒教的理想主義——』（吉川弘文館、2005 年）223 頁。

55）渡邊幾治郎『教育勅語渙発の由来』（学而書院、1935 年）146 頁。

56）明治 23 年 6 月 20 日付山県有朋宛井上毅意見、井上伝史料篇第 2(1968 年)231 頁。井上の意見は、かつて伊藤が「教育議」で示した、「風俗の弊」を「救ふ所以の者」は「教育の法尤も其の緊要の一に居るのみ」であるところ、その法を「世に行ふか如きは、必す賢哲其人あるを待つ。而して政府の宜しく管制すべき所に非さるなり」とする、「立憲国家」と「道徳国家」の二元的構成から導かれるものである（「教育議」については、春畝公追頌会編『伊藤博文伝』中巻（統正社、1940 年）151 - 153 頁参照。なお、井上毅「教育議草稿」につき、井上伝史料篇第 6(1977 年)85 - 88 頁）。

57）梅溪昇『教育勅語成立史——天皇制国家観の成立〈下〉——』（青史出版、2000 年）147 頁。

58）要するに、この勅諭は「社会上の君主」すなわち主権の「体」たる「民の父母」としての天皇により発せられるものであり、したがって「立憲政体の主義」で運用される主権の「用」に組み込まれるべきではないということである。この点については序論注100）参照。

　　ただし問題は、そもそも「政治（法）」と「道徳（教育）」の分離（政教分離・法と道徳の峻別）が果たして貫けるかどうかにある。なお、井上における「政治（法）」と「道徳（教育）」の分離により、「旧事の陋習を回護」して近代立憲制の実施が危うくなるのを防ごうとした点については、「教育議草稿」（前掲注56））参照。

59）山県宛井上意見、前掲注56）232頁。

60）江木外、前掲注41）455頁。

61）海後宗臣『海後宗臣著作集第10巻　教育勅語成立史研究』（東京書籍、1981年）391－392頁。

62）渡邊、前掲注55）149－150頁。

63）明治23年8月26日付井上毅宛元田永孚書簡、井上伝史料篇第5（1975年）221頁。

64）井上が関与した案だけでも芳川の下に15、元田の下に9、文部省に6、内閣に2、合計32点存在するとされる（この点については、海後、前掲注61）237頁掲載の表参照）。

65）この時点で「勅諭」が「勅語」と改められた（この点については、渡邊、前掲注55）166－168頁参照）。

66）芳川「徳教ニ関スル勅諭ノ議」、前掲注41）452頁。

67）「勅語発布手続左ノ通改正」、渡邊、前掲注55）169頁より再引。

68）明治23年10月22日付井上毅宛芳川顕正書簡、井上伝史料篇第5、前掲注63）294頁。

69）70）井上伝史料篇第5、同上、同頁。

71）明治23年10月22日付元田永孚宛井上毅書簡、井上伝史料篇第4（1971年）606頁。なお海後は、井上がこのように主張したのは「法制上の取扱いから」の理由であったと言う。海後の見解については、海後、前掲注61）529頁参照。

72) 井上伝史料篇第 4、同上、606 頁。

73) 明治 23 年 10 月 24 日井上毅宛元田永孚書簡、井上伝史料篇第 5、前掲注 63)
225 頁。

74) 渡邊、前掲注 55) 170 頁。

75) 江木千之「教育勅語の渙発」、前掲注 41) 466 頁。なお江木は、天皇の病気につ
いての詮索は「恐入るから差控えること」だと言っている（同、466 頁参照）。

76) 石田雄『明治政治思想史研究』（未來社、1954 年）62 頁、注（76)。

77) 78) 梅溪昇「明治天皇制国家の構造形成に関する一考察」大阪大学文学部日本史
研究会編『近世近代の地域と権力』（清文堂出版、1998 年）338 頁。

79) 梅溪、前掲注 57) 147 頁。

80) 藤田省三『天皇制国家の支配原理』（未來社、1966 年）23 頁。

81) 藤田、同上、27 頁。

82) 海後、前掲注 61) 371 頁参照。

83) 明治 28 年 3 月井上毅「五倫と生理との関係」『梧陰存稿巻一』、井上伝史料篇第
3（1969 年）639 頁。

84) 明治 21 年 6 月 4 日「行政の目的に就いて」井上伝史料篇第 5、前掲注 63) 378
頁。なお井上は、この中で孔子の唱えた「仁」は別とする。その理由は、「仁」
が西洋の「親愛」と同じだからとしている（同、381 - 382 頁参照）。

85) 井上伝史料篇第 3、前掲注 83) 642 頁。

86) 海後、前掲注 61) 373 頁。

87) 井上毅「佐藤つるの伝」井上伝史料篇第 3、前掲注 83) 667 - 668 頁。

88) 渡辺浩「『夫婦有別』と『夫婦相和シ』」中国――社会と文化第 15 号（中国社会
文化学会、2000 年）208 頁。

89) 井上伝史料篇第 3、前掲注 83) 639 頁。

90) 91) 92) 渡辺、前掲注 88) 229 頁。

93) 大正 8 年 10 月 24 日臨時法制審議会第 2 回総会において司法次官鈴木喜三郎は、
「要するに此淳風美俗と申しますのは、他の言葉で申しますれば、所謂父母に孝
に、兄弟に友に、夫婦相和すると云ふことの主義に外ならぬ」と述べ、この「建

前」で「立法する」ことが適当である旨説明を行っている。この点について、臨時法制審議会「臨時法制審議会総会議事速記録諮問第一号（民法改正）」（以下、臨時法制審議会総会議事速記録という。）4頁参照。なお、詳細は第2章第2節1（2）参照。

94）明治22年5月法学士会決議、星野、前掲注10）119 – 120頁より再引。

95）岸上晴志「ボアソナード時代」水本浩・平井一雄編『日本民法学史・通史』（信山社、1997年）69頁。

96）施行延期派の主要メンバーは、岡野敬次郎、江木衷、花井卓蔵、奥田義人らであった。

97）断行派の主要メンバーは、磯部四郎、岸本辰雄、熊野敏三らであり、これに和仏法律学校（現、法政大学）の梅謙次郎なども後に参戦した。

98）星野、前掲注10）123頁。「わが国従来の商業用語も忽緒に附せられ、法典全体としても統一性を欠くなど色々の欠点」を持っていた（同、123頁）。

99）星野、同上、128頁。

100）穂積八束「民法出テテ忠孝亡フ」法学新報第5号（1891年）10頁。

101）社会人類学者中根千枝によれば、日本の家族の特色は、親子間「継承（succession）」構造にあるとされる（この点については、中根千枝『家族の構造──社会人類学的分析──』（東京大学出版会、1970年）103、113頁等参照）。なお、家の親子間継承は平安中期以降の京都貴族から始まったとされる（この点における官務家小槻氏の系譜に関する研究として橋本義彦『平安貴族社会の研究』（吉川弘文館、1976年）329頁以下参照）。

102）穂積、前掲注100）10頁。

103）104）105）穂積、同上、11頁。

106）穂積、同上、13頁。

107）穂積陳重『法窓夜話』（有斐閣、1916年）348頁。

108）星野、前掲注10）128頁。

109）明治25年5月25日付「法典実施延期意見」、法学新報第14号（1892年）6頁。

110）星野通「旧民法典と民法典論争」『民法典論争資料集』（日本評論社、1969年）

7 頁。

111)「法典実施延期意見」、前掲注 109) 3 頁。

112)「法典実施延期意見」、同上、9 頁。

113) 結局、商法については再延期ということになる。

114) 金子、前掲注 18) 40 頁。

115) 第 3 回帝国議会貴族院議事速記録（以下、第 3 回貴族院速記録という。）第 11
号、帝国議会貴族院議事速記録 4（東京大学出版会、1979 年）84 頁。

116) 第 3 回貴族院速記録、同上、84 – 85 頁。

117) 第 3 回貴族院速記録、同上、第 12 号 125 頁。

118) 三崎亀之助委員会報告、第 3 回帝国議会衆議院議事速記録第 24 号、帝国議会
衆議院議事速記録 4（東京大学出版会、1979 年）555 頁。

119) 穂積、前掲注 107) 361 頁。仁井田益太郎は富井の補助委員となった（この点
については、仁井田益太郎、穂積重遠、平野義太郎「仁井田博士に民法典編纂事
情を聴く座談会」法律時報第 10 巻第 7 号（1938 年）17 頁参照）。なお、梅は商法
起草委員も兼任し、民商法の立法上の統一が図られた（この点について星野、前
掲注 10) 203 頁参照）。

120) 財産取得編の中に規定されていた相続が独立の一編とされた。その理由は「家
督相続は戸主権の相続であり、この点を考えるならば、財産取得編の中に置くこ
とは戸主制度の軽視につながるというもの」（前掲注 27) に引用の、小柳 27 頁。）
とされる。

121) 富井発言、明治 28 年 10 月 14 日第 124 回法典調査会議事速記録、法務大臣官
房司法法制調査部監修『日本近代立法資料叢書 5　法典調査会民法議事速記録
五』（商事法務研究会、1984 年）462 頁。

122) 磯部、前掲注 3) 162 頁。ただし、自身が起草した相続編についてである。

123) 前掲注 119) に引用の、仁井田外、23 頁。

124)「旧民法」との差異は、小家族的家族から「大家族的」な戸主を代表とする
「家」への色彩が明確なものとなった点である。この点について、前掲注 27) に引
用の、小柳、28 頁参照。

125）実はその前の第 11 回帝国議会に法案はいったん提出されたのであるが、衆議院の解散により審議されないままとなったので、改めて提案されたのである。

126）第 12 回帝国議会衆議院議事速記録（以下、第 12 回衆議院速記録という。）第 11 号、帝国議会衆議院議事速記録 13（東京大学出版会、1980 年）190 頁。

127）憲法学者森田明は、アメリカの「子どもの『オートノミーの権利』」に関して次のように言う。「『子どものオートノミー』の観念が、現実的には、あらゆる局面での有機的保護関係の分解と教育の衰弱を一層推し進める役割を果たしたのは、誰の目にも明らかである」（森田明『未成年者保護法と現代社会──保護と自律のあいだ──』（有斐閣、1999 年）279 頁）。この「有機的」「関係の分解」を「一層推し進める役割を果た」すのは、「そもそも孤立した個人を基礎にして成立した概念である」「権利」一般に共通する現象であり、かつ、一人アメリカに限るものでもない（この点については同頁（3）の記述参照）。

128）第 12 回衆議院速記録第 11 号、前掲注 126）190 頁。

129）沼田発言、第 12 回衆議院速記録第 11 号、同上、191 頁。

130）星野、前掲注 10）195 頁。

131）この条文には父母について「其家ニ在ル」との限定句が付されていないが、解釈上「子と同家する父母に限る」のは「明文なしと雖も我家制より来る結果として容易に之を了解するを得」るものとされた（この点については熊野敏三著述『民法［明治 23 年］正義　人事編巻之壱（上下）日本立法資料全集別巻 63』（信山社、1996 年／初出は 1893 年）174 頁）参照。なお熊野は、山田司法大臣の下での人事編起草者である）。

132）第 12 回帝国議会貴族院議事速記録（以下、第 12 回貴族院速記録という。）第 16 号、帝国議会貴族院議事速記録 13（東京大学出版会、1980 年）252 － 253 頁。

133）第 12 回貴族院速記録第 16 号、同上、254 頁。

134）熊野、前掲注 131）172 － 173 頁。この理由は、後に臨時法制審議会で民法第 772 条第 1 項但書の改正に係る改正要綱第十一をめぐる議論で江木千之が述べるものと同じである。江木発言については、臨時法制審議会総会議事速記録、前掲注 93）92、285 頁等参照。

135) この条文に関しては当初案の後、同意を要する父母を実父母、継父母、養父母のいずれの範囲とするかという議論が起こり、そこで「家ニ在ル父母」という案が出され、承諾年齢の議論とも絡んで二転三転の末にこの案が法案に組み込まれるという経緯をたどった。この点について明治 28 年 11 月 29 日第 142 回法典調査会議事速記録（以下、調査会速記録という。）、法務大臣官房司法法制調査部監修『日本近代立法資料叢書 6　法典調査会民法議事速記録六』（商事法務研究会、1984 年）163 – 180 頁参照。

136) 明治 28 年 11 月 25 日第 140 回調査会速記録、同上、130 頁。

137) 明治 28 年 11 月 25 日第 140 回調査会速記録、同上、130 – 131 頁。梅のこの説明は、後に臨時法制審議会での改正要綱第十一をめぐる議論で穂積重遠が述べるものと同じである。穂積発言については、臨時法制審議会総会議事速記録、前掲注 93）292 頁参照。

138) 明治 28 年 11 月 25 日第 140 回調査会速記録、前掲注 135）135 頁。

139) 明治 28 年 11 月 25 日第 140 回調査会速記録、同上、134 – 135 頁。

140) 岸本発言、明治 28 年 11 月 25 日第 140 回調査会速記録、同上、135 頁。なお、後の臨時法制審議会でも岸本のような議論が同様になされた。だがそうであるならば、親の婚姻の同意はむしろ未成年者に限ってよいことになる。それゆえ審議会では「一家の平和」という観点から子の年齢如何にかかわらず婚姻について親の同意を要するということになったのである。このように後の臨時法制審議会での議論は民法制定時において既に検討の俎上に載っていたのであったが、当時としてはやむを得ないこととはいえ、政府が条約改正を優先させたために、結果として議論が十分尽くされないまま制定に至り、このことが後に火種を残す一因となったと言える。岸本発言と同様の臨時法制審議会における議論については、臨時法制審議会総会議事速記録、前掲注 93）303、304、307、311 – 312 頁等参照。

141) 年齢に関する但書については、明治 30 年 7 月 9 日第 16 回民法整理会で梅が、我が国の慣習や外国の立法例も参照してこの辺が穏当と考えて付加した旨説明し、これに対し尾崎三良、三浦安が反対して削除を求めたが、少数で否決され、結局但書が付加されて帝国議会に提出されるに至った。文中土方寧発言について

は、明治 28 年 11 月 25 日第 140 回調査会速記録、前掲注 135）135 － 136 頁。民
法整理会での経緯については、法務大臣官房司法法制調査部監修『日本近代立法
資料叢書 14　法典調査会民法整理会議事速記録』（商事法務研究会、1988 年）378
－ 380 頁参照。

142）曾我発言、第 12 回貴族院速記録第 16 号、前掲注 132）253 頁。

143）伊藤総理大臣、第 12 回貴族院速記録第 16 号、同上、247 頁。

144）第 12 回貴族院速記録第 16 号、同上、同頁。

145）ただし、明治 27（1894）年 8 月 4 日締結のフランスは、約 1 箇月施行が遅れた。

146）第 12 回衆議院速記録第 11 号、前掲注 126）191 頁。


## 第 2 章

1）臨時教育会議に至る経緯としては、まず明治 31（1898）年に民法（親族編相続
編）が制定された後、穂積八束が政府の教科用図書調査委員会主査委員となって
小松原英太郎文相と共に修身教科書の改定に尽力し、また、大正 2（1913）年には
貴族院に松平康民らから提出された「教育調査機関の設置に関する建議案」が審
査される等の動きがあった。そして、この審議の際奥田文相から教育方針と立法
方針との統一が欠けている点が問題である旨の答弁があり、これを受けて教育と
法制に関する調査を江木千之、一木喜徳郎、鈴木喜三郎に行わせるなどの動きも
あったようである（この点について、磯野誠一「民法改正と臨時教育会議」法学
志林五十巻記念論集法と社会第 50 巻 3、4 合併号（法政大学法学志林協会、1953 年）
148 頁参照）。以上の経緯を経た後に、臨時教育会議が開催されるに至った。

2）「教育ノ効果ヲ完カラシムヘキ一般施設ニ関スル建議」（以下、「建議第二」とい
う。なお、早稲田大学中央図書館蔵『臨時教育会議要覧』（以下、要覧という。）
188 頁に拠った）。

3）平沼騏一郎発言、「臨時教育会議（総会）速記録」（以下、速記録という。）13 頁
（『資料臨時教育会議』第 5 集（文部省、1979 年。以下、文部省資料という。）269
頁に拠った）。

4）孤剣「父母を蹴れ」林茂・西田長寿編『平民新聞論説集』（岩波書店、1961 年）

210 頁。論説者は山口義三とされる。なお文中の島中翠湖は本名島中雄三（1881 年—1940 年）。社会運動、執筆などに従事。

5）「文部大臣訓令」（明治 39 年 6 月 9 日付文部省訓令第 1 号）官報第 6882 号（1906 年）273 頁。この訓令自体は同上注の論説と直接の関連はないが、同種の思想が広がり始めていたことが懸念されたところから出されたものであるのは確かである。

6）明治 44（1911）年 6 月 6 日付東京朝日新聞。

7）大正 2 年 3 月 19 日付第 30 回帝国議会貴族院に提出された「教育調査機関の設置に関する建議案」の審議における奥田文相の答弁、『大日本帝国議会誌』第 8 巻（大日本帝国議会誌刊行会、1928 年）1418 - 1419 頁。

8）江木発言、速記録、前掲注 3）66 頁（文部省資料 394 頁）。

9）「建議第二」、前掲注 2）181 頁。

10）臨時教育会議における寺内内閣総理大臣演示、要覧、前掲注 2）16 頁。

11）久保田発言、速記録、前掲注 3）18 - 19 頁（文部省資料第 2 集 242 - 243 頁）。

12）坂谷発言、速記録、同上、60 頁（文部省資料 316 頁）。

13）平沼発言、速記録、同上、12 頁（文部省資料 268 頁）。

14）「人心ノ帰嚮統一ニ関スル建議案」、要覧、前掲注 2）177 頁。

15）平沼発言、速記録、前掲注 3）18 頁（文部省資料 274 頁）。

16）平沼発言、速記録、同上、18 - 19 頁（文部省資料 274 - 275 頁）。

17）江木発言、速記録、同上、49 頁（文部省資料 305 頁）。なお、江木の問題にした本条（旧法第 772 条）における「二十五歳を過ぐれば父母の許可がなくても結婚が出来る」旨の規定が、条約改正問題で急ごしらえされた元々の旧民法ではなくて、法典論争後見直された民法再編纂の議会審議過程で但書として新たに加えられたものであることは、前章（第 3 節）で見たとおりである。

18）江木発言、速記録、同上、同頁（文部省資料 305 頁）。

19）北条発言、速記録、同上、39 頁（文部省資料 295 頁）。

20）平沼発言、速記録、同上、12 頁（文部省資料 268 頁）。

21）北条発言、速記録、同上、39 頁（文部省資料 295 頁）。

22）水野発言、速記録、同上、55 頁（文部省資料 383 頁）。

23）明治31年5月19日第12回帝国議会開院式勅語、『大日本帝国議会誌』第4巻（大日本帝国議会誌刊行会、1928年）756頁。

24）穂積八束「『家』ノ法理的観念」穂積重威編纂『穂積八束博士論文集』（有斐閣、1943年）401頁。

25）渡邊幾治郎『教育勅語の本義と渙発の由来』（福村書店、1940年）244頁。

26）平沼発言、速記録、前掲注3）18頁（文部省資料274頁）。

27）平沼の言う「日本の国俗」とは、「教育勅語……の御趣旨」に則ったものである（この点については、後掲注29）参照）。

28）磯野、前掲注1）157頁。

29）平沼発言、速記録、前掲注3）12頁（文部省資料268頁）。

30）この点については、第1章の注56）、80）等参照。なお、藤田省三によれば、教育勅語の教「法」化によって名実共に「自然村落における『道徳的元素』」が「国家の一般的形式にまで」高められ、「道徳国家の構成原理そのもの」となったとされるが（藤田省三『天皇制国家の支配原理』（未来社、1966年）20、27頁参照）、その結果をたどるなら、「政治ナリ法律ナリ社会ナリ総テノ」側面における国家の決定はことごとく「教育勅語の御趣旨に帰着して、ここに批判を許さないものとなる」（磯野・前掲注1）152頁）ということになろう。だが、この後法律（民法）改正を審議する臨時法制審議会の審議過程は果たしてそのような方向へと進むものであったのかが、次節以下で明らかとなる。

31）原敬内閣総理大臣訓示、堀内節編著『家事審判制度の研究』（日本比較法研究所、1970年。経過篇（以下、堀内経過篇という。））12頁。なお、同訓示には本文に関するもの（諮問第一号）の他に、陪審制度の確立に関するもの（諮問第二号）も含まれていた。

32）原訓示、堀内経過篇、同上、同頁。

33）原奎一郎編『原敬日記』第5巻（福村出版、1965年）118頁。

34）「内閣よりの諮問事項の通知」、堀内節編著『家事審判制度の研究　附　家事審判法関係立法資料』（日本比較法研究所、1970年。以下、堀内資料篇という。）561頁。なお、以下本章で引用する同著者編著『続家事審判制度の研究　附　家事審

判法関係立法資料補遺』（日本比較法研究所、1976年）についても同様に、続堀内資料篇という。

35）臨時法制審議会「臨時法制審議会総会議事速記録諮問第一号（民法改正）」（以下、審議会総会議事速記録という。）4頁。もっとも鈴木は「臨時教育会議の内容に付ては私は詳しく承知致して居りませぬ」とも言っている。この点については、同5頁参照。

36）速記録、前掲注3）49頁（文部省資料305頁）。

37）原、前掲注33）116頁。

38）原訓示、堀内経過篇、前掲注31）12頁。

39）磯野誠一「民法改正（法体制再編期）」鵜飼信成・福島正夫・川島武宜・辻清明編『講座日本近代法発達史：資本主義と法の発展』2（勁草書房、1958年）276頁。

40）41）42）堀内資料篇、前掲注34）562頁所収。

43）審議会総会議事速記録、前掲注35）4頁。すなわち伝統的な共同体原理である。

44）審議会総会議事速記録、同上、同頁。

45）山内確三郎幹事発言、堀内資料篇（臨時法制審議会諮問第一号主査委員会議事速記録（同篇所収）。以下、委員会速記録という。）、前掲注34）604頁。

46）鈴木司法次官発言、審議会総会議事速記録、前掲注35）4頁。

47）河田嗣郎「家族制度ノ崩壊カ社会生活ニ及ホス影響」京都法学会雑誌第6巻第2号（1911年）111頁。

48）河田、同上、103頁。なお、河田の言う「夫婦親子の血縁」より成る「所謂小家族」とはイギリス型家族形態を意味するものと思われるが、後に穂積重遠幹事が発言するように、我が国の家族は「親子夫婦と云ふ西洋の小『ファメリー』の関係だけでなく、それよりももう少し拡げた」ものとして考えられていた。この点について、堀内資料篇、前掲注34）587頁参照。

　余事であるが、社会人類学者中根千枝の研究によれば、家族形態は各社会に固有のものであって資本主義の進展等とは直接関係がないとされる。とするならば、例えばイギリスにおける家族形態が資本主義の結果によって形成されたものではないのと同様に、我が国の従前の家族形態もまた、資本主義的経済活動の進

展によって（影響は受けるにせよ）必ずしもその本質までがイギリス型の家族形態に変化するようなものではないことになる（中根千枝『社会人類学　アジア諸社会の考察』（講談社、2002年／初出は東京大学出版会、1987年）112 - 122頁参照。中根はここで、我が国の家族を「直系家族」と呼ぶ。なお、イギリスにおけるような、かつての小農社会が夫婦と子供の核家族で構成されていたことについて酒田利夫訳、アラン・マクファーレン『イギリス個人主義の起源』（リプロポート、1990年）46頁参照）。

　それゆえこのような観点から見れば、戦前期に臨時法制審議会等で平沼騏一郎らによって論じられた「我国固有の」家族制度等について、「卑俗な道徳論と原始的信仰を出るものではなく、もとより理論的な批判にたえるものではない」（磯野、前掲注39）157頁）とは必ずしも言い切れず、堀内が（戦後）「一律に夫婦と未成熟の子を家族単位と限定し、戸籍もこれにならって編成させた立法態度は、あまりに観念的」であると批判することにも正当な論拠があると言えることになろう（堀内経過篇、前掲注31）21頁参照）。

49）委員名等については審議会総会議事速記録、前掲注35）12頁参照。

50)51）委員会速記録、前掲注34）581頁。なお、江木主査委員外出席員は、第9回主査委員会（大正9年3月13日）から磯部四郎とともに主査委員となっている。

52）渡邊、前掲注25）244頁。

53)54）委員会速記録、前掲注34）587頁。

55）主査委員会に提示された「要目（其一）」は、穂積重遠幹事の私案をたたき台にして作り上げられたものと思われる。この点について、続堀内資料篇、前掲注34）361頁参照。なお、穂積私案が「要目（其一）」の作成に当たって「重要な台本」となったという点について同、19頁参照。

　余事であるが、穂積の「正当公平」の考え方は後に次章で記述するように、婚姻の同意論争における婚姻当事者の意思の尊重志向や家督相続における個人の利益尊重志向などに現れることになる（この点については第4章第1節2（1）及び（3）等参照）。

56）委員会速記録、前掲注34）586頁。

57）鵜澤総明の資格もこの時点では主査委員外出席員ということになる。「諮問第一
　号の主査委員主査委員長氏名」、堀内資料篇、前掲注 34）578 頁参照。

58）委員会速記録、前掲注 34）586 頁。

59）委員会速記録、同上、587 頁。

60）「継承」家族については、中根千枝『家族の構造──社会人類学的分析──』
　（東京大学出版会、1970 年）101 − 119 頁参照。

61）委員会速記録、前掲注 34）587 頁。

62）委員会速記録、同上、同頁。この「実質上」という点に関連して江木は、親が
　田舎で一戸を構え、長子が東京で官吏なり会社なりに勤めて別に一家を構えてい
　る場合、一時それを臨時の家としておいて親が死んだときに相続させる方法等を
　提案している（この点について同 595 頁。なお、同 585 − 595 頁も参照）。この江
　木の発言から見ても、共同生活を別にすれば別の家とみるのが妥当と思われてい
　たことが分かる。

63）我妻栄『家の制度──その倫理と法理──』（酣燈社、1948 年）247 頁。「欧米」
　のような「小家族制度」（河田、前掲注 47）107 頁）とは異なる我が国の「家族」
　と「生活共同体」の範囲の一致である。

64）もっとも穂積重遠は無論、家の「実質」化について「結論断案」を示したので
　はなく、委員各位において議論・研究してもらうために幹事として提案したと言
　う（委員会速記録、前掲注 34）591 頁参照）。

65）委員会速記録、前掲注 34）590 頁。

66）委員会速記録、同上、588 頁。

67）この点については、穂積重遠「諮問第一号ニ関スル調査要目私案」、続堀内資料
　篇所収、前掲注 34）361 頁参照。穂積はこの中で特に、「法律が如何なる程度まで
　道徳を助長し人情を涵養し得べきかを顧慮せざるべからざること」という一項目
　を掲げ、これが「要目（其一）」に採用されている。

68）穂積幹事発言、委員会速記録、前掲注 34）591 頁。

69）横田国臣の資格もこの時点では主査委員外出席委員と思われる。

70）委員会速記録、前掲注 34）591 − 592 頁。

71)72)73) 委員会速記録、同上、592 頁。

74) 委員会速記録、同上、563 頁参照。この家庭審判所構想については、穂積重遠が当初たたき台として作成した調査要目の私案には盛り込まれていない。この点については本文で後に触れるように、穂積自身が、幹事会の中で「偶然皆」の間に起こってきて一致した考えであると言っている（同 618 頁参照）。

75) 前掲注 30) に引用の藤田 11 頁。

76) 穂積八束「民法出テテ忠孝亡フ」法学新報第 5 号（1891 年）11 頁。

77) 委員会速記録、前掲注 34) 616 頁。この会議の際に、アメリカの家庭裁判所等に関する調査資料が参考資料として委員に提出されたものと思われる（この点に関しては同会議における穂積幹事発言、同 618 頁参照）。

78)79) 委員会速記録、同上、618 頁。

80) 池田寅二郎「米国ノ家庭裁判所（二完)」法学協会雑誌第 39 巻第 12 号（1921 年）146 頁。

81) 以下、池田寅二郎「米国ノ家庭裁判所（一)」法学協会雑誌第 39 巻第 10 号（1921 年）7 - 11、17 - 18 頁。

82) 民事訴訟法に勧解が規定されなかった理由は、「事件の遅滞を防ぐ」ところにあったとされる（この点について、井上操『民事訴訟法［明治 23 年］述義（第二篇） 日本立法資料全集別巻 76』（信山社、1998 年／初出は 1891 年）587 - 588 頁参照）。なお、勧解に関する井上毅の見解について、序論注 100) 参照。

83) すなわち、かつての村落的共同体（「郷党的社会」）の弱体化により、そこに内在していた共同体原理も弱体化しつつあったことにより、本文で後述するように調停制度に地域有力者も含む調停委員会（言わば疑似的な「郷党的社会」）を持った家庭（事）審判所を設け、共同体原理をより確実に法制度に取り込もうとしている、ということである。

84) 委員会速記録、前掲注 34) 619 頁.

85) 委員会速記録、同上、620 頁。

86) 穂積幹事発言、委員会速記録、同上、619 頁。

87) 委員会速記録、同上、628 頁。

88）委員会速記録、同上、620頁。

89）委員会速記録、同上、619頁。

90）委員会速記録、同上、619 - 620頁。

91）委員会速記録、同上、619頁。

92）このような問題を回避する一法として「要目（其一）」第五のような法文の「自由解釈」が検討されてくることにもなる。この点については山内幹事が、親族法・相続法を適用すると、時に「淳風美俗に反する」場合が生じるので「法の解釈運用に妙を得るやうな方法」を採用して修正を図る必要性を説明している。だが、この説明に対しては富井政章委員長から、「法典を編纂する主義と両立しない」と言われ、岡野敬次郎委員からも、むしろ民法の改正に当たって「其不備不明の憾のないやうに」して「規定の解釈上に於て困る事が起らない」ようにすべき旨の発言があった。西洋近代法の理念と我国社会の実情との齟齬をどうするかという我が国が明治以来近代法を導入したときから継続して抱えてきた難題の一断面をここに見ることができる。と同時に、特に岡野については権利を前提とする民法・民事訴訟法と「淳風美俗」に基づく家事審判制度とを峻別しようとする考え方の片鱗がここに現れている。以上の点については委員会速記録、前掲注34）611 - 613頁参照。

93）委員会速記録、前掲注34）625 - 626頁。

94）委員会速記録、同上、626頁。

95）委員会速記録、同上、同頁。

96）委員会速記録、同上、626 - 627頁。

97）98）続堀内資料篇（臨時法制審議会諮問第一号主査委員会日誌（同篇所収）。以下、委員会日誌という。）、前掲注34）428頁。

99）山内幹事発言、委員会日誌、同上、428、429頁。年齢制限は民法修正案を作成する法典調査会で付せられて帝国議会に提出されたものであり、また、旧民法人事編第38条における父母が「家に在ることを必要とするや否や」は立案者の熊野敏三によって立法趣旨から当然であると述べられていたことは、既に第1章第3節で見たとおりである。

100) 鵜澤発言、委員会日誌、同上、429頁。この点も法典調査会で女は男より一人前になるのが早いという土方寧らの提案及びドイツ民法等参照の結果付せられたものであったことは、第1章第3節で見たとおりである。

101) 委員会日誌、同上、428 - 429頁。

102)103) 委員会日誌、同上、435頁。

104) 委員会日誌、同上、435 - 436頁。

105) 委員会日誌、同上、445頁。

106) 富井発言、委員会日誌、同上、同頁。

107) 委員会日誌、同上、同頁。

108) 委員会日誌、同上、444 - 445頁。元々我が国においても少なくとも鎌倉時代頃は分割相続制度であったと言われる（この点については、無住「俗士、遁世したりし事」沙石集巻第十本、小島孝之校注・訳『新編日本古典文学全集52 沙石集』（小学館、2001年）530 - 532頁参照）。しかし、個々の構成員の生活も大事であるが、そのために所領を分配すればその分だけ家の運営が苦しくなるので、やがて嫡子のみが所領を継ぎ、他の者にはその一部を一生の間を限って分け与えるという方法に発展することとなった（この点については1361年「白川文書」、『大日本史料』第6編之23（東京帝国大学、1927年）539頁及び1335年「天野文書」、『大日本史料』第6編之2（東京帝国大学、1901年）345頁参照）。そしてこのような方法が、さらに長子単独相続制へと純化されていった。その結果、江戸時代には一家一門の家長たる地位を継承する家督相続と遺産（遺領）を継承する跡式相続とが結合混和することとなった。そして後に平民階級の相続も武士階級の影響を受けたとされる（この点について、瀧川政次郎『日本法制史』下（講談社、1985年／初出は1928年）272 - 273頁参照）。

だが明治に入り、武士階級が消滅したことで守るべき家禄が無くなった以上、元の分割相続に戻っても不自然ではなかったと言える。中根千枝によれば、兄弟姉妹均分相続について「人類史の観点から、また民族誌的にみると、この方法が最も自然」とされる（前掲注48）に引用の中根131頁）。しかるに民法制定に当たり「家族制度に対しては何等改革を試むる所」がなかった（中島玉吉「家産制度

と淳風美俗」法学論叢第5巻第1号（1921年）15頁。）ことで、ここに改めて問題提起されたのであった。

　その際、「淳風美俗」たる家族の絆の維持・強化と構成員の近代的権利概念との調和を図る方法として委員たちによって編み出されたのが、主財産以外の余剰分を他の子女に分配するという、かつての鎌倉期惣領制的分割相続制度の提言であったと言える。

109）その他の論点として議論があったのは、「要目（其一）」の家産（第三）、親族の範囲（第九）、分家（第二十）、婚姻の成立（第三十二、三十三）、扶養義務（第六十）、「要目（其二）」の嫡出女子の家督相続の順位（第六）などであった。以上の点については、委員会速記録、前掲注34）597－602頁、委員会日誌、前掲注34）407－409、421－422、430、443、446－447頁参照。

110）委員会日誌、前掲注34）466頁。

111）堀内資料篇（臨時法制審議会諮問第一号主査委員会家事審判所ニ関スル速記録（同篇所収）。以下、委員会家事審判所速記録という。）、前掲注34）636頁。

112）小委員の間で評議された結果、「家庭審判所」は「家事審判所」として、名称が一部変更となった。その理由について小委員であった岡野が「家庭事件に関する審判であるから、家事」と改めたと説明している。これはつまり、「家庭事件」の家と事を接合したということである。もっとも、岡野ら諸委員が問題としたのはむしろ「審判所」という名称の方である。しかし、これに関しては、岡野の言うように結局、他に「良案」が無かった（岡野の説明については、委員会家事審判所速記録、同上、655頁参照。なお、審判所の名称に関する諸議論（例えば裁判の一種のように見えるのではないかとか、これでは調停が入らないのではないか等々の議論）については、岡野の同発言箇所の他、同653頁小山発言及び同発言に対する富井委員長答弁、同656頁江木発言、同658頁鈴木喜三郎発言、同659頁小山、岡野両委員発言等を参照）。

113）富井委員長発言、委員会家事審判所速記録、前掲注34）636頁。

114）岡野発言、委員会家事審判所速記録、同上、637頁。

115）委員会家事審判所速記録、同上、636頁。

116）もっとも、アメリカの立法例のいくつかは参照されたと思われるところもある。例えば池田の調査対象の一つであったペンシルヴァニア州都会裁判所家庭事件部について見ると、同事件部は本館とは別の建物にあり、会見掛による非公開の懇談形式による運営法が採られていることや、調停結果は判事の認可を受けて裁判上の和解としての効力を有する等々の点である。池田寅二郎の調査結果全般については池田、前掲注80）、81）の論文参照。なお、池田が大正9年にアメリカに行ったことについては委員会家事審判所速記録、同上、同頁参照（他、総会における富井発言について同、666頁）。

117）次回同月14日主査委員会での岡野発言、委員会家事審判所速記録、同上、656頁。

118）委員会家事審判所速記録、同上、642頁。

119）委員会家事審判所速記録、同上、656、657頁。

120）岡野発言、委員会家事審判所速記録、同上、643、639頁。

121）岡野発言、委員会家事審判所速記録、同上、639頁。

122）岡野発言、委員会家事審判所速記録、同上、646頁。

123）岡野発言、委員会家事審判所速記録、同上、649、650、651頁。

124）岡野発言、委員会家事審判所速記録、同上、652頁。

125）岡野発言、委員会家事審判所速記録、同上、647頁。

126）前注116）でも触れたように、家事審判所の概要は、池田の報告に係るアメリカのペンシルヴァニア州都会裁判所家庭事件部の公判前手続・公判手続に類似する。すなわち同部では、まず公判前手続として裁判所別館にある事務室のような所で、8名の会見掛（内1名は男子）によって当事者を説諭・調停することとなっていた。この方法により「事件の大半は公判前会見掛の手に於て片付く」とされた。池田の実地調査によれば、同州では1920年（5月）の時点で事件の8割がこの手続で解決しているとのことであった。この調停は裁判上の和解としての効力を持っていた。

　しかしそれでも和解ができない残りの2割程度の事件については、公判手続により判事の審判を受けることとなっていた。ただし同州では、当事者とは中立の立場にある「法廷代表掛（Court Representative）」というものが置かれていて、

その者が事件の下調べと証人の資格で審理に立ち会うことになっており、審理の公平・周到が期されていた。審理の方法は、形式手続ではなく「フリーハンド」で形式に拘泥しない方法が採られ、同審判の本質である刑事事件としてよりもむしろ民事的処理により和解に努めることとされていた。なお、公判廷は同州では非公開となっていた（ペンシルヴァニア州都会裁判所家庭事件部の概要については池田、前掲注80）122－138頁参照）。

　以上のような池田報告から見ると、アメリカの場合公判手続（審判）については判事により公判廷で行われる点が大きく異なるものの、司法裁判臭くない解決という点では極めて岡野の説明に係る家事審判所構想と類似する。

　なお、アメリカでの公判の公開については、例えばペンシルヴァニアの他ニューヨークでは非公開であるのに対し、シカゴ、ボストンでは公開であるという。これについて池田は「事件の性質上固より公開すべきものではないと思はる」と言っている（池田、同上、136頁）。主査委員会でまとめられた「家事審判ニ関スル綱領」第十項においても「審判ハ之ヲ公開セサルコト」とされていた（「家事審判ニ関スル綱領」については、後掲注152）参照）。

127）この家事審判所と従来広く行われていた居中調停との関係であるが、この点について小橋一太が次のような質問を行っている。それは、従来「私設団体、若くは公共団体で便宜家庭の争を居中調停に依つて治めて居る」が「今後家事審判所を設置せられましたる後の関係に就きましては如何」かというものである（委員会家事審判所速記録、前掲注34）645頁）。

　それに対して岡野は、「個人的の調停の如きは家事審判所制度が置かれました所で之を禁ずると云ふ趣意ではない、併ながら私設公設のものは……家事審判所が設けられたならば成べく其方の方法に依つて行つた方が然るべきかと私は思ふ」と答えている（同、646頁）。

　そのために岡野は、調停に関しては調停委員は常設にこだわらず、当該の「事件々々に就て双方がどうも此人の言ふことならば公平にして正当なることを言ふのであるから、服従しやうと云ふ場合にはそれを」「臨時に選定する」ことも考えていると言う（同、646頁）。

　この岡野発言からは、従来居中調停を支えてきた「郷党的社会」とその「情義」（地域共同体と共同体原理）が弱体化してきたことを背景として、それに代わる役割を家事審判所に負わせようとする意図を感じ取ることができる。

128）委員会家事審判所速記録、前掲注34）647頁。

129）委員会家事審判所速記録、同上、647－648頁。なお、第1章注57）参照。

130）委員会家事審判所速記録、同上、648頁。

131）委員会家事審判所速記録、同上、640頁。

132）岡野発言、委員会家事審判所速記録、同上、641頁。

133）岡野発言、委員会家事審判所速記録、同上、643頁。

134）磯部発言、委員会家事審判所速記録、同上、642頁。

135）委員会家事審判所速記録、同上、644頁。

136）委員会家事審判所速記録、同上、644－645頁。なお岡野はさらに、「此家事審判所に於て先づ提出すると云ふ意見は、相当に数が多いと云ふ吾々の見込であります」とも言っている（同、644頁）。

137）委員会家事審判所速記録、同上、653頁。

138）委員会家事審判所速記録、同上、同頁。

139）委員会家事審判所速記録、同上、653－654頁。

140)141）委員会家事審判所速記録、同上、654頁。

142）岡野発言、委員会家事審判所速記録、同上、652頁。

143）委員会家事審判所速記録、同上、654頁。

144）委員会家事審判所速記録、同上、655頁。

145）委員会家事審判所速記録、同上、657頁。

146）委員会家事審判所速記録、同上、658頁。もっとも、先に松田の掲げた設例は、第813条第3、4号及び第814条第1項に該当するものであり、したがってこの答弁は、他の一方が同意すれば離婚の訴えを提起できないことを前提とするものである。

147）委員会家事審判所速記録、同上、同頁。なお、以上のような離婚事例に関しては、後に民法改正審議の中で、裁判官に裁量権を付与する規定が検討されるに

至っている（この点については、第4章第1節2（2）参照）。

148）このように岡野、江木そして富井委員長の三者の答弁が微妙に異なる上に、富井委員長の答弁自体にも納得し難いものがあったのか、ここで主査委員会の速記が止められ、会議は「（懇談）」に移った。したがって、この後何が話し合われたのかは不明である。また、速記を止めたのが委員の動議によるものだったのか、それとも富井委員長自身の判断によるものだったのかも速記録からは判明しない。ただ議事進行の推移から推測すると、富井委員長には主査委員会報告書（後述の「家事審判ニ関スル綱領」）の内容をまとめようとの意図があったように思われる。しかしながら懇談後、委員会再開後も鈴木委員や小山委員らから議論の蒸返しがあったところから見ると、必ずしも懇談の結果、委員の間に一定の合意ができたわけではなかったようである。（以上の点について、委員会家事審判所速記録、同上、658 - 659頁参照）。

149）委員会家事審判所速記録、同上、663頁。

150）委員会家事審判所速記録、同上、同頁。

151）権利に基づく民法・民事訴訟法と「淳風美俗」に基づく家事審判制度との岡野の峻別的思考を前提とすれば、このようになる。

152）同綱領に関する富井委員長から穂積総裁への報告書については、次のとおり（堀内資料篇、前掲注34）664 - 665頁所収）。
　　「諮問第一号主査委員長より臨時法制審議会総裁への報告書」
本委員会ハ家庭ニ関スル事件ニ付家事審判所ヲ設ケ専ラ訴訟ノ形式ニ依ラス温情ヲ本トシ道義ノ観念ニ基キテ争議ノ調停及審判ヲ為サシムルヲ以テ我邦ノ淳風美俗ニ合スルモノト認メ審判所ノ組織、権限並調停、　審判ノ手続及効力等ニ付別冊ノ如ク其ノ綱領ヲ定ムヘキモノト議決セリ
右及報告候也
　　大正十年七月十五日

　　　　　　　　　　　　諮問第一号主査委員長　　富　井　政　章
臨時法制審議会総裁男爵　　穂　積　陳　重　殿
　　　別冊

家事審判ニ関スル綱領

一　温情ヲ本トシ道義ノ観念ニ基キ家庭ニ関スル事件ノ調停及審判ヲ為サシムル
　　為家事審判所ヲ設クルコト

二　家事審判所ハ司法大臣ノ所管トスルコト

三　家事審判所ハ単独制トスルコト

四　審判員ハ特別ノ経験アル者ノ中ヨリ之ヲ採用スルコト

五　家事審判所ハ適当ト認ムル者ヲ選定シ調停ニ参与セシムルコトヲ得ヘキモノ
　　トスルコト

六　家庭ニ関スル事件ハ之ヲ法律ニ列挙スルコト

七　家庭ニ関スル事件ハ先ツ家事審判所ノ調停審判ヲ受クヘキモノトスルコト

八　調停事項不履行ノ場合ニ於テハ審判ヲ求ムルコトヲ得ヘキモノトスルコト

九　家庭ニ関スル事件ニシテ訴ヲ提起スルコトヲ得ヘキモノニ付家事審判所ノ審
　　判ニ服セサル者一定ノ期間内ニ訴ヲ提起セサルトキハ審判ハ確定ノ効力ヲ有ス
　　ルモノトスルコト

十　審判ハ之ヲ公開セサルコト

十一　家事審判所ハ区裁判所所在地ニ之ヲ設置スルコト

## 第3章

1) 正確には「臨時法制審議会諮問第一号委員総会　家事審判所ニ関スル会議」と
　　なっている（堀内節編著『家事審判制度の研究 附 家事審判法関係立法資料』（日
　　本比較法研究所、1970年。以下、堀内資料篇という。）665頁参照）。

2) 綱領案については、前章注152）参照。

3) 堀内資料篇（「臨時法制審議会諮問第一号委員総会家事審判所ニ関スル会議速記
　　録」（同篇所収。以下、委員総会家事審判所速記録という。）、前掲注1）666頁。

4) 委員総会家事審判所速記録、同上、667－669頁。

5) 委員総会家事審判所速記録、同上、670頁。

6) 富井発言、委員総会家事審判所速記録、同上、671頁。

7) 花井発言、委員総会家事審判所速記録、同上、同頁。

8）委員総会家事審判所速記録、同上、672 頁。

9）委員総会家事審判所速記録、同上、682 頁。

10）委員総会家事審判所速記録、同上、689 頁。

11）「要目（其一）」第五十九における山内発言「臨時法制審議会諮問第一号主査委
　　員会日誌」堀内節編著『続家事審判制度の研究 附 家事審判法関係立法資料補遺』
　　（日本比較法研究所、1976 年。以下、続堀内資料篇という。）443 頁所収。

12）委員総会家事審判所速記録、前掲注 3）690 頁。

13）委員総会家事審判所速記録、同上、700 頁。

14）委員総会家事審判所速記録、同上、702 頁。

15）委員総会家事審判所速記録、同上、702 - 703 頁。

16）もっとも、岡野は家事審判所を「純然たる行政機関」と言っている。しかし、
　　この場合家事審判所は調停・審判の形で関与するのであり、当事者がその関与に
　　不服ならば、最終的に訴訟による権利実現の道は閉ざされていない（この点につ
　　いては委員総会家事審判所速記録、同上、679 頁参照）。

17）なお、岡野は花井との質疑応答の中で、決して家事審判所のみを「淳風美俗」
　　との関連で考えているのではなく、民法と「淳風美俗」との関係も無視してはい
　　ないことを家庭における「家族制度財団」のような例を挙げて強調する。委員総
　　会家事審判所速記録、同上、706 - 707 頁参照。

18）委員総会家事審判所速記録、同上、713 頁。

19）江木衷発言、委員総会家事審判所速記録、同上、715 頁。

20）穂積重遠「決議不能」穂積重遠、末弘厳太郎、我妻栄、平野義太郎、田中誠
　　二、中川善之助「論説　判例に現れたる親族会」法学協会雑誌第 40 巻第 8 号
　　（1922 年）40 頁。

21）平野義太郎「親族会に関する統計」、同上、198 頁。

22）23）我妻栄「民法施行前の親族会」、同上、194 - 195 頁。

24）穂積重遠「結論」、同上、219 頁。

25）穂積、同上、219 - 220 頁。

26）岡野発言、委員総会家事審判所速記録、前掲注 3）714 頁。

27)28) 同、委員総会家事審判所速記録、同上、717頁。

29)「二元的」としたのは、岡野の「已むを得ざることと覚悟して居なければならぬ」という発言を受けて、権利と「淳風美俗」とを対立概念として捉えた表現である（「二元的」という表現については藤田省三『天皇制国家の支配原理』（未來社、1966年）11頁参照）。

30)31) 岡野発言、委員総会家事審判所速記録、前掲注3）721頁。

32) 牧野英一「『淳風美俗』と『美風良習』（上）」法学志林第24巻第4号（1922年）19頁。

33) 委員総会家事審判所速記録、前掲注3）728頁。

34) 委員総会家事審判所速記録、同上、730頁。

35) 岡野発言、委員総会家事審判所速記録、同上、729頁。

36) 委員総会家事審判所速記録、同上、730頁。

37) 一木喜徳郎発言、委員総会家事審判所速記録、同上、740頁。

38)39) 岡野発言、委員総会家事審判所速記録、同上、733頁。

40) この考え方は「親族相続を……公法関係に見る」という考え方と符合する（委員総会家事審判所速記録、同上、735頁の鵜澤発言。なお、花井も同旨の発言をしている。同、743頁）。また、この発言は、先の主査委員会での「家族を国家の『ユニット』と見る」という小山発言にも関連する（「臨時法制審議会諮問第一号主査委員会議事速記録」、堀内資料篇、前掲注1）583頁所収）。

41) 委員総会家事審判所速記録、前掲注3）756頁。

42) 委員総会家事審判所速記録、同上、746頁。

43) 委員総会家事審判所速記録、同上、754頁。

44) 委員総会家事審判所速記録、同上、751、753－754頁。

45) 答申書全文については、次のとおり（堀内資料篇、前掲注1）所収665頁）。

　　　「臨時法制審議会総裁より内閣への答申書」

　　（大正十一年六月七日臨時法制審議会総裁ヨリ内閣総理大臣宛）

臨時法制審議会ハ諮問第一号ニ就キ目下審議中ノ処我邦ノ淳風美俗ヲ維持スル為民法ノ各部殊ニ親族編相続編中改正ヲ加フヘキ事項ニ付調査ヲ進ムルニ従ヒ家庭

ノ争議ヲ現行ノ制度ニ於ケルカ如ク訴訟ノ形式ニ依ラシムルハ古来ノ美風ヲ維持
スル所以ニ非ス寧ロ道義ヲ本トシ温情ヲ以テ円満ニ之ヲ解決スル為特別ノ制度ヲ
設クルノ極メテ緊要ナルヲ確認セリ而シテ此ノ制度ノ採否ハ本諮問ニ於ル民法改
正ノ事項ニ頗ル密接ナル関係ヲ有シ寧ロ其ノ先決問題タルコトヲ認メタリ依ツテ
本会ハ本諮問ノ他ノ部分ヲ審議決定スルニ先チ予メ前記特別ノ制度ヲ設クルノ点
ニ付慎重審議ノ上全会一致ヲ以テ左ノ如ク議決シタリ

　　道義ニ本キ温情ヲ以テ家庭ニ関スル事項ヲ解決スル為特別ノ制度ヲ設クルコト
　右及答申候也

46）これ以前の明治43年、44年及び大正7年とそれぞれ借地法案が、また大正9年
　　には借地法案・借家法案が帝国議会に提出されたが、結局可決には至らなかった。

47）第44回帝国議会貴族院議事速記録（以下、第44回貴族院速記録という。）第14
　　号、帝国議会貴族院議事速記録38（東京大学出版会、1982年）394頁。なお、衆
　　議院における大木大臣の提案理由説明も同旨である（第44回帝国議会衆議院議事
　　速記録第7号、帝国議会衆議院議事速記録38（東京大学出版会、1982年）98頁参
　　照）。

48）第44回貴族院速記録第14号、同上、400頁。

49）山内発言、第44回帝国議会貴族院借地法案外一件特別委員会議事速記録（以
　　下、第44回貴族院特別委員会速記録という。）第5号、帝国議会貴族院委員会議
　　事速記録14（臨川書店、1984年）7頁。

50）第44回貴族院特別委員会速記録第2号、同上、16頁。

51）山内発言、第44回貴族院特別委員会速記録第5号、同上、7頁。

52）第44回貴族院特別委員会速記録第5号、同上、同頁。

53）第44回貴族院特別委員会速記録第2号、同上、2頁。

54）第44回貴族院特別委員会速記録第2号、同上、同頁。

55）鈴木喜三郎発言、第44回帝国議会衆議院借地法案外一件委員会議録（速記）（以
　　下、第44回衆議院委員会速記録という。）第3回、帝国議会衆議院委員会議録28
　　（臨川書店、1984年）7頁。

56）当初は東京、京都、大阪、横浜、神戸の五大都市と東京・大阪両市近郊等に施

行地域が限られていた。

57) 第44回貴族院速記録第26号、帝国議会貴族院議事速記録39（東京大学出版会、1982年）872頁。

58) 最高裁判所事務総局『わが国における調停制度の沿革』（1951年）18 - 19頁。

59) 大正11年2月10日小作制度調査委員会第6回特別委員会で借地借家調停法の説明を行った際の三宅正太郎司法省参事官発言、農地制度資料集成編纂委員会編『農地制度資料集成第3巻——地主及び小作人団体・小作調停法に関する資料——』（御茶の水書房、1969年）702頁。なお、地主小作関係は農商務省主管であり、小作調停制度の立案に関しては司法省との要協議事案であった（委員総会家事審判所速記録、前掲注3）734頁の山内幹事発言参照）。

60)61) 最高裁判所事務総局、前掲注58) 20頁。当初「借地借家ニ関スル調停制度ノ要目」では、ドイツの賃借人保護に関する法律・調停所の手続に関する法律等における「調停所」の制度に倣って「土地家屋争議調停所」を設けることとされていた（この点について同9 - 11、18 - 20頁参照）。

62) 江木翼発言、第45回帝国議会貴族院借地借家調停法案特別委員会議事速記録（以下、第45回貴族院特別委員会速記録という。）第2号、帝国議会貴族院委員会議事速記録18（臨川書店、1985年）1頁。

63) 第45回帝国議会衆議院議事速記録（以下、第45回衆議院速記録という。）第9号、帝国議会衆議院議事速記録40（東京大学出版会、1982年）6頁。

64)65) 第45回貴族院特別委員会速記録第1号、前掲注62) 1頁。

66) 穂積重遠「大震火災と借地借家調停法」法学協会雑誌第42巻第5号（1924年）158頁。関東大震災時、実際にそのように運用された。

67) 山内発言、第45回帝国議会衆議院借地借家調停法案委員会議録（速記）（以下、第45回衆議院委員会速記録という。）第2回、帝国議会衆議院委員会議録32（臨川書店、1985年）2頁。

68) 山内発言、第45回衆議院委員会速記録第2回、同上、4頁。

69) 山内発言、第45回貴族院特別委員会速記録第2号、前掲注62) 6頁。

70) 山内発言、第45回衆議院委員会速記録第2回、前掲注67) 4頁。

71) 第45回衆議院委員会速記録第2回、同上、2頁。

72) 山内発言、第45回衆議院委員会速記録第2回、同上、3頁。

73) 山内発言、第45回衆議院委員会速記録第4回、同上、3頁。

74) 穂積、前掲注66) 159 - 160頁。

75) 山内発言、第45回貴族院特別委員会速記録第1号、前掲注62) 1頁。

76) 三宅正太郎発言、第45回衆議院委員会速記録第3回、前掲注67)1 - 2頁。もっ
とも、調停制度導入の趣旨としては争いに費やす「日時」と「費用」（時と金）の
節約が可能となるという観点もあった（この点については第44回衆議院委員会速
記録第3回、前掲注55) 429頁参照）。

77) 山内発言、第45回衆議院委員会速記録第2回、前掲注67) 5頁。

78) 山内発言、第45回衆議院速記録第9号、前掲注63) 7頁。

79) 第45回貴族院特別委員会速記録第2号、前掲注62) 1 - 2頁。

80) 山内発言、第45回衆議院委員会速記録第2回、前掲注67) 2 - 3頁。

81) 山内発言、第45回貴族院特別委員会速記録第1号、前掲注62) 1頁。

82)83) 山内発言、第45回衆議院速記録第9号、前掲注63) 7頁。

84) 我妻栄『法律学全集23　親族法』（有斐閣、1961年）386 - 387頁。

85) これに対し次章で触れるように、家事審判においては悩ましい問題を生じる。
すなわち、岡野が家事審判所の設置に関する主査委員会で「已むを得ざることと
覚悟」すべきことと言った問題である。

86) 第2章第2節3（4）で見たように、この時は岡野の答弁は得られなかった。

87) 第45回衆議院委員会速記録第4回、前掲注67) 6頁。

88) かつての法定証拠主義を克服した自由心証主義の下ではそもそも民事訴訟にお
ける証拠調べに提出され得る証拠の証拠能力には原則として何らの限定も付され
ない以上、調停においても本来は前もって厳格に民事訴訟法を準用した証拠調べ
を経る必要はなく、たとえ非公開の任意の話合いにより作成された調書等であっ
ても山内の言うとおりまさに「総て訴訟の証拠となる」。この理論で「徳義」の手
続を「権利」の手続へ接続しようとしているのである。
　　なお、調停手続は民事訴訟と異なり非公開とされる（第8条）が、山内によれ

ば、これは調停を「膝突談合で……総て機微を明かさせる」ようにしたいとの趣旨とされる（この点については、第45回衆議院委員会速記録第第2回、同上、3頁参照）。もっとも震災の際の調停では設備不完全のためこの規定の遵守が十分できなかったのであるが、その代わりに「余りに乱暴又は冷酷な言動が掣肘される気味があり」、また、次の事件の関係者に対しても「自然と解決を催促される傾となり」、さらに「前の事件の円満解決がそれを図らず傍聴した後の事件の当事者のよい手本」にもなったとされる（この点について、穂積、前掲注66）176頁参照）。

89）修正の第一点は、貴族院でこの調停法の適用対象を借地法・借家法における争議に限定する趣旨の文言が盛り込まれた点である（この修正は貴族院で可決後回付された衆議院でも承認され、成立した）。発端は貴族院での池田寅二郎発言に対し佐竹義準が修正を提案したことによるものであったが、詳しい経緯については池田発言、第45回貴族院特別委員会速記録第3号、前掲注62）3頁、佐竹発言、同第5号1頁参照。

　　修正の第二点は、政府原案では調停手続への本人出頭を原則とし、やむを得ない場合に裁判所の許可を受けて代理人を出頭させることができるとなっていた（第7条）のを、衆議院で弁護士を当然に代理人として認めるように修正された点であった。ただ、この修正は法案の最重要趣旨である「膝突談合」で「総て機微を明かさせる」ことで紛争を解決するのに合致しない等の理由で、貴族院で再修正されて当初の政府原案に戻され、回付された衆議院でも野次の飛び交う中、賛成多数で再修正案は可決された（以上の経緯については、第45回衆議院委員会速記録第4回、前掲注67）3頁、同第5回、1頁及び第45回衆議院速記録第33号、帝国議会衆議院議事速記録41（東京大学出版会、1982年）34頁参照）。この弁護士代理問題は、人事調停法の制定時にまで尾を引くこととなる。

90）最高裁判所事務総局、前掲注58）24頁。近代的調停制度としては明治8（1875）年から明治24（1891）年まで勧解という非訟手続が存在したが、この制度はフランス民事訴訟法上の一制度に根拠を持つものであるのに対し、この借地借家調停制度は民事訴訟法からは独立した別個の制度であり、また、元々は池田寅二郎の発案による家事審判制度からの派生とも言える点及び「淳風美俗」の視点に基づ

くなどの点から、我が国「はじめて」の調停制度であるという評価ができる。

91) 長島毅「借地借家調停法の申立件数に表はれたる二三の事柄」法律時報第3巻第1号（1931年）30 - 31頁参照。制度の制定当初利用が少なかった一つの理由としては、制度そのものがいずれかと言えば世論や議会サイドからというよりも、池田の発案に端を発し一貫して政府・司法当局主導で急きょ行われたために、周知徹底が十分でなかったという点にもある（この点について、最高裁判所事務総局、前掲注58）25頁参照）。

92) 穂積、前掲注66）157頁。

93) 穂積、同上、169 - 170頁。そもそも我が国では、例えば昭和2年家事審判法案第95条に見られるように「訴ヲ提起セントスル者ハ先ヅ相手方ノ住所地ノ家事審判所ニ調停ノ申立ヲ為スコトヲ要ス」として、調停前置が規定されていた。また、借地借家調停法第5条では、調停の申立てを受理した事件につき訴訟が既に係属していたときは「調停ノ終了ニ至ル迄訴訟手続ヲ中止ス」とされていた。このように、訴訟制度を主制度とする西洋国家と異なり、我が国では調停制度が紛争解決の主制度と捉えられていた。そしてこのことは、本文穂積の言に見るように、法解釈面にまで及ぶのである。

94) 正確には類推解釈ということになろう。


**第4章**

1) 小委員会では大正9（1920）年6月26日から大正13（1924）年7月19日まで親族編の、昭和2（1927）年2月21日から同年7月18日まで相続編の改正要綱案がそれぞれ作成・審議された。

　民法改正問題を先行させる必要性は、花井委員らがしばしば主張していたように家事審判制度が民法の一条項とさえ言える重要な要素と認識されていたからである。この点については例えば、大正11（1922）年5月12日臨時法制審議会家事審判所ニ関スル会議委員総会での花井卓蔵発言（堀内節編著『家事審判制度の研究　附　家事審判法関係立法資料』（日本比較法研究所、1970年）754頁。第2章第2節と同様ここでも以下、堀内資料篇という。）参照。なお、本文におけるこの

間の事情については、同書経過篇 19、81 頁（以下同様に、堀内経過篇という。）
及び堀内節編著『続家事審判制度の研究　附　家事審判法関係立法資料補遺』（日
本比較法研究所、1976 年）3、4 頁（以下同様に、続堀内経過篇という。なお、以
後本章で引用する同書資料篇についても同様に、続堀内資料篇という。）参照。

2) 大正 8（1919）年 10 月 24 日臨時法制審議会第 2 回総会における発言、臨時法制
審議会「臨時法制審議会総会議事速記録諮問第一号（民法改正）」（以下便宜、親
族編速記録という。）4 頁。

3) 我妻栄『家の制度――その倫理と法理――』（酣燈社、1948 年）253 頁。

4) 第 1 章注 101）及び第 2 章注 60）参照。

5) 磯野誠一「民法改正（法体制再編期）」鵜飼信成・福島正夫・川島武宜・辻清明
編『講座日本近代法発達史：資本主義と法の発展』2（勁草書房、1958 年）297 頁。

6) 大正 7（1918）年 10 月 30 日臨時教育会議総会における発言、「臨時教育会議（総
会）速記録」第 27 号 49 頁（『資料　臨時教育会議』第 5 集（文部省、1979 年）
305 頁）。

7) 大正 9（1920）年 3 月 13 日第 9 回臨時法制審議会諮問第一号主査委員会における
発言、続堀内資料篇、前掲注 1）428 頁。

8) 川島武宜『イデオロギーとしての家族制度』（岩波書店、1957 年）202 頁。

9) 磯野の花井評である。磯野、前掲注 5）289 頁参照。

10) 親族編速記録、前掲注 2）90 頁。

11) 親族編速記録、同上、93 頁。なお、江木もまた、花井のような見解を批判する
（この点については同 286 頁参照）。

12) 親族編速記録、同上、91 頁。

13) 親族編速記録、同上、93 頁。

14) 親族編速記録、同上、93 - 94 頁。

15) 親族編速記録、同上、287 頁。

16) 親族編速記録、同上、312 頁。もっとも花井も「私としては寧ろ柄にない意見を
出した」などと言い訳をする（この点については同 313 頁参照）。なお、我妻も花
井の態度について「いささか諒解に苦しむ」とする（この点について我妻、前掲

注 3）276 頁参照）。しかしさらに磯野は、花井の主張の根底に情義の存在があることを（批判的にではあるが）指摘する（この点について磯野、前掲注 5）32－33 頁参照）。

17）親族編速記録、同上、289 頁。

18）親族編速記録、同上、292 頁。なお、第 1 章注 57）、及び第 2 章注 129）岡野敬次郎発言を参照。余事であるが、要綱第十一（原案第十）の作成について、穂積は委員として関与していなかったようである（この点について、富井政章発言、同 304 頁参照）。

19）親族編速記録、同上、293 頁。

20）親族編速記録、同上、284 頁。

21）花井と穂積が展開したこの論は、退席者が多数となり定足数に欠けたため、次回会議にまで繰り越されることになる。委員退席の理由は仁井田益太郎によれば、他に会議があったためとされる。この点について、親族編速記録、同上、294、311 頁参照。

　なお、本論点については戸主の同意も問題となる。戸主の同意については従前から婚姻する者の年齢如何には関わりがない旨規定されており、その理由について穂積は「家に入れるか、入れないか」、「家族の一人になる」かどうかの問題である旨明確に述べる。また、違反に対する制裁は、戸主の離籍権又は復籍拒絶権行使である。以上の点について、親族編速記録、同上、297－298 頁参照。

22）小山温発言、親族編速記録、同上、303 頁。

23）仁井田益太郎発言、親族編速記録、同上、311－312 頁。

24）末弘厳太郎『法窓閑話』（改造社、1925 年）303 頁。

25）26）中島玉吉「親族相続法改正要綱を評す（五・完）」法学論叢第 21 巻第 2 号（1929 年）80－81 頁。ちなみに仁井田の意見は、まさにこれと同意見である（この点については前掲注 23）の仁井田発言参照）。小山も同意見であるが、未成年者の同意なき婚姻に対する制裁としての取消権をも不要とする（この点について前掲注 22）の小山発言参照）。

27）親族編速記録、前掲注 2）304 頁。ちなみに富井は、同意なき婚姻をした未成年

者の親の取消権について小山に翻意を促す（同 305 頁参照）。

28) 美濃部達吉発言、親族編速記録、同上、307 頁。

29) 中島、前掲注 25) 82 頁。

30) 末弘、前掲注 24) 311 頁。

31) 親族編速記録、前掲注 2) 285 頁。

32) 親族編速記録、同上、92 頁。この趣旨は、穂積が戸主の同意について述べると
ころと同様である。したがって、婚姻の同意について年齢制限を外す趣旨は一貫
する（戸主の同意に関する穂積発言については、前掲注 21) 参照）。

33) 親族編速記録、同上、92 - 93 頁。ちなみに江木のこの見解は第 1 章で触れたよ
うに、かつて法典論争で葬り去られた旧民法人事編第 38 条第 1 項の立法趣旨と同
一である（この点について熊野敏三著述『民法［明治 23 年］正義　人事編巻之壱
（上下）　日本立法資料全集』別巻 63（信山社、1996 年／初出は 1893 年）172 -
173 頁参照）。なお、江木の言うこのような家族観は我が国家族構造の特色である
「継承」家族（「直系家族」）に合致する。

34) 親族編速記録、同上、93 頁。

35) 松本発言、親族編速記録、同上、302 頁。

36) 江木発言、親族編速記録、同上、285 - 286 頁。

37) 松本発言、親族編速記録、同上、302 頁。

38) 親族編速記録、同上、316 - 317 頁。

39) 穂積重遠「民法改正要綱解説（二）」法学協会雑誌第 46 巻第 5 号（1928 年）75
- 76 頁。

40) 穂積発言、親族編速記録、前掲注 2) 316 頁。

41) 穂積、前掲注 39) 76 頁。

42) 親族編速記録、前掲注 2) 317 頁。

43) 川島、前掲注 8) 209 頁。

44) すなわち川島によれば、この点はわが国固有の「継承」家族ではなく、イギリ
スのような核家族をモデルとする西洋的家族観に立つものと評価されることにな
る。

45）親族編速記録、前掲注 2）317 頁。

46）親族編速記録、同上、259 頁。

47）川島、前掲注 8）204 − 205 頁。もっとも川島は、男子 30 歳女子 25 歳以上の者には完全な自由結婚を認めていた従前の方が、本要綱より進歩的だという見方もできる旨述べている（この点について、同 205 頁参照）。

48）川島、同上、205 頁。

49）横田秀雄発言、親族編速記録、前掲注 2）318 頁。

50）なお、要綱では第 1 項第 1 号の離婚原因を妻側について「不貞ノ行為」とし、第 2 号の原因を夫側について「著シク不行跡」とそれぞれ区別している点について美濃部が、単に第 1 号で「夫又ハ妻ニ不貞ノ行為アリタルトキ」とすべきではないかと発言した。両者の区別は、妻については血統の混乱を防ぎ、逆に夫については血統の維持を図るための緩和にあるというのが理由であったが、この質問をめぐっては一論争が展開された。この美濃部の発言に対しては穂積も賛意を表した（以上の点については、親族編速記録、同上、332 − 343 頁参照）。ちなみに穂積は別の機会に、この区別は「夫妻平等」という「私の持論」から見て「十分理想的でない」旨改めて明言する（この点について、穂積、前掲注 39）92 − 93 頁参照）。

　　また、第 1 号から第 5 号までの離婚原因列挙事由と第 6 号の「其他婚姻関係ヲ継続シ難キ重大ナル事情存スルトキ」という相対的離婚原因との関係も問題となった。つまり、相対的離婚原因規定によって「始の列挙してある規定は無意味になつて」しまわないかということである（後述するように水野錬太郎が質問する。後掲注 59）参照）。この点について穂積が、「主なものはやはり列挙して置かぬと標準も分ら」ないからこのように規定したなどと説明する。以上の点については、親族編速記録、前掲注 2）350 − 354 頁参照。

51）親族編速記録、前掲注 2）132 − 133 頁。

52）親族編速記録、同上、137 頁。

53）親族編速記録、同上、133 頁。

54）そのために規定上「裁判上の離婚と云ふ文字を避け」たと松本は言う。この点

226

について、親族編速記録、同上、347 頁参照。

55) 親族編速記録、同上、133 頁。

56) 親族編速記録、同上、348 頁。

57) 親族編速記録、同上、同頁。

58) 親族編速記録、同上、同頁。

59) 親族編速記録、同上、349 頁。なお、中島も同様の疑問を抱くが、彼の場合は第
2 項によって第 1 項の法定離婚原因があいまいとなり、その結果国民の離婚の自由
が国権により干渉されることになるという近代主義的立場からの疑問である。こ
の点について、中島玉吉「親族相続法改正要綱を評す（二）」法学論叢第 20 巻第 2
号（1928 年）49 － 50、55 － 56 頁参照。

60) 親族編速記録、同上、352 頁。なお第 813 条は、離婚原因として配偶者の重婚、
妻の姦通、夫の姦淫罪、配偶者等の虐待・侮辱、悪意の遺棄、3 年以上の生死不明
等全 10 号にわたる規定を置いていた。さらに例えば第 816 条は、離婚の原因を
知ったときより 1 年を経過した後等は離婚訴訟を提起できない旨規定していた。
　余事であるが、妻の姦通を離婚原因とするのは、前掲注 50）でも触れたように
血統の関係からであったが、夫の姦淫罪という離婚原因に比して、穂積によって
指摘されるように「夫妻平等」でないと言われていた。

61) 親族編速記録、同上、352 － 353 頁。

62) この民法第 813 条第 6 号「悪意ノ遺棄」は、本要綱第 1 項第 3 号の「配偶者ヨ
リ甚シク不当ノ待遇ヲ受ケタルトキ」にまとめられた（穂積、前掲注 39）91 － 92
頁参照）。

63) 穂積発言、親族編速記録、前掲注 2）335 頁。

64) 穂積、前掲注 39）92 頁。

65) 親族編速記録、前掲注 2）335 頁。

66) 末弘、前掲注 24）331 頁。なお、徳川中期以降、仲人を相手取ってではあるが、
妻からも離婚（離縁）請求（正確には婚姻の取消請求）ができた点について、中
田薫『法制史論集第 1 巻　親族法相続法』（岩波書店、1926 年）619 － 620 頁参照。
　余事であるが、要綱第十五（原案第十四）の「協議離婚ノ同意及ビ子ノ監護」

についても、要綱第十六（原案第十五）に合わせて、満25年以上の年齢の夫婦の協議離婚の場合も「家ニ在ル父母、……祖父母ノ同意」を必要とすることとし、従前の取扱よりも離婚が制限されるようになっていたが、この点について穂積は、「元来離婚は濫行の気味がある故少しは引き締めるがよからうと思ふ」と評価している（この点について、穂積、前掲注39）89頁参照）。もっとも、末弘はこの父母・祖父母の同意について、いたずらに「理由なき婚姻の強制的継続」を増加させるとして反対する（この点について、末弘、前掲注24）335頁参照）。

67）その他の論点では、親族ノ範囲（要綱第一）、庶子ノ入家（要綱第三）、分家（要綱第四）、婚姻ノ成立（要綱第十二（原案第十一））、扶養義務（要綱第三十四（原案第三十三））などがあった。

68）この経緯については、平沼騏一郎議長発言参照（親族編速記録、前掲注2）390－391頁）。

69）70）昭和2年11月29日第32回総会富井政章発言、民法改正調査会「臨時法制審議会総会議事速記録諮問第一号（民法第五編相続改正）」（以下便宜、相続編速記録という。）1頁。

71）富井発言、相続編速記録、同上、2頁。

72）相続編速記録、同上、同頁。

73）相続編速記録、同上、3頁。なお松本は、相続財産が戸主の財産である従前の取扱より一歩を進め、「家産」とまでは言えなくとも一種の「家の財産」に近いものとして家督相続人「一人が専らにすべきものではな」く、「適当に分配しなければならぬ」こととしたと言う（この点について、同31頁参照）。

74）なお、従前は旧民法から一貫する家督相続と遺産相続との併立制度であり、この点は要綱においても維持されていた。もっとも穂積は、併立廃止論を持論としていた（この点について、穂積重遠「民法改正要綱解説（六・完）」法学協会雑誌第46巻第11号（1928年）88頁参照）。

75）相続編速記録、前掲注69）3－4頁。

76）相続編速記録、同上、4頁。

77）78）相続編速記録、同上、5頁。

79) 相続編速記録、同上、6頁。

80) というのは、後に見るように松本も、審判については執行力を認めたい旨述べるところから見ても、この問題を完全に徳義的領域に止めようと考えている訳ではないからである。

81) 相続編速記録、前掲注69）5－6頁。

82) 相続編速記録、同上、6頁。

83) 相続編速記録、同上、12－13頁。

84) 穂積の言う趣旨は、西洋近代的な個人の自由ないし権利と家族制度との調和を図るというように見える。もしそうだとすれば、両者の調和は、近代国家建設の始めに当たって伊藤の描いた近代立憲主義と「郷党的社会」との調和の図式以来一貫したテーマの延長線上にあるものと言える。

85) 穂積の言う個人の利益の尊重は、決して西洋近代主義の所産にのみ拠るものではないことには注意を要する。我が国においても伝統的に個人の利益が必ずしも軽視されていたわけではない。特に、個人の「伎倆」（能力）面における能力主義はわが国でも古来より存在していた。すなわち、たとえ身分卑しい者でも能力があれば、世に出る可能性があった。著名な例を挙げれば、平安中期、藤原道長が一馬飼いの少年の能力を見抜き、抜擢して学問を修めさせ、後に大江時棟という学者にした実話が挙げられる（「十訓抄第三、三ノ十四」参照。浅見和彦校注『新編日本古典文学全集51　十訓抄』（小学館、1997年）138－139頁による。なお、我が国の身分序列における「伎倆」という要素の存在の指摘については、川島、前掲注8）338－339頁参照）。とすれば、穂積の指摘は、我が国で従来個人の利益が無視されていたことを改めるという意味ではなく、より一層個人の利益が認められるものとしたいという意味にも理解できる。

86)87) 相続編速記録、前掲注69）13頁。なお、財産分配の法的性質は、遺贈と見なされる（要綱第一第三項。同49頁、松本発言参照）。

88) 相続編速記録、同上、13－14頁。

89) 穂積発言、相続編速記録、同上、14頁。

90) 穂積発言、相続編速記録、同上、15頁。

91）穂積発言、相続編速記録、同上、14頁。

92）もっとも、「得ル」とあるように、招集するかしないかは任意である。その理由は松本も言うように、招集の結果かえって「親族間に深刻な争が生じ」ることもあるからだという（この点について、相続編速記録、同上、20頁、松本発言参照）。第3章第1節2で見たように、審議会（委員総会）審議で親族会の役割が消極視されていたのにもかかわらず、ここで親族会に一定の役割を与えた真意は、この問題をなるべく「法律問題」とすることを避けようとするところにあったものと思われる。

93）94）95）穂積発言、相続編速記録、前掲注69）15頁。

96）相続編速記録、同上、15－16頁。

97）先に「相続人の好意」と説明していた松本もこの穂積の言に合わせる（相続編速記録、同上、25－26頁、松本発言参照）。

98）この点は、川島武宜「権利の体系」私法第5号（有斐閣、1951年）41頁参照。

99）中島玉吉「親族相続法改正要綱を評す（三）」法学論叢第20巻第3号（1928年）34頁。

100）松本も、「訴ふることの出来ない権利」の例を挙げて説明する。この点について、相続編速記録、前掲注69）29頁参照。

101）相続編速記録、同上、39頁。

102）相続編速記録、同上、40頁。

103）松本発言、相続編速記録、同上、55頁。

104）松本発言、相続編速記録、同上、42頁。なお、この発言の日である昭和2（1927）年11月30日の前月には小委員会決議としての家事審判法案が一応はできており、その第107条には調停・審判の結果について「確定判決アリタルト同一ノ効力ヲ生ズ」という規定も盛り込まれていたが、松本はこの発言中で、民法改正要綱の決定によって同法案の中身も「全然改めなければならぬと考へ」ていると言っている。なお、この点を裁判権との関連で論評するものとして堀内経過篇、前掲注1）197－201頁参照。

105）中島、前掲注99）35頁。

230

106）中島、同上、同頁。もっとも中島は、要綱以外の資料を知り得る立場にはおら
　　ず、したがって審議会のやり取りを知る由もなかったから、このように考えても
　　やむを得ない（この点について、中島玉吉「親族相続法改正要綱を評す（一）」法
　　学論叢第 19 巻第 6 号（1928 年）4 頁参照）。

107）通常自然債務あるいは不完全債務として認識されているのは、訴求力・執行力
　　を共に欠く債務又は訴求力はあるが執行力を欠く債務とされているから、このよ
　　うに訴求力を欠きつつ執行力を有する債務を認めるのは松本も言うように、「身
　　分、親族に関する権利〔債務〕」（相続編速記録、前掲注 69）31 頁）の特性による
　　ものと説明する他ない。

108）このような独自の債務概念が編み出される根本的理由は、権利概念と共同体原
　　理との統合にあると言える。なお、民法学者於保不二雄は、自然債務又は不完全
　　債務を単に徳義上のものとするかそれとも法上のものとするかの問題は、法と道
　　徳とは峻別するか、それとも法と道徳の交錯を承認するかという法律上の基本問
　　題に関連する事柄とする（於保の指摘については、於保不二雄『法律学全集 20
　　債権総論［新版］』（有斐閣、1972 年）70 － 73 頁参照）。

109）相続編速記録、前掲注 69）16 頁。

110）穂積、前掲注 74）89 頁。

111）中島、前掲注 99）37 頁。

112）議論の最終段階に至っても再度阪谷芳郎が「其分配と云ふものは恩恵の趣旨に
　　依つたもの」と理解してよいかと質問したが、このときも松本は、「恩恵と云ふや
　　うな言葉は私は使ひたくございませぬ」と明言する（この点について、相続編速
　　記録、前掲注 69）55 頁参照）。

113）小野清一郎『日本法理の自覚的展開』（有斐閣、1942 年）64 頁。

114）この点については、小野、同上、92 頁参照。

115）磯野、前掲注 5）298 頁。なお、磯野はこの言を「国体、皇室、教育勅語」に
　　関して使っている。

116）言い換えれば法の指導原理であるが、間接的適用原理と言える。この点につい
　　て、牧野英一「家族制度の一法律観」穂積重遠・中川善之助責任編輯『家族制度

全集　史論篇Ⅴ　相続』（河出書房、1938 年）319 – 320、342 – 343 頁参照。

　　余事であるが、牧野は刑法学者だが、R・サレイユ、F・ジェニーなどの私法解釈論における自由法学者の影響を受けたとされる。なお、「信義誠実の原理」（信義則）は、この当時注目されていたスイス民法等に規定されたものであった。我が国で明文化されるのは、周知のとおり戦後（昭和 22 年）の民法改正によってである。

117）牧野、同上、342 – 343 頁。

118）本文以外の他の論点に関しては要綱第十「嫡出女子ノ家督相続ノ順位」などの項目がある（相続編速記録、前掲注 69）79 – 85 頁）。なお、総会での全項目可決成立後、江木が家産の問題を持ち出したが、今回の民法改正には盛り込まないこととされた（経緯の詳細については同、112 – 114 頁及び穂積、前掲注 74）94 – 95 頁参照）。

119）もっとも審議会の最後に、民法親族編相続編のみに答申が限られた点について阪谷から、これのみでは国法全般を改正の対象としていた臨時教育会議建議（「建議第二」）の趣旨には「大分抵触して居る様に思ふ」という意見が出された。これに対しては平沼や前田米蔵らから、諮問が民法に限られていたことの外、建議の趣旨は例えば刑法についても検討委員会ができている等他でも尊重されるとの発言があった。阪谷の意見は臨時教育会議建議に反して民法改正にのみ限定して諮問を行った政府方針に対する最後の異議申立てであったと言える（この点については相続編速記録、前掲注 69）118 – 120 頁参照）。

　　なお、臨時法制審議会の答申後、昭和 3（1928）年 10 月に民法改正調査委員会が司法省内に設置され、昭和 19（1944）年 10 月戦局悪化を理由として中止されるまで改正案の検討・取りまとめの活動が行われた。まず、昭和 7（1932）年に第一草案が、次に昭和 12（1937）年に第二草案がまとめられ、さらに昭和 14（1939）年に第三草案が、次いで昭和 15（1940）年から昭和 16（1941）年にかけて第四草案が順次取りまとめられ、その後昭和 19（1944）年 5 月まで第五草案が検討されるという経緯をたどった（以上の経緯について、堀内経過篇、前掲注 1）212 頁及び続堀内経過篇、同 306 – 340 頁参照。なお、各草案取りまとめの年月について

は、続堀内経過篇、前掲注1）記載の日付に拠った）。この草案の検討過程で家事審判所の関与事項が次第に増加していく（この点を指摘するものとして堀内経過篇、前掲注1）213 − 214頁）。

　余事であるが、第四草案である人事法案（仮称）親族編・同相続編によれば、本文に挙げた諸論点はおおむね採用されている（「婚姻ノ同意」については同第56条、「離婚ノ原因」については同第89条、「戸主ノ死亡ニ因ル家督相続」については相続編第262条から第264条までにそれぞれ規定されている。なお、家督相続については、ここでも分配は「家督相続人ハ……相当ノ分配ヲ為スコトヲ要ス」とされ、他の相続人が分配を請求することは認められていない。以上の点について、堀内資料篇、前掲注1）930 − 1005頁参照）。

120）堀内節の推測による（堀内経過篇、前掲注1）81頁、続堀内経過篇、同231 − 232頁参照）。

121）審議冒頭における横田千之助司法大臣挨拶、堀内資料篇、前掲注1）758頁。

122）したがって、大正14（1925）年5月19日に終了した親族編改正要綱の審議には間に合わず、昭和2（1927）年11月29日以降開催の相続編改正要綱の審議に辛うじて間に合ったということになる。

123）審議は12月26日から翌年4月10日までの全6回であった（続堀内資料篇、前掲注1）788頁参照）。

124）堀内資料篇、前掲注1）788頁、「家事審判所法調査事項（小委員会決議）」（同篇所収。以下同じ。）に拠る。

125）堀内資料篇（「家事審判所ニ関スル法律調査委員会日誌」（同篇所収）。以下、日誌という。）、前掲注1）770 − 771頁。

126）池田発言、日誌、同上、771頁。なお、このことは「非裁判所説の敗退」を意味する（この点につき堀内経過篇、前掲注1）68頁参照）。

127）日誌、同上、同頁。なお穂積も、「建物を別にするは賛成なり」とする（この点について同頁参照）。もっともこれは穂積の持論である。

128）日誌、同上、772頁。

129）堀内経過篇、前掲注1）92頁。司法省民事局長時代の池田寅二郎が借地借家調

停法の案出者であったことを堀内は指摘する（この点について同 87 頁注（2）参
照）。

130）日誌、前掲注 1）772 頁。

131）日誌、同上、775 頁。

132）大正 10（1921）年 7 月 7 日臨時法制審議会諮問第一号主査委員会における富井
政章委員長発言、「家事審判所ニ関スル会議速記録」、同上、636 頁。

133）花井の池田に対する反論は、まさにここに根拠を置くものであった（日誌、同
上、771 頁、花井発言参照）。

134）堀内経過篇、前掲注 1）94 頁。堀内はこのように、家事審判所が「裁判所とし
て」事件を処理することとなったと評価する。だが、委員会決議に係る第四には
元よりそのような文言は明示されてはいない（この点につき前掲注 131）参照）。

135）牧野、前掲注 116）343 頁。

136）堀内資料編、前掲注 1）788 頁、「家事審判所法調査事項（小委員会決議）」に
拠る。

137）日誌、前掲注 1）773 頁。

138）139）日誌、同上、同頁。

140）堀内経過篇、前掲注 1）101 頁。

141）日誌、前掲注 1）773 頁。

142）裁判機関による法の認識（発見）である。もっともこのことは調停に限らず、
訴訟においても同様である。しかし、訴訟はあくまでも権利義務の公権的実現が
主であり、それゆえ具体的事件に適用される各法規について「人倫生活の道理」
を含んだ一般条項による補充・修正が行われるにすぎないという限界があり、家
族・人間関係の維持・強化に必ずしも充分には答えられない。これに対し、調停
の場合は事件の円満な解決を第一義とするために、個々の法規は必ずしも無視さ
れないにしても法規そのものの厳密な解釈にはこだわらず、比較的穏やかに「人
倫生活の道理」の精神から事件の解決が図られる。したがって、「人倫生活の道
理」による家族・人間関係の維持・強化にとっては調停制度の方がより優れるも
のと言える。なお、前掲注 116）参照。

143) 日誌、前掲注1) 773頁。

144)「家事審判ニ関スル綱領」第十にあった審判の非公開については、「家事審判所法調査事項」には掲げられなかったが、その理由は堀内によれば、当時から非訟事件は非公開であり、調停も非訟事件と解されていたことから特段の論議が必要なかったためとされる（この点につき堀内経過篇、前掲注1) 105 − 106頁参照）。

145) 途中で原の後任者として松本が任命されている（この点につき続堀内経過篇、前掲注1) 273頁参照）。もっとも起草委員会の活動はすぐには始まらなかった。相続編改正要綱の審議結果を待たなければならなかったからである（この点については同256頁以下参照）。

146) 未公表のため、日付は堀内の推測による（堀内経過篇、前掲注1) 87、521頁、続堀内経過篇、同293頁参照。なお、経緯の詳細については続堀内経過篇、同255 − 273頁参照）。

147) 家督相続人の廃除については審判・再審判のみで決せられる事件とされた（法案第21条第22号、第71条以下、第11節再審判の規定参照。現行家事審判法の甲類事件に相応する。なお法案の内容は、堀内資料篇、前掲注1) 795頁以下に拠る）。

148) すなわち、「人倫生活の道理」による実体法規の改変にまでは踏み切れなかった。なお、この後述べる人事調停法第7条は、「調停ハ裁判上ノ和解ト同一ノ効力ヲ有ス」とした上でその但書で「但シ本人ノ処分ヲ許ササル事項ニ関スルモノニ付テハ此限ニ在ラス」と規定する（この点について堀内経過篇、前掲注1) 101 − 102頁参照。法案の解説については同127 − 132頁参照。また、併せて後掲注179) 参照）。

149) 中島、前掲注59) 49 − 50頁。ただし、臨時法制審議会における親族編・相続編両改正要綱についての論評である（以下、注150)・151) につき同じ）。

150) 中島、前掲注99) 36頁。

151) 中島、前掲注59) 52頁。

152) 末弘、前掲注24) 358 − 359頁。ただし、臨時法制審議会における親族編改正要綱時点の論評である。

153) 末弘、同上、359 頁。それゆえ末弘は、裁判所の自由裁量を広く可能とする民法改正の必要性を訴える。だが末弘の立場はこのように個々の規定についての提言である点で、牧野のような「自由法」的立場とは異なっている。

154) この間の事情について、続堀内経過篇、前掲注 1) 294 − 295 頁参照。

155) 昭和 14 年 1 月 31 日第 74 回帝国議会衆議院における塩野季彦司法大臣提案理由説明、第 74 回帝国議会衆議院議事速記録第 8 号、帝国議会衆議院議事速記録 72（東京大学出版会、1985 年）113 頁。

156) 大森政府委員は、人事問題に関する調停制度の実現については大正 11 年の借地借家調停法の制定以来司法省にとっても永年の懸案であり、また、帝国議会においても請願・法律案が再三提出される等各方面からの多年の要望もあったものであるとし、したがって今回の「人事調停の制度は、此の事変に際して特に緊急已むを得ざるものとして提出したのでありますけれども、事変だけに即応するものではないのでありまして、永久の制度として御審議を願ふ趣旨」である旨述べ、それゆえ将来家事審判法制定の際には人事調停の部分を除いて立案したい旨の議会答弁を行っている。以上の点につき第 74 回帝国議会衆議院人事調停法案委員会議録（速記）（以下、第 74 回衆議院委員会議録という。）第 2 回、帝国議会衆議院委員会議録 107（東京大学出版会、1996 年）66 頁、同第 3 回 79 頁、同第 5 回 117、121、122 頁参照。なお文中引用箇所は第 5 回 122 頁より引用。

157) 第 74 回衆議院委員会議録第 6 回、同上、144 頁。

158) 第 74 回衆議院委員会議録第 6 回、同上、同頁。

159) 第 74 回衆議院委員会議録第 6 回、同上、145 頁。なお第 7 条但書については、前掲注 148) 参照。もっとも、この規定はもちろん「権利義務其のものに関する問題」にも適用される（この点について大森発言、同頁参照）。余事であるが、大森の掲げる例は、在地共同体（「郷党的社会」）が、かつて果たしていた機能を、その弱体化によって十分に果たし得なくなったことから国家機関が補強することになったという状況をよく示している。

160) 小畑もまた、設例のような事案は「広汎なる場合を包含せしめて権利義務の関係」ではないかと食い下がる（この点について第 74 回衆議院委員会議録第 6 回、

同上、146 頁参照）。

161）第74回衆議院委員会議録第6回、同上、145 頁。

162）牧野、前掲注 116）338 頁。不法行為に関する大審院判例（昭和7年 10 月6日）の引用である。牧野はこの判例を「超法規的に権利といふことを論定している」ものと評価する（同頁参照）。

163）第74回帝国議会貴族院人事調停法案特別委員会議事速記録（以下、第74回貴族院委員会速記録という。）第1号、帝国議会貴族院委員会速記録昭和篇 80（東京大学出版会、1996 年）317 頁。

164）第74回貴族院委員会速記録第1号、同上、317 − 318 頁。

165）大森発言、第74回衆議院委員会議録第6回、前掲注 156）145 頁。

166）牧野、前掲注 116）338 頁。

167）法文上も第2条に「道義ニ本ヅキ温情ヲ以テ」、第5条に「淳風ニ副ハズ」というように規定されていた。これらの規定に関する大森政府委員の説明について、第74回衆議院委員会議録第4回、前掲注 156）89 頁参照。

168）第74回貴族院委員会速記録第2号、前掲注 163）325 頁。

169）第74回貴族院委員会速記録第2号、同上、326 頁。

170）この問題は確定判決後の当該事件についての調停の可否にも関係する。この点について大森は、従来弊害があったのでこのような調停は却下する方針を採ることにした旨述べている。なお、この中で大森は確定判決後事情変更のあった場合は例外とする旨述べているが、事実審の口頭弁論終結後の新事情については判決の効力は元々及ばないのであるから、このことは理論上当然のことを述べたに止まる。訴訟優位という基本思考に基づくものであろう。以上の点については、第74回貴族院委員会速記録第2号、同上、329 頁、大森発言参照。

171）一松は第5条の「淳風」について、従来の成文法のような「公序良俗」という文言を用いなかった理由と、「淳風美俗」とせず単に「淳風」とした理由との二点を質問した。後者の質問に対して大森は、「軽く穏かに」言ったのみで、同じ意味である旨述べている（以上の点について、第74回衆議院委員会議録第6回、前掲注 156）140 − 141 頁参照）。

172) 第74回衆議院委員会議録第6回、同上、140頁。もっともこの中で大森は、公序良俗という文言については、我が国固有の家族主義の精神が当初の外国語の翻訳に当たって必ずしも強く意識されていないこともあったと思われるので、ここでは公序良俗という文字を避けた旨説明する（同頁参照）。

173) 第74回帝国議会貴族院議事速記録（以下、第74回貴族院速記録という。）第15号、帝国議会貴族院議事速記録65（東京大学出版会、1984年）158頁。もっとも岩田の質問は、調停制度の必要性について疑義を提起する趣旨のものである（同156 - 160頁参照）。

174) 第74回貴族院速記録第15号、同上、160頁。平沼はこの中で、調停制度の必要性を力説する（同頁参照）。

175) 大森の答弁によれば、正確には「勿論公序良俗と云ふ言葉の中に我国在来の淳風美俗を含まないとは申しませぬけれども」である（この点について、第74回衆議院委員会議録第6回、前掲注156) 140頁参照）。なお、前掲注172) 参照。

176) 牧野の言う「超法規的原理」は「法規における形式と概念とから自由に解放されたもの」であるが、同時にそれは「やはり、法規の間に求められねばならぬ」とされる（牧野、前掲注116) 320頁）という意味で、「超法規的原理」＝「家族制度の精神」もまた法であることは言うまでもない。

177) 牧野、同上、319頁。

178) 繰り返すならば、家族制度の精神そのものは「批判を許さないもの」だとしても、その原理が法規を飛び越して社会生活に直接適用されるのではなく、法の一般条項に組み込まれ、それを通して間接的に適用される。そしてこの家族制度の精神すなわち超法規的原理は訴訟においては通常個別法規の補充原理として働くが、個別法規は尊重されつつもその個別「法規における形式と概念とから自由に解放されたもの」である超法規的原理の特色がより発揮されることを可能にし、「我国固有の淳風美俗」の復活・維持・助長に、より適合するのが臨時法制審議会提唱の家事審判所であり、その具体化である人事調停制度である。

179) 同法の内容は、第8条で借地借家調停法の規定を広範に準用しているように、基本的に借地借家調停法に準拠したものである。すなわち、調停機関は借地借家

調停法と同じく裁判所又は判事である調停主任 1 人と 2 人以上の調停委員とから成る調停委員会である。ただ代理人については、借地借家調停法と法文上は異なり、弁護士代理につき裁判所の許可は要しないとしたが、これは特段の許可を受けることなく代理人と認めていた借地借家調停実務上での取扱を明文化したのにすぎないものである（第 6 条）。この結果、借地借家調停法制定当時の衆議院における弁護士代理を原則とする旨の法案修正論争は、人事調停法に関しては一応決着することとなった（借地借家調停法案における弁護士代理規定修正論争については、第 3 章注 89）参照）。

借地借家調停法と明確に異なるのは、第一に強制調停（職権調停）を準用しなかった点である。この趣旨は、人事調停では「なだらかに穏かに素直ほに之をやらなければならぬ」ところから、強制調停は「適当でない」と考えられた（第 74 回衆議院委員会議録第 2 回、前掲注 156）68 頁）ことによる。

異なる点の第二は、調停の効力について裁判上の和解と同一の効力を認める旨の第 7 条に、「但シ本人ノ処分ヲ許ササル事項ニ関スルモノニ付テハ此限ニ在ラス」という但書が付けられた点である。この趣旨は、人事の問題は「常に執行力を持たすと云ふことにも行か」ず、「其の性質の許されざるもの」もある（同頁）というところにある。大森によれば、例えば協議上の離婚について執行力を持たせるのは不適当だと言う（以上の点については他に、第 74 回衆議院委員会議録第 6 回、同 149 - 150 頁、大森発言参照）。

180）「人事の調停を為すべき準備の為めのものであつた」（第 74 回衆議院委員会議録第 2 回、同上、66 頁、大森発言）借地借家調停、小作調停、商事調停、金銭債務臨時調停各制度に次いで、ここに本命の人事調停制度が完成することで、一連の調停制度の体系が完成に至った。

181）182）堀内経過篇、前掲注 1）220 頁。なお、前掲注 156）参照。

183）昭和 17（1942）年 5 月 15 日付で「家事審判制度要綱案」が出されているが、堀内の推測によれば、この案は、民法に関連する範囲で家事審判制度の検討も行っていた民法改正調査委員会発案のものとされる。以上、経緯の詳細については堀内経過篇、同上、226 - 227 頁、続堀内経過篇、同 304 - 305 頁参照。

## 結び

1) 伊藤博文「帝国憲法制定の由来」大隈重信撰・副島八十六編『開国五十年史』上巻（原書房、1970 年／初出は 1907 年）131 - 137 頁参照。「郷党的社会」の「情義」は特段伊藤個人の独創ではなく、特にその「善方面」に関しては当時の一般的な考え方であった。例えば明治 7（1874）年制定の恤救規則（公的救済制度）では、救済の基本を「人民相互の情誼」に置き、これら地縁・血縁共同体で救済困難な者について公的救済を行うとしていた。西川昌代の研究によれば、この趣旨は「やすやすと国家の保護に甘えない」自主・自治の精神に基づくものであったとされる。そして、この考え方は基本的に昭和 4（1929）年制定の救護法にも受け継がれ、戦前社会福祉制度の基本理念となっていた（以上の点について、西川昌代「近代日本における社会福祉制度の源流」生活と福祉№ 435（全国社会福祉協議会、1992 年）18 - 23 頁参照）。なお「郷党的社会」の「情義」をめぐっては、この他にも教育勅語、また勧解の廃止や地方自治制度の制定（序論注 100）参照）にも散見されるところである。

2) この語については第 2 章第 2 節 1（2）参照。

3) 藤田の指摘する「立憲国家」の破壊によるものである（序論 14 参照）。

4) 明治憲法の「統治権」を主権と同一視する点については、序論注 69）参照。

5) 宮沢俊義「八月革命と国民主権主義」世界文化第 1 巻第 4 号（1946 年）64 - 71 頁参照。

6) 佐藤全弘訳、新渡戸稲造「日本——その問題と発展の諸局面」新渡戸稲造全集編集委員会編『新渡戸稲造全集』第 18 巻（教文館、1985 年）183 - 184 頁。
   Inazo Nitobe,Japan-Some Phases of her Problems and Development（1931）175-176（新渡戸稲造全集編集委員会編『新渡戸稲造全集』第 14 巻（教文館、1984 年）所収）。

7) 昭和 21 年 3 月 16 日石橋湛山「憲法改正草案を評す　勝たれるその特色と欠点」鴨武彦編『大日本主義との闘争』石橋湛山著作集 3　政治：外交論（東洋経済新報社、1996 年）288 頁。

8) 憲法改正を主導した米国政府の意図も、「日本における『二重政治』」〔内閣総理

大臣が下院の多数者の意見よりも天皇周辺の権力グループによって決定されることや、軍が政府や議会から独立して行動できることなど〕の復活を阻止し、かつまた国家主義的軍国主義的団体が太平洋における将来の安全を脅かすために天皇を用いることを阻止する」ことであった（米国国務・陸軍・海軍三省調整委員会1946年1月7日採択第228号文書（SWNCC-228）「日本の統治制度改革」検討11参照）。

9)10) 昭和22年3月20日第92回帝国議会貴族院教育基本法案特別委員会（以下、貴族院特別委員会という。）における高橋誠一郎文部大臣答弁、第92回帝国議会貴族院委員会速記録（以下、教基法案速記録という。）第2号（国立国会図書館）6頁。

11) 昭和22年3月19日貴族院特別委員会における提案理由説明、教基法案速記録第1号、同上、1頁。

12) 昭和22年3月22日貴族院特別委員会における高橋答弁、教基法案速記録第3号、同上、10頁。

13) 牧野英一「民法の改正と家族主義」法律新報第740号（1947年）2－3頁。

14) 牧野、同上、3頁。

15) 堀内節編著『家事審判制度の研究　附　家事審判法関係立法資料』（日本比較法研究所、1970年）275頁。

16) 当初の要綱案第一（昭和21年7月27日、起草委員第一次案）は、次のようであった。

「第一　民法上の『家』を廃止すること。」

この要綱案第一は牧野英一らの尽力によって同年8月15日、司法省設置の司法法制審議会第2回総会で決議された際には次のとおりとなった。

「第一　民法の戸主及家族に関する規定を削除し親族共同生活を現実に即して規律すること。」

（以上、我妻栄編『戦後における民法改正の経過』（日本評論新社、1956年）225、233頁所収による。）

17) 要綱第四十二は次のようである（我妻、同上、243頁による）。

「第四十二　親族相続に関する事件を適切に処理せしむる為速に家事審判制度を設くること。」

18）牧野の主張が取り入れられた結果である。臨時法制調査会議事速記録、我妻、同上、299 頁による。なお、経緯の詳細については、同 289 頁以下参照。

19）牧野、前掲注 13）4 頁。

20）中田薫「民法改正と家族制度」法律新報第 741 号（1947 年）3 頁。

21）中田、同上、同頁。

22）青山道夫「新相続法の基本理念」法律新報第 740 号（1947 年）10 頁。

　　昭和 21 年 8 月 15 日、司法法制審議会第 2 回総会での民法改正要綱決議の際、家督相続廃止と祭具の承継の規定を合わせて新たな規定（要綱第二）を起こし、同要綱から「家督相続の廃止」の文言を削った（その経緯については堀内、前掲注 15）254 頁参照）。

　　要綱第二は次のようである（以下、我妻、前掲注 16）233 頁による）。

　　「第二　系譜、祭具及墳墓の所有権は被相続人の指定又は慣習に従ひ祖先の祭祀を主宰すべき者之を承継するものとすること。

　　　　其の他の財産は遺産相続の原則に従ふものとすること。」

23）中田、前掲注 20）4 頁。この結果は第 4 章第 1 節 2 （3）で見たように、戦前期臨時法制審議会で検討されたところと結果としては同じこととなる。

24）中田、同上、同頁。

25）家事審判制度調査委員会は、昭和 14（1939）年 12 月 6 日第 1 回会合が開かれた後休止されていたが、その委員会をそのまま活用することとしたのである。この点から見ても、家事審判の制度趣旨の連続性を推し量ることができるように思われる。

26）堀内、前掲注 15）1044 頁による。

27）牧野、前掲注 13）5 頁。

28）牧野、同上、同頁。

29）牧野の指摘する財産法における調停制度は昭和 26（1951）年、民事調停法の制定により具体化された。同法はその第 1 条で民事紛争につき「当事者の互譲によ

り、条理にかない実情に即した解決を図ること」を立法目的とする。同法は戦前制定された借地借家調停法の外、これと同一の立法趣旨の下で制定された小作調停法、商事調停法及び金銭債務臨時調停法を一本化して制定されたものである（この点につき同法附則第 2 条参照）。

30）川島武宜は、「私の印象では、家事審判法によって調停制度の基本的な理念を変革する、というような構想はなかった、と考える」（川島武宜『日本人の法意識』（岩波書店、1967 年）179 頁）と言っている。

31）山辺春彦「明治立憲政と徳義」法学会雑誌第 45 巻第 1 号（東京都立大学、2004 年）374 頁。

32）木下毅「日本法と外国法：法継受論（1）」北大法学論集第 46 巻第 2 号（1995 年）411 頁。

33）坂野潤治『明治憲法史』（筑摩書房、2020 年）230 頁。

34）35）藤原保信『自由主義の再検討』（岩波書店、1993 年）62 頁。

36）小林正弥「東洋的倫理—政治理論の原型とその論敵達――中国思想の新構造主義的概観と今日の政治哲学――」千葉大学法学論集第 15 巻第 3 号（2001 年）134 頁。

37）藤原、前掲注 34）193 頁。

38）藤原、同上、195 頁。

39）小林、前掲注 36）135 頁。

40）藤原、前掲注 34）196 頁。

41）Thomas Hobbes, Leviathan, Penguin Books, Baltimore（1968）p.120. 訳出に際し永井道雄・上田邦義訳、トーマス・ホッブズ『リヴァイアサン』Ⅰ（中央公論新社、2009 年）68 頁を参照。

42）Alasdair MacIntyre , After Virtue : A Study in Moral Theory, 2nd.ed., University of Notre Dame Press, Notre Dame, Indiana（1984）pp.190-191. 訳出に際し篠崎榮訳、A・マッキンタイア『美徳なき時代』（みすず書房、1993 年）234 頁を参照。

43）藤原、前掲注 34）64 頁。なお「道徳的価値」は、近代個人主義が軽視ないし否定した伝統的共同体をその源とする（この点については、安江孝司・樋口祐子・

小林修一訳、R.A. ニスベット『共同体の探求——自由と秩序の行方——』（梓出版社、1986 年）230 - 231 頁（Robert Alexander Nisbet, The Quest for Community : A Study in the Ethics of Order and Freedom, Oxford University Press, New York（1953）p.232. ）及び藤原、同 191 頁参照）。それゆえに、戦前期臨時法制審議会の目指した日本の伝統的家族を現代に適合させつつ維持・保存しようとした方向には、「道徳的価値」の存続にとって一定の意義があったと評価できることになる。

# あとがき

　本書は、平成19年度東洋大学博士学位論文『日本近代国制の生成と展開
──明治憲法下における調停制度を素材として──』を内容とするものであ
る。今回出版するに当たっては論旨をより簡潔・明瞭にするため、原論文の記
述を3分の1ほどカット、整理した。また、原論文の前半と後半に分かれてい
た憲法制度に関する記述の一部を残して大部分を序論としてまとめ、新たな記
述としたほか、各章について一部分割、若干の補充等を行った。ただしこれら
の処置は、特段原論文の内容に変更を来すものではない。もっとも、記述の一
部カット等により、原論文の資料的効用は多少失われることとなったが、その
代り少しは読み易くなったのではないかと思う。

　筆者が学位論文を書くに至ったそもそものきっかけは、縁あって入学した東
洋大学大学院で主指導教授となった森田明先生（現、東洋大学名誉教授）から
読むことを勧められた一本の論文にある。それは、先生のお茶の水女子大学教
授時代の教え子であった西川昌代氏が著した戦前社会福祉制度に関するもので
あった。その中に掲げられた日本の伝統的な「人民相互ノ情誼」というキー
ワードが、筆者の研究の出発点となった。研究を進めるうち、やがてこのキー
ワードは筆者が昔学んだ早稲田大学の創立者大隈重信侯より受け、心底に残っ
ていた「東西文明の調和」という概念と結び付いた。その結果が、学位論文と
なった。その後周辺研究に没頭することで大幅に出版が遅れることとなった
が、今回ようやく出版にこぎつけることが出来た。

　本書の元となった学位論文の内容自体、特に新史料によるものではなく、既
存の史料に基づくものである。ただ、「憲法史に関する史料はほとんど出揃っ
ているが、それを全部きちんと読んだ者が誰もいない」との賢人の苦言を拳拳
服膺し、当時においても史料については出来うる限り多く当たり、かつ先入見

を差し挟まず丁寧かつ虚心坦懐に読み取るよう努めた。

　『明治国制史』といささか大上段に振りかぶった書名を付けたのは、昨年9月、坂野潤治先生が出された『明治憲法史』（筑摩書房、2020年）に触発されたことにある。同書では、明治憲法の時代は1937（昭和12）年の日中戦争勃発から1945（昭和20）年の敗戦に至る8年間の無機能状態はあったものの、ほとんどそのまま戦後憲法の時代に引き継がれているという憲法史観が展開されている。日本近代史研究の大先達の遺言とも言えるこの憲法史観は、おそらく今後の憲法学研究のスタンダードとなっていくものと思われる。本書の書名は、その踏み石の一つとなればとの願いを込めて、必ずしも内容が伴わないであろうことを承知で敢えて付けさせていただいたものである。

　大学院では、森田先生から楽しく、時に厳しく学問を指導していただいた。また、先生の紹介で邂逅し得た加藤秀治郎先生（政治学。現、東洋大学名誉教授）からも数々の学問的示唆をいただいた。さらに國學院大學梧陰文庫研究会、そしてまた各種ゼミ等を通して、多くの良き師友に恵まれた。本書はこれらの方々から受けた学恩の賜物である。

　本書の出版に当たっては、一藝社の菊池公男会長、小野道子社長を始め同社の皆様に大変お世話いただいた。末尾に記して感謝申し上げる。

　令和3年2月11日
　　春寒の川面に浮かぶ水鳥たちに心休まる東京の片隅にて

　　　　　　　　　　　　　　　　　　　　　　　　雨　倉　敏　広

## 主要参考文献

本書で引用したものに限定した。


〈論文〉

青山道夫「新相続法の基本理念」法律新報第 740 号（1947 年）

池田寅二郎「米国ノ家庭裁判所（一）」法学協会雑誌第 39 巻第 10 号（1921 年）

池田寅二郎「米国ノ家庭裁判所（二完）」法学協会雑誌第 39 巻第 12 号（1921 年）

磯野誠一「民法改正と臨時教育会議」法学志林五十巻記念論集法と社会第 50 巻 3、4
合併号（法政大学法学志林協会、1953 年）

磯野誠一「民法改正（法体制再編期）」鵜飼信成・福島正夫・川島武宜・辻清明編
『講座日本近代法発達史：資本主義と法の発展』2（勁草書房、1958 年）

伊藤博文「帝国憲法制定の由来」大隈重信撰・副島八十六編『開国五十年史』上巻
（原書房、1970 年）

井上正一「仏国民法ノ我国ニ及ホシタル影響」仏蘭西民法百年記念論集（法理研究
会、1905 年）

梅溪昇「明治天皇制国家の構造形成に関する一考察」大阪大学文学部日本史研究会
編『近世近代の地域と権力』（清文堂出版、1998 年）

川島武宜「権利の体系」私法第 5 号（有斐閣、1951 年）

河田嗣郎「家族制度ノ崩壊カ社会生活ニ及ホス影響」京都法学会雑誌第 6 巻第 2 号
（1911 年）

岸上晴志「ボアソナード時代」水本浩・平井一雄編『日本民法学史・通史』（信山
社、1997 年）

木下毅「日本法と外国法：法継受論（1）」北大法学論集第 46 巻第 2 号（1995 年）

金原左門「政党政治と国民」金原左門編『近代日本の軌跡 4　大正デモクラシー』
（吉川弘文館、1994 年）

小林正弥「東洋的倫理─政治理論の原型とその論敵達──中国思想の新構造主義的
概観と今日の政治哲学──」千葉大学法学論集第 15 巻第 3 号（2001 年）

小柳春一郎「民法典の誕生」広中俊雄・星野英一編『民法典の百年』I（有斐閣、

1998 年）

坂本一登「伊藤博文と山県有朋」伊藤隆編『山県有朋と近代日本』（吉川弘文館、2008 年）

中島玉吉「家産制度と淳風美俗」法学論叢第 5 巻第 1 号（1921 年）

中島玉吉「親族相続法改正要綱を評す（一）」法学論叢第 19 巻第 6 号（1928 年）

中島玉吉「親族相続法改正要綱を評す（二）」法学論叢第 20 巻第 2 号（1928 年）

中島玉吉「親族相続法改正要綱を評す（三）」法学論叢第 20 巻第 3 号（1928 年）

中島玉吉「親族相続法改正要綱を評す（五・完）」法学論叢第 21 巻第 2 号（1929 年）

長島毅「借地借家調停法の申立件数に表はれたる二三の事柄」法律時報第 3 巻第 1 号（1931 年）

中田薫「民法改正と家族制度」法律新報第 741 号（1947 年）

西川昌代「近代日本における社会福祉制度の源流」生活と福祉第 435 号（全国社会福祉協議会、1992 年）

穂積重遠、末弘厳太郎、我妻栄、平野義太郎、田中誠二、中川善之助「論説　判例に現れたる親族会」法学協会雑誌第 40 巻第 8 号（1922 年）

穂積重遠「大震火災と借地借家調停法」法学協会雑誌第 42 巻第 5 号（1924 年）

穂積重遠「民法改正要綱解説（二）」法学協会雑誌第 46 巻第 5 号（1928 年）

穂積重遠「民法改正要綱解説（六・完）」法学協会雑誌第 46 巻第 11 号（1928 年）

穂積八束「民法出テテ忠孝亡フ」法学新報第 5 号（1891 年）

穂積八束「『家』ノ法理的観念」穂積重威編纂『穂積八束博士論文集』（有斐閣、1943 年）

牧野英一「『淳風美俗』と『美風良習』（上）」法学志林第 24 巻第 4 号（1922 年）

牧野英一「家族制度の一法律観」穂積重遠・中川善之助責任編輯『家族制度全集史論篇V　相続』（河出書房、1938 年）

牧野英一「民法の改正と家族主義」法律新報第 740 号（1947 年）

松尾正人「明治初年の国法会議」日本歴史第 412 号（吉川弘文館、1982 年）

宮沢俊義「八月革命と国民主権主義」世界文化第 1 巻第 4 号（1946 年）

山辺春彦「明治立憲政と徳義」法学会雑誌第 45 巻第 1 号（東京都立大学、2004 年）

渡辺浩「『夫婦有別』と『夫婦相和シ』」中国――社会と文化第 15 号（中国社会文化
　学会、2000 年）


〈書籍〉

荒邦啓介『明治憲法における「国務」と「統帥」　統帥権の憲法史的研究』（成文堂、
　2017 年）

石井良助『天皇――天皇統治の史的解明』（弘文堂、1950 年）

石田雄『明治政治思想史研究』（未來社、1954 年）

稲田正次『明治憲法成立史』上巻（有斐閣、1960 年）

稲田正次『明治憲法成立史』下巻（有斐閣、1962 年）

梅溪昇『教育勅語成立史――天皇制国家観の成立〈下〉――』（青史出版、2000 年）

大石眞『日本憲法史』第 2 版（有斐閣、2005 年）

大槻文彦『箕作麟祥君伝』（丸善、1907 年）

尾佐竹猛『日本憲政史の研究』（一元社、1943 年）

小野清一郎『日本法理の自覚的展開』（有斐閣、1942 年）

於保不二雄『法律学全集 20　債権総論 ［新版］』（有斐閣、1972 年）

海後宗臣『元田永孚』（文教書院、1942 年）

海後宗臣『海後宗臣著作集第 10 巻　教育勅語成立史研究』（東京書籍、1981 年）

金子堅太郎『憲法制定と欧米人の評論』（日本青年館、1937 年）

川島武宜『イデオロギーとしての家族制度』（岩波書店、1957 年）

川島武宜『日本人の法意識』（岩波書店、1967 年）

フリッツ・ケルン、世良晃四郎訳『中世の法と国制』（創文社、1968 年）

坂井雄吉『井上毅と明治国家』（東京大学出版会、1983 年）

坂本一登『伊藤博文と明治国家形成――「宮中」の制度化と立憲制の導入――』（吉
　川弘文館、1991 年）

末弘厳太郎『法窓閑話』（改造社、1925 年）

鈴木正幸『国民国家と天皇制』（校倉書房、2000 年）

ヘルマン・シュルチェ、木下周一訳『国権論』第 3 号（独逸学協会、1882 年）

瀧井一博『ドイツ国家学と明治国制――シュタイン国家学の軌跡――』（ミネルヴァ書房、1999 年）

瀧川政次郎『日本法制史』下（講談社、1985 年）

筒井若水・佐藤幸治・坂野潤治・長雄龍一編『法律学教材　日本憲法史』（東京大学出版会、1976 年）

鳥海靖『日本近代史講義――明治立憲政の形成とその理念』（東京大学出版会、1988 年）

中田薫『法制史論集第 1 巻　親族法相続法』（岩波書店、1926 年）

中根千枝『家族の構造――社会人類学的分析――』（東京大学出版会、1970 年）

中根千枝『社会人類学　アジア諸社会の考察』（講談社、2002 年）

R・ニスベット、安江孝司・樋口祐子・小林修一訳『共同体の探求――自由と秩序の行方――』（梓出版社、1986 年）

沼田哲『元田永孚と明治国家――明治保守主義と儒教的理想主義――』（吉川弘文館、2005 年）

橋本義彦『平安貴族社会の研究』（吉川弘文館、1976 年）

坂野潤治『昭和史の決定的瞬間』（筑摩書房、2004 年）

坂野潤治『日本憲政史』（東京大学出版会、2008 年）

坂野潤治『明治憲法史』（筑摩書房、2020 年）

藤田省三『天皇制国家の支配原理』（未來社、1966 年）

藤原保信『自由主義の再検討』（岩波書店、1993 年）

星野通『明治民法編纂史研究』（ダイヤモンド社、1943 年）

穂積陳重『法窓夜話』（有斐閣、1916 年）

トーマス・ホッブズ、永井道雄・上田邦義訳『リヴァイアサン』Ⅰ（中央公論新社、2009 年）

堀内節編著『家事審判制度の研究 附 家事審判法関係立法資料』（日本比較法研究所、1970 年）

堀内節編著『続家事審判制度の研究 附 家事審判法関係立法資料補遺』（日本比較法研究所、1976 年）

A・マッキンタイア、篠崎栄訳『美徳なき時代』（みすず書房、1993 年）

アラン・マクファーレン、酒田利夫訳『イギリス個人主義の起源』（リプロポート、1990 年）

的野半介『江藤南白』下（南白顕彰会、1914 年）

丸山幹治『副島種臣伯』（みすず書房、1987 年）

三谷太一郎『近代日本の戦争と政治』（岩波書店、1997 年）

美濃部達吉『憲法講話』全（有斐閣書房、1912 年）

美濃部達吉『逐条憲法精義』全（有斐閣、1927 年）

美濃部達吉『憲法撮要』（有斐閣、1934 年）

毛利敏彦『江藤新平』（中央公論社、1987 年）

森田明『未成年者保護法と現代社会――保護と自律のあいだ――』（有斐閣、1999 年）

山田公平『近代日本の国民国家と地方自治』（名古屋大学出版会、1991 年）

我妻栄『家の制度――その倫理と法理――』（酣燈社、1948 年）

我妻栄『法律学全集 23　親族法』（有斐閣、1961 年）

渡邊幾治郎『教育勅語渙発の由来』（学而書院、1935 年）

渡邊幾治郎『日本憲法制定史講』（千倉書房、1937 年）

渡邊幾治郎『教育勅語の本義と渙発の由来』（福村書店、1940 年）


〈会議録等〉
議会会議録
『大日本帝国議会誌』第 4 巻（大日本帝国議会誌刊行会、1928 年）

『大日本帝国議会誌』第 8 巻（大日本帝国議会誌刊行会、1928 年）

帝国議会衆議院議事速記録 4（東京大学出版会、1979 年）

帝国議会貴族院議事速記録 4（東京大学出版会、1979 年）

帝国議会衆議院議事速記録 13（東京大学出版会、1980 年）

帝国議会貴族院議事速記録 13（東京大学出版会、1980 年）

帝国議会衆議院議事速記録 38（東京大学出版会、1982 年）

帝国議会貴族院議事速記録 38（東京大学出版会、1982 年）

帝国議会貴族院議事速記録 39（東京大学出版会、1982 年）

帝国議会衆議院議事速記録 40（東京大学出版会、1982 年）

帝国議会衆議院議事速記録 41（東京大学出版会、1982 年）

帝国議会貴族院議事速記録 60（東京大学出版会、1984 年）

帝国議会貴族院議事速記録 61（東京大学出版会、1984 年）

帝国議会貴族院議事速記録 65（東京大学出版会、1984 年）

帝国議会衆議院議事速記録 72（東京大学出版会、1985 年）

帝国議会衆議院委員会議録 28（臨川書店、1984 年）

帝国議会貴族院委員会議事速記録 14（臨川書店、1984 年）

帝国議会貴族院委員会議事速記録 18（臨川書店、1985 年）

帝国議会衆議院委員会議録 32（臨川書店、1985 年）

帝国議会衆議院委員会議録 107（東京大学出版会、1996 年）

帝国議会貴族院委員会速記録昭和編 80（東京大学出版会、1996 年）

第 92 回帝国議会貴族院委員会速記録第 1 号（国立国会図書館）

第 92 回帝国議会貴族院委員会速記録第 2 号（国立国会図書館）

第 92 回帝国議会貴族院委員会速記録第 3 号（国立国会図書館）

各種会議速記録等

我部政男・広瀬順晧・西川誠編『明治前期地方官会議史料集成』第 1 期・第 5 巻（柏書房、1996 年）

国立公文書館蔵『枢密院会議議事録』第 1 巻明治 21 年［上］（東京大学出版会、1984 年）

東京府「明治二十三年二月地方官会議々決書並筆記」（東京都公文書館蔵、1890 年）

農地制度資料集成編纂委員会編『農地制度資料集成第 3 巻──地主及び小作人団体・小作調停法に関する資料──』（御茶の水書房、1969 年）

法務大臣官房司法法制調査部監修『日本近代立法資料叢書 5　法典調査会民法議事速記録五』（商事法務研究会、1984 年）

法務大臣官房司法法制調査部監修『日本近代立法資料叢書 6　法典調査会民法議事速記録六』（商事法務研究会、1984 年）

法務大臣官房司法法制調査部監修『日本近代立法資料叢書 14　法典調査会民法整理
　会議事速記録』（商事法務研究会、1988 年）

堀内節編「家事審判所ニ関スル法律調査委員会日誌」堀内節編著『家事審判制度の
　研究 附 家事審判法関係立法資料』（日本比較法研究所、1970 年）

堀内節編「臨時法制審議会諮問第一号主査委員会議事速記録」堀内節編著『家事審
　判制度の研究 附 家事審判法関係立法資料』（日本比較法研究所、1970 年）

堀内節編「臨時法制審議会諮問第一号主査委員会家事審判所ニ関スル速記録」堀内
　節編著『家事審判制度の研究 附 家事審判法関係立法資料』（日本比較法研究所、
　1970 年）

堀内節編「臨時法制審議会諮問第一号委員総会家事審判所ニ関スル会議速記録」堀
　内節編著『家事審判制度の研究 附 家事審判法関係立法資料』（日本比較法研究所、
　1970 年）

堀内節編「臨時法制審議会諮問第一号主査委員会日誌」堀内節編著『続家事審判制
　度の研究 附 家事審判法関係立法資料補遺』（日本比較法研究所、1976 年）

民法改正調査会「臨時法制審議会総会議事速記録諮問第一号（民法第五編相続改正）」

明治法制経済史研究所編『元老院会議筆記』前期第 5 巻（元老院会議筆記刊行会、
　1969 年）

明治法制経済史研究所編『元老院会議筆記』後期第 25 巻（元老院会議筆記刊行会、
　1981 年）

明治法制経済史研究所編『元老院会議筆記』後期第 34 巻（元老院会議筆記刊行会、
　1989 年）

文部省『資料　臨時教育会議』第 5 集（1979 年）

臨時法制審議会「臨時法制審議会総会議事速記録諮問第一号（民法改正）」

我妻栄編『戦後における民法改正の経過』（日本評論新社、1956 年）

早稲田大学中央図書館蔵『臨時教育会議要覧』


〈法令集、注釈書〉

伊藤博文、宮沢俊義校注『憲法義解』（岩波書店、1940 年）

井上操『民事訴訟法［明治23年］述義（第二編）』日本立法資料全集別巻76（信山社、1998年）

熊野敏三述『民法［明治23年］正義　人事編巻之壱（上下）』日本立法資料全集別巻63（信山社、1996年）


〈講演、座談会〉

磯部四郎「民法編纂ノ由来ニ関スル記憶談」法学協会雑誌第31巻第8号（1913年）

伊藤博文「伊藤侯演説集」（日報社文庫、1899年）

伊藤博文「伊藤侯演説集」第2（日報社文庫、1899年）

金子堅太郎「講演」法曹会雑誌第11巻第1号（1933年）

仁井田益太郎、穂積重遠、平野義太郎「仁井田博士に民法典編纂事情を聴く座談会」法律時報第10巻第7号（1938年）

平田信治編『元田井上両先生事蹟講演録』（元田、井上両先生頌徳会、1913年）


〈その他史料〉

青木周蔵、板根義久校注『青木周蔵自伝』（平凡社、1970年）

朝倉治彦監修『明治欧米見聞録集成』第7巻（ゆまに書房、1987年）

浅見和彦校注『新編日本古典文学全集51　十訓抄』（小学館、1997年）

石井良助編『太政官日誌』第1巻（東京堂出版、1980年）

伊藤博文編、金子堅太郎・平塚篤校訂『秘書類纂　帝国議会資料』下巻（秘書類纂刊行会、1934年）

井上馨公伝記編纂会編『世外井上公伝』第1巻（原書房、1968年）

井上毅伝記編纂委員会編『井上毅伝　史料篇』第1（國學院大學図書館、1966年）

井上毅伝記編纂委員会編『井上毅伝　史料篇』第2（國學院大學図書館、1968年）

井上毅伝記編纂委員会編『井上毅伝　史料篇』第3（國學院大學図書館、1969年）

井上毅伝記編纂委員会編『井上毅伝　史料篇』第4（國學院大學図書館、1971年）

井上毅伝記編纂委員会編『井上毅伝　史料篇』第5（國學院大學図書館、1975年）

井上毅伝記編纂委員会編『井上毅伝　史料篇』第6（國學院大學図書館、1977年）

江木衷ほか「法典実施延期意見」法学新報第 14 号（1892 年）

江藤新作『南白江藤新平遺稿』（後集）（吉川半七、1900 年）

大久保家蔵版『大久保利通文書』第 2（日本史籍協会、1927 年）

加藤咄堂編『歴代詔勅集　日本精神文献叢書第一巻　聖徳篇上』（大東出版社、1939 年）

鴨武彦編『大日本主義との闘争　石橋湛山著作集 3　政治：外交論』（東洋経済新報社、1996 年）

木戸公伝記編纂所『松菊木戸公伝』上（明治書院、1927 年）

木戸日記研究会校訂『木戸幸一日記』上巻（東京大学出版会、1966 年）

宮内庁『明治天皇紀』第 8（吉川弘文館、1973 年）

宮内庁『明治天皇紀』第 11（吉川弘文館、1975 年）

憲政記念館編集『維新の三傑特別展示目録』（憲政記念館、2000 年）

皇后宮職御蔵版『岩倉公実記』下巻（岩倉公旧蹟保存会、1927 年）

侯爵大隈家蔵版『大隈重信関係文書』第 4（日本史籍協会、1934 年）

国民精神文化研究所『教育勅語渙発関係資料集』第 1 巻（国民精神文化研究所、1938 年）

国民精神文化研究所『教育勅語渙発関係資料集』第 2 巻（国民精神文化研究所、1939 年）

小島孝之校注・訳『新編日本古典文学全集 52　沙石集』（小学館、2001 年）

小松緑編輯『伊藤公全集』第 3 巻（伊藤公全集刊行会、1927 年）

最高裁判所事務総局『わが国における調停制度の沿革』（1951 年）

春畝公追頌会『伊藤博文伝』中巻（統正社、1940 年）

春畝公追頌会『伊藤博文伝』下巻（統正社、1940 年）

大霞会編『内務省史』第 1 巻（地方財務協会、1971 年）

『大日本史料』第 6 編之 2（東京帝国大学、1901 年）

『大日本史料』第 6 編之 23（東京帝国大学、1927 年）

玉澤光三郎「所謂『天皇機関説』を契機とする国体明徴運動」思想研究資料特輯第 72 号（司法省刑事局、1940 年）

妻木忠太編纂『木戸孝允日記』第2（日本史籍協会、1933年）

妻木忠太編纂『木戸孝允文書』第5（日本史籍協会、1930年）

妻木忠太編纂『木戸孝允文書』第8（日本史籍協会、1931年）

東京朝日新聞（明治44（1911）年6月6日付）

東京大学史料編纂所編纂『保古飛呂比　佐佐木高行日記』10（東京大学出版会、1978
　年）

徳富蘇峰編述『公爵山県有朋伝』下巻（原書房、1969年）

永井荷風『断腸亭日乗』3（岩波書店、1980年）

新渡戸稲造全集編集委員会編『新渡戸稲造全集』第18巻（教文館、1985年）

原奎一郎編『原敬日記』第5巻（福村出版、1965年）

原田熊雄述『西園寺公と政局』第2巻（岩波書店、1950年）

林茂・西田長寿編『平民新聞論説集』（岩波書店、1961年）

船越衛『墺国斯多因博士国粋論』（1894年、国立国会図書館蔵）

米国国務・陸軍・海軍三省調整委員会1946年1月7日採択第228文書
　（SWNCC-228）「日本の統治制度改革」

星野通編著『民法典論争資料集』（日本評論社、1969年）

無住「沙石集　巻第十本」小島孝之校注・訳『新編日本古典文学全集52　沙石集』
　（小学館、2001年）

森末義彰・岡山泰四編纂『歴代詔勅集』（目黒書店、1938年）

「文部大臣訓令」（明治39年6月9日付文部省訓令第1号）官報第6882号（1906年）

矢部新作「大久保利通」『史海』第17巻（1892年）

渡邊幾治郎監修・議会政治社編輯部編『日本憲政基礎史料』（議会政治社、1939年）


〈外国語文献〉

Hobbes,Thomas. Leviathan, Penguin Books, Baltimore 1968.

Kern,Fritz. Recht und Verfassung im Mitteralter, Benno Schwabe, Basel, 1953.

MacIntyre,Alasdair. After Virtue:A Study in Moral Theory, 2nd.ed., University of
　Notre Dame Press,Notre Dame, Indiana, 1984.

Nisbet,Robert A. The Quest for Community:A Study in the Ethics of Order and Freedom, Oxford University Press, New York,1953.

Nitobe,Inazo. Japan-Some Phases of her Problems and Development,1931（新渡戸稲造全集編集委員会編『新渡戸稲造全集』第 14 巻（教文館、1984 年）所収）.

装幀——アトリエ・タビト

【著者紹介】

雨倉敏広 (あめくら・としひろ)
昭和 23（1948）年、奈良市生まれ。
東洋大学大学院法学研究科博士後期課程修了。
博士（法学）、国制史家。

著書等
『誰にでもわかる憲法のお話』（東洋出版、2019 年）
「民主制の理論について」（共訳、カール・ポパー著）、加藤秀治郎・岩渕美克編『政治社会学』［第 5 版］（一藝社、2013 年）所収。
「民主制について──『開かれた社会とその敵』の再検討」（共訳、カール・ポパー著）、加藤秀治郎・水戸克典編『議会政治』第 3 版（慈学社出版、2015 年）所収。

明治国制史
──明治憲法下における人事調停法への帰結──

2021 年 6 月 26 日　初版第一刷発行

著　者　　雨倉敏広
発行者　　菊池公男
発行所　株式会社　一藝社
〒 160-0014　東京都新宿区内藤町 1-6
Tel　03-5312-8890　Fax　03-5312-8895
http：//www.ichigeisha.co.jp
振替　東京 00180-5-350802

印刷・製本　モリモト印刷株式会社